东方有佳人
中国古代女性群英谱

张中隐 ◎ 著

华夏出版社
HUAXIA PUBLISHING HOUSE

图书在版编目（CIP）数据

东方有佳人 : 中国古代女性群英谱 / 张中隐著 . -- 北京 : 华夏出版社有限公司, 2023.5
ISBN 978-7-5222-0469-7

Ⅰ.①东… Ⅱ.①张… Ⅲ.①女性－名人－生平事迹－中国－古代 Ⅳ.① K828.5

中国国家版本馆 CIP 数据核字（2023）第 016250 号

东方有佳人 : 中国古代女性群英谱

著　　者	张中隐
责任编辑	李春燕
责任印制	周　然
美术设计	殷丽云
出版发行	华夏出版社有限公司
经　　销	新华书店
印　　装	北京九州迅驰传媒文化有限公司
版　　次	2023 年 5 月北京第 1 版　　2023 年 5 月北京第 1 次印刷
开　　本	720×1030　1/16 开
印　　张	17.75
字　　数	286 千字
定　　价	68.00 元

华夏出版社有限公司　网址：www.hxph.com.cn　电话：（010）64663331（转）
地址：北京市东直门外香河园北里 4 号　邮编：100028
若发现本版图书有印装质量问题，请与我社营销中心联系调换。

料佳人看我亦如是

——也算序言

这本书纯属意外所得。

应美女师姐曲唐邀约,我在《威海晚报》副刊开了一个专栏,取名为"隐去须眉"。用意有二:一,署名张中隐,借其一字;二,自古英雄虽以须眉居多,但此专栏单说巾帼。因为隐去须眉单说巾帼,专栏开设目的就很明显了:我要为读者塑一组瑰丽壮观的东方佳人群雕。

在几千年浩浩荡荡的历史长河中,人类社会艰难行进。因为自然生理、封建文化等约束,母系社会以降,男性始终主导着生产与生活,主导着风云变幻、天翻地覆。作为从属地位的女性,能在史册上留下自己的一点点印痕,已属难能可贵。

于是,我试着走进历史,细心检索这些或明或暗的印痕,认真讲述每一个印痕隐藏的故事。这个过程中,我时常惊讶、陶醉、激动、怅惘、愤怒,曾经弹过男儿泪,曾经废忘寝与食,更多的时候,我愿意用天真的假设,一厢情愿地演绎历史。

把自己感动到了这个份儿上,自然就对每一篇都爱不释手。专栏写作结束后,就想结集出版,希望分享给更多的读者朋友。

但凡写作,总需要底气、生气与勇气。长期的文史阅读是我的底气,对古代女性命运的关注是我的生气,"度娘"的无私帮助给了我最后的勇气。

东方有佳人,最重真善美。虚构如穆桂英者,当然不在其中;凡入目录者皆善,凶恶如贾南风者,当然不在其中;凡入目录者皆美,却有满腹锦绣的治国丑后钟离春赫然其中,因为,我的角度我做主。

东方有佳人,佳人何其多。梳理了一下,我在八十五篇文章里,写了八十七位佳人。限于学识,确实还有很多应写未写的佳人,老感觉对不住她们。按说，这一类的写作，最忌挂一漏万，所以我犯了大忌，是不可饶恕的错。

东方有佳人，写到秋瑾止。从她开始，中国女性主义开始觉醒，霞光灿烂。优秀的、卓越的女性人物越来越多，很遗憾，她们已不再是我写作的对象。毕竟，越是在遥远历史夹缝中盛开的花朵，越是独具摄人心魄的芬芳。

因为是散文随笔写作，我尽量追求语言文字上的美，艺术感不敢奢望，能有点文学的味道，就可矣。因为是讲佳人故事，我很在乎可读性、耐读性，于写真写实的同时，希望有趣味、不枯燥，至少能读下去，最好能读进去。本书多采取夹叙夹议的写法，叙特别是议都是我个人之管窥，毕竟今人之见，考证又不严不细，难免会让读者指责。所以有必要在这里求读者一句：权当歪理胡说，且饶我过去吧。

我尽最大的努力往有价值的方向写。我想借一篇篇用心用情的文章，留住每一位佳人；我想借历史上的佳人，留住我一双清澈的眼睛和一颗温柔的心。

东方有佳人，绝世而独立。我看佳人多妩媚，料佳人看我亦如是。

目录 contents

女娲：被忽略的中华始祖 / 001

嫘祖：蚕桑文明的奠基人 / 004

娥皇、女英：痴情的潇湘妃子 / 007

涂山氏：英雄背后最贤的妻 / 010

瑶姬：祭在巫山神坛的美少女 / 013

妇好：甲骨文中的传奇女人 / 016

田倩：中国有史记载的第一位名妓 / 019

息妫：美乱三诸侯的桃花夫人 / 022

西施：古今中外最美的美人 / 025

许穆夫人：史上第一位爱国女诗人 / 027

钟离春：满腹锦绣的治国丑后 / 029

孟姜女：一哭垂名的齐国靓妇 / 032

巴寡妇清：中国最早的女富豪 / 035

吕雉：临朝称制第一人 / 038

卓文君：将爱情进行到底的白富美 / 041

刘细君：第一位青史留名的和亲公主 / 044

卫子夫：宠辱不惊的草根皇后 / 047

王昭君：请缨远嫁的平民宫女 / 049

班婕妤：悲画扇的后宫女诗人 / 052

阴丽华：光武大帝的红玫瑰 / 055

马明德：德明天下的一代贤后 / 058

邓绥：理政有方的女政治家 / 061

班昭：名门才女"曹大家" / 064

蔡文姬：多才多艺、多灾多难的旷世美女 / 067

貂蝉：亦真亦幻的绝代佳人 / 070

来莺儿：爱比天大的歌舞名妓 / 073

辛宪英：政治风雨中的智慧女人 / 076

薛灵芸：容颜绝世的针神娘娘 / 079

甄洛：才貌双全的悲情红颜 / 082

绿珠：可怜金谷坠楼人 / 085

羊献容：几经废立的两国皇后 / 088

祝英台：自由婚姻与爱情的殉道者 / 091

谢道韫：颇具林下风范的女中名士 / 094

苏若兰：创作回文织锦的痴情才女 / 097

花木兰：替父从军的传奇花将军 / 100

冼夫人：中国巾帼英雄第一人 / 103

苏小小：迥然于世俗的钱唐名伎 / 106

沈婺华：变身为观音菩萨的传奇皇后 / 109

张丽华：井口上的一抹胭脂红 / 112

萧美娘：嫁与六位皇帝的乱世红颜 / 115

张初尘：慧眼识英雄的风尘女侠 / 118

吴绛仙：秀色可餐的女相如 / 122

陈贞：与夫破镜重圆的帝女 / 125

武则天：任尔评说的一代女皇 / 128

文成公主：永远的绿度母 / 132

上官婉儿：风华绝代的巾帼宰相 / 135

江采苹：清雅的唐宫一枝梅 / 138

杨玉环：被宠坏的王朝美人 / 141

李冶：写诗写掉脑袋的女冠诗人 / 144

薛涛：万里桥边女校书 / 147

鱼玄机：从真诗人到假道姑 / 151

公孙大娘：开元盛世第一舞者 / 154

关盼盼：被白居易逼死的痴情才女 / 156

花蕊夫人：美女诗人两帝妃 / 160

大小周后：南唐李后主的红颜知己 / 163

谭意歌：把女人做到极致的千古诗妖 / 169

萧燕燕：文能治国武能安邦的大辽帝后 / 173

李清照：千古第一才女 / 177

朱淑真：独行在精神世界里的断肠词人 / 181

梁红玉：擂鼓战金山的女英雄 / 184

严蕊：中国古代文人的梅花清梦 / 187

唐婉：痴情无情悲情小才女 / 190

张玉娘：情钟一人、义风千载的女词人 / 193

吴淑姬：女流中的黠慧者 / 196

陈妙常：一失足成千古爱的俊雅女尼 / 200

管道升：能画能书能诗能持家的管夫人 / 204

黄道婆：身世迷离的纺织科学家 / 208

珠帘秀：风华绝代的大都名伶 / 211

郭真顺：中国历史上最长寿的女诗人 / 214

郑允端：天予才名不予寿的姑苏诗人 / 218

黄娥：尚书的女儿状元的妻 / 222

秦良玉：史上唯一封侯立传的红颜将军 / 226

柳如是：比青山更妩媚的气节烈女 / 229

陈圆圆：倾国倾城的梨园名伶 / 233

李香君："羞杀须眉汉子"的一个娘子 / 236

董小宛：人世间冰清玉洁的解语花 / 239

马湘兰：信是人间第一芳 / 242

贺双卿：负绝世才秉绝代姿的农民诗人 / 246

孝庄：迷雾重重的前清政要 / 250

陈端生：才华绝代身名埋没的钱塘作家 / 254

吴藻：前生名士今生美人 / 258

沈寿：十指春风一代绣圣 / 262

洪宣娇：扑朔迷离的太平之花 / 266

傅善祥：太平天国的"女状元" / 269

秋瑾：最好的同志秋女侠 / 271

女 娲

被忽略的中华始祖

提起女娲，你一定不会陌生，我们从小就熟悉了女娲炼石补天、抟土作人的神话故事。但我想提醒你的是，这位东方神谱中的上古女神，却是一个真实存在过的历史人物。

关于女娲的身世，众说纷纭，莫衷一是。常见的说法是，女娲是伏羲氏族凤姓部落一位大酋长的女儿，出生在凤州，也就是今陕西宝鸡的凤县。她十六岁时，伏羲以一双精致的狐皮为聘礼向她求婚，二人结成了夫妻，此后他们便住在凤州。女娲先后生下了四个儿子，长曰羲仲，次曰羲叔，三曰和仲，四曰和叔。一年夏天，凤州突然发生了特大洪水，伏羲、女娲组织族人逃亡到秦岭的太白山下重建家园，后又迁居于王屋山，在那里开辟新的领地。再后来，伏羲封女娲于汝阳，让她统领中州。伏羲去世后，女娲被氏族联盟推举为帝，建都于汝阳，帝号女皇。

女娲作为上古母系时代的"一把手"，指挥和决策全部活动。水神共工氏不肯听命于女娲，欲自立山头，女娲怒而命火神祝融氏率南方部族北伐共工氏。这是中国远古史上最早的一次大规模群体战争。大战的结局是共工氏失败，并率部族西奔，怒而袭击祭天圣地不周山，砍倒天齐建木，割断八索准绳，导致定表倾斜，八维失准，天象观察和天气变化的预测都不能正常进行。女娲又命骊连氏率族人与祝融氏族联合攻打共工氏，将共工氏一族赶往祁连山以北。因为观测天气的设施被破坏，当年夏天洪水来临时，人们毫无预防，许多族人葬身于洪水之中。女娲组织族人砍伐树木，绑制简易木排，日夜奋战，救出数百人，这些获救的人感谢女娲的救命之恩，尊称她为圣母。女娲率族人与洪水搏斗的这段历史，后来在民间广为流传，逐渐被神化并演绎成了神话故事。

女娲领衔氏族社会期间，对社会的发展进步作出了巨大贡献。今天流传较广的有女娲抟土作人，炼石补天，制定婚礼，创造舞乐等故事。虽然抟土作人和炼石补天是神话传说，不足采信，但笔者认为，神话毕竟脱胎于现实生活。抟土作人神话实际上渗透了阴阳五行思想，传达出以土为生的生命渊源。炼石补天，断杀巨鳌和黑龙，消除水怪以平息水灾，则是对女娲治理水患功绩的褒扬与膜拜，女娲治水早于大禹治水八百多年，所以有大禹是女娲十九代孙之说。

有一笔功绩必须记在女娲的功劳簿上，那就是婚姻制度上的革故鼎新。女娲宣布废除旧的群婚制度，施行以女人为主体的对偶婚姻。家庭也由原来的群体大家庭分裂成以女人为主体的独立家庭。不过这种家庭模式并不稳定，因为对偶婚是女人娶男人为夫，被娶来的男人在家庭中没有任何地位，除了劳动和与妻子过性生活外，在政治上和经济上没有丝毫权力。妻子随时可以把丈夫赶出去，再与外族团其他男子成婚。这种婚姻制度，既反映了氏族社会以女性为中心的社会特征，又昭示着人类社会构成从群体婚姻向二人婚姻的裂变，在这一点上，女娲绝对是社会文明的推动者。虽然当时的对偶婚姻仅仅是一个雏形，但毕竟是女娲开了婚姻制度的先河，做了人类最早的媒人，使男人和女人成双成对，所以后世将女娲神奉为媒神，即婚姻之神。

女娲下世后，从轩辕黄帝起至女娲第十九代孙禹，虽说父系社会逐渐取代了母系社会，夫权制逐渐居于统治地位，但对女娲创世的诸多成果与功绩，仍在相传。商代之后，尤其是春秋战国时期，统治者为维护自身利益，倡导"君权"，男尊女卑思想日盛，女娲诸多创世事迹不被重视。后经秦嬴政"焚书"，有悖于秦皇之说的书籍几乎无存，女娲创世记载也多流失。《楚帛书》出土之后，历经众多学者数十年研究解读，方释证女娲与伏羲出世地、年代与创世的部分功绩。可以肯定，女娲更多的创世事迹仍淹没在历史烟云之中。

女娲时代之后是轩辕时代。轩辕时代的两大代表人物，一是炎帝神农氏，二是黄帝轩辕氏，二人是开创中华文明的始祖。女娲创世的业绩和方略对两位始祖有着深刻影响。特别是女娲主张民和无患，民居为安，对扭转当时氏族、部落、南北之间纠纷不断，争战不休，相互残杀的局面至关重要。轩辕黄帝以女娲主张为宗旨，广行其道，国泰民安。立国之后，为感女娲之德，轩辕黄帝亲临汾阴脽上，"扫地为坛"，祭祀这位人类始祖。自此，祭祀女娲的活动延续不绝，几乎与祭孔一样，成了中国历史上各个时期的皇俗国规。

作为中国历史上地位显赫、贡献卓著的氏族社会女首领，女娲逝世之后，人们追赋给她许多尊称，如地皇、地神、娲皇、灵娲、帝娲、凤皇、女阴、女皇、女帝、女希氏、神女、阴皇、阴帝、帝女、女娲神、女娲娘娘等。神为人造。人类造神之目的，是祈求精神上的保佑与满足。八千年华夏历史对女娲尊称如此之多，且使之与天地同位，更加证实了女娲创世功绩如同天地日月。中国人现在习惯于自称炎黄子孙，并引以为荣，无可厚非。女娲虽然被尊为中华始祖，但她的故事和威望更多地流传在补天和造人的神话传说中，于是在寻根问祖的意义上显得虚幻莫测。作为中华民族的伟大圣母，女娲在文明史上的始祖地位似乎稍嫌冷落。

关于女娲的形象描述，在古代典籍和彩陶、铜器、壁画、石刻中，全是人首蛇身。女娲作为中国神话史上最为人歌功颂德的女神，被赋予了蛇的身躯，我想，这不仅是由于神话的神秘性，更重要的是因为，蛇本身具有顽强的生命力和旺盛的生殖力，是永恒生命的象征。人首蛇身形象其实就是对于蛇的繁殖生育能力的崇拜以及蛇图腾的崇拜。

关于女娲陵墓的位置，今天也是说法不一，多数人认同的是位于山西省临汾市洪洞县赵城镇东的侯村。历史上女娲曾经无限风光，但经历自然风雨和人间烟火之后，如今女娲的陵墓虽然算不上是黄土一抔，但也是简坟陋冢，绝没有中华始祖的尊威。尤其是在人们注重寻祖追根的今天，炎黄二帝的陵墓修建得庄严宏阔，每年都举行盛大隆重的祭祀大典，香烟袅袅，源远流长。相比起来，我们更早的始祖女娲，却落寞于小小村落，怎不让人扼腕长叹！

嫘　祖

蚕桑文明的奠基人

　　丝绸是最具代表性的中国元素之一。横贯欧亚大陆的贸易交通线——丝绸之路，在推动中欧经济和文化交流方面曾立下千古奇功。丝绸柔软透气的特性及绚丽多彩的花色不仅博得了东方人的青睐，在全球也享有极高声誉。中国是丝绸的故乡，那么谁又是丝绸的鼻祖？让我们的目光向大约四千五百年前的历史深处回望，去欣赏一场部落联盟之间的盛大婚礼。这场婚礼的新郎是轩辕氏黄帝，新娘是西陵氏嫘祖，就是这场婚礼，使中国丝绸和黑头发一起飘起来，在天地玄黄、宇宙洪荒时代掀开了华夏文明的第一页。

　　新娘嫘祖何许人也？对今天的人们来说，这差不多是一个陌生的名字。嫘祖，一作累祖，中国远古时期人物，为西陵氏之女，轩辕黄帝的妻子。嫘祖生了两个儿子，一为玄嚣，一为昌意。玄嚣生子蟜极，蟜极之子为五帝之一的帝喾；昌意娶蜀山氏女为妻，生高阳，继承天下，这就是五帝之一的颛顼帝。可以看出，这个家庭，三皇有其一，五帝有其二，可谓满门帝皇，天下无双！

　　嫘祖被称为中华民族的伟大母亲，这个地位不是因为她的显赫家庭，而是因为她发明的养蚕制丝技术推动人类社会从野蛮走向了文明。相传远古时候，西陵部落有一位美丽善良的姑娘，生来聪明伶俐，每天外出采集野果，奉养体弱多病的父母。她不怕苦和累，近处的野果采集完了，便跋山涉水到远处去采集。一个阳光明媚的夏天，在西陵山坡上，姑娘发现了一种树，人称桑树。树上爬有许多蚕虫，蚕虫吐出蚕丝，结成蚕茧，蚕茧在阳光照射下产生的七彩颜色非常美丽。出于好奇，她采了一粒放在嘴里，用手把丝拉出来，发现这丝颇有韧性。姑娘把蚕茧放在水中浸泡，抽出丝来，把这些丝加以整理，横竖交叉，细细联结，越联结片越大。她把连成的片缠在腰间，不露中体，上配一件又不露胸怀，别人看后感觉她的穿着很体面，大加称赞。经过长期的经验积累，姑娘完全掌握了蚕的生产规律和缫丝织绸技艺，并将这些毫无保留地教给当地的人们。她发明养蚕缫丝织绸技艺的消息很快传遍西陵部落，西陵王非常高兴，收姑娘为女儿，赐名嫘祖。其他部落的首领纷纷到西陵部落向嫘祖求婚，但都遭到她的婉拒。英俊非凡的中原部落首领黄帝轩辕，慕名来到西陵，两人一见倾心，很快嫘祖被选作黄帝的元妃。嫘祖辅助黄帝战胜了南方的蚩尤和西方的炎帝，协调好了各部落的关系，完成了统一中华的大业。嫘祖悲悯民瘼，教民蚕桑，衣被天下，把栽桑养蚕织锦的技术推广开来，终生奔走劳碌，老来逝于教化南巡的衡山道上。

嫘祖发明养蚕制丝的故事是否真实，也许并不重要，必须记住的是，种桑养蚕之法，抽丝编绢之术，让我们的先人从此告别了衣不蔽体的时代，一改天地鸿蒙为服饰农耕，意义非同小可。衣服为文明与野蛮的重要分野，嫘祖始蚕，应当说是人类科技史上的一次革命，是人类经济史上的一次革命，也是人类认识史上的一次革命。这种革命是世界性的，在中华和世界文明史上，都是光辉灿烂的篇章。

因为嫘祖发明养蚕制丝，后世尊其为蚕神。《隋书》记载，北周时尊她为先蚕。北宋《通鉴外纪》记载，西陵氏劝蚕稼，亲蚕始于此。南宋罗泌所撰《路史》将嫘祖发明的养蚕取丝系统化，说西陵氏劝养蚕、育蚕种、亲自采桑制丝，开创了丝织事业。从此，嫘祖被当作上古时代劳动妇女养蚕取丝的始祖，每到种桑养蚕时节，人们便纷纷设坛祭祀先蚕，以求风调雨顺，桑壮蚕肥。嫘祖因巡行全国、教民蚕桑而逝于道上，还被人们祀为"道神""行神"，即保佑出行平安之神，并逐步演变为"旅行之神"——旅行者的保护神。

嫘祖不但以始蚕名垂青史，还是母仪天下的典范。她辅弼黄帝，联盟炎帝，东进中原，战败蚩尤，统一万邦，奠定华夏立国基础，同时又能以玉帛化干戈，不尚杀伐，安抚战败的蚩尤部落，使各部族和谐相处，繁衍生息，是民族共存共荣的和平天使。她提倡婚娶相媒，缔结对偶婚姻，进行人伦教化，逐步终止群婚、乱婚、抢婚等落后风俗。嫘祖之功绩，堪比轩辕黄帝，他们都是上承洪荒、下启文明的始祖人物，历来受到人民的尊崇。大诗人李白的老师赵蕤为其所题唐《嫘祖圣地》碑文称："生前首创种桑养蚕之法，抽丝编绢之术，谏诤黄帝，旨定农桑，法制衣裳，兴嫁娶，尚礼仪，架宫室，奠国基，统一中原，弼政之功，没世不忘，是以尊为先蚕。"

嫘祖功高德劭，后世敬仰者众。但是西陵氏为何部落，嫘祖又为何地何族人氏？上古之事，世代相传，唯有口耳！由于年代久远，嫘祖故里已成史学之谜。当今学术界的研究成果表明，关于西陵氏部族的地望和嫘祖故里的认定存在十余种观点。其中四川盐亭、湖北宜昌、河南西平三地是最有力的争夺者，它们竞相追根寻祖，年年祭祀芳魂，热闹之中，却也弘扬了桑蚕文化和母仪典范。

娥皇、女英

痴情的潇湘妃子

斑竹又名泪竹，亦名湘妃竹、潇湘竹。在这个世界上，也许再没有什么植物能比斑竹更富有浪漫典雅的文学气息，也没有什么植物能比斑竹承载更多更重的人间情爱。

《广群芳谱》记载："尧之二女，舜之二妃，曰湘夫人。舜崩，二妃啼，以涕挥竹，竹尽斑。"寥寥数语，叙述了一个遥远的爱情故事，既有刀耕火种的历史之真，又有竹叶摇曳的虚幻之美。

故事的主人公就是娥皇、女英，四千多年前尧帝的两个女儿。姊妹二人从小聪明伶俐，美丽动人，被尧帝视为掌上明珠。尧年老后，问大臣谁能继位，大臣推荐了舜。舜是黄帝后裔中的另一个分支有虞氏部落的首领。尧为了联合舜的部落，把两个女儿娥皇、女英许嫁于舜。还有一种解释，氏族社会时期有这样一种婚俗，在女方父母同意的情形下，娶妻的男人可以决定是否要将妻子家中的姐妹们一起娶过去。这种制度，在周朝时正式成为一种贵族特有的礼制，被写入礼法中，称为"媵制"。《礼仪·婚礼》中明确地写着："嫁女必以侄娣从，谓之媵。"充当"媵"的女子，基本上是男人的正式妻子的亲姐妹或堂、表姐妹们。"媵"的身份，自然要比妾高得多，但是也低于丈夫的正式妻子。后人据此推测，舜娶娥皇、女英，也许就是这种媵制婚俗的典型代表。一般认为，正式出嫁的应该是姐姐娥皇，妹妹女英则是姐姐的"媵"。

历史久远，考据难觅。无论怎样，娥皇和女英姐妹嫁与舜后，中国爱情史开端的绝唱便响起荡气回肠的旋律。在婚姻爱情上的演绎，姐妹俩的气度与执着已经远远超越了所有的背景与情节。

舜虽然也是黄帝后裔，但五世为庶人，处于社会下层，家境清贫。舜的父亲瞽叟是个盲人，母亲去世得很早。瞽叟续娶，继母壬女生子象。生活在"父顽、母嚚、象劣"的家庭环境里，舜始终以德报怨，孝顺父母，友于兄弟，表现出非凡的品德。出身高贵的娥皇、女英嫁进这个家庭后，不嫌贫贱，以尊事卑，贤惠处事。《列女传》记："二女承事舜于畎亩之中，不以天子之女故而骄盈怠嫚，犹谦谦恭俭，思尽妇道。"《史记》赞她俩"甚有妇道"。舜身材魁梧，德才超群，甚得部落百姓的爱戴。爱情这个神秘的种子，在婚后的生活中悄悄萌芽。当舜的父母和弟弟屡次加害于舜的时候，娥皇、女英数次帮他化险为夷，使之死里逃生。相传她们曾帮助舜躲过了"纵火焚廪""使舜穿井"两次谋杀。所谓"纵火焚廪"，就是瞽叟、壬女在舜上仓廪修缮时，抽梯纵火，企图烧死舜。但是，舜凭借娥皇、女英为他准备的披风，得以成功脱险。"使舜穿井"，则是舜为家里清理水井时，壬女与象落井下石，舜通过井壁暗道成功逃生。这些故事是否真实，已经无从考证，但这些故事反映了娥皇、女英的聪慧勇敢。

　　禅让受位后，舜勤政爱民，德泽众生。娥皇、女英鼎力协助舜治理天下，使百姓过上了安定的生活。晚年时，九嶷山一带发生战乱，舜想到那里去察看实情。舜把这一想法告诉娥皇、女英，两位夫人想到舜年老体衰，争着同去。考虑到路途遥远，山高林密，舜没有携带两位夫人同行，只带了几个随从，悄悄地离去。过了很长一段时间，娥皇、女英不得舜帝音讯，非常思念，于是结伴而行，长途跋涉，沿着舜帝南巡的路线南下。到了九嶷山以后，听说舜帝因为勤民事而崩于苍梧，二人非常伤心难过。为了寻找舜帝的陵墓，她们一路寻找，一路痛哭。由于九嶷山一带群峰相似，加上当时舜帝之陵不封（土堆）不竖（墓碑），她们始终没能找到。后来，她们的眼泪哭干了，哭出了泪血。一滴滴泪血洒落在二妃走过的路边荆竹上，荆竹立即染上了泪血斑痕，这就是我们今天所看到的斑竹。由于实在找不到舜帝陵墓，娥皇、女英悲痛欲绝，只好离开九嶷山。最后，她们在洞庭湖投湘水而死，为舜帝殉葬。

　　娥皇、女英千里寻夫，九嶷挥泪，殉葬洞庭湖的故事，代代流传。后人为了纪念娥皇、女英，将其奉为湘水之神，岁时祭祀；将斑竹称为泪竹、湘妃竹；将洞庭山改名为君山，并在山上为她俩筑墓；将舜陵改称"零陵"，这里的"零"字，就是"涕零"，即掉眼泪的意思。也可以这样说，"零陵"就是一座"泪陵"。此后，"零陵"就成了舜陵的美称和代名词。秦始皇统一中国后设立零陵县，汉武帝时设立零陵郡，都有纪念舜帝和娥皇、女英的意思。

　　凄美的传说，就像两竿古老葳蕤的斑竹，在时光的尽头，已经鲜活了四千多年。它们的一片片落叶，早已飘进了《尚书》《山海经》《孟子》

《楚辞》《史记》《列女传》这些古老经典的页面。

娥皇、女英还被历代文人墨客奉作忠贞不渝的爱情的典范，成为其吟诗作赋的不朽题材。屈原《九歌》中的《湘君》《湘夫人》，就是最早唱诵娥皇、女英的绕梁余音。晚唐名将高骈有诗吟咏："虞帝南巡去不还，二妃幽怨云水间。当时珠泪知多少？直到而今竹尚斑。"辛弃疾在《浪淘沙·赋虞美人草》中大发感慨："儿女此情同，往事朦胧。湘娥竹上泪痕浓。"毛泽东《七律·答友人》中"九嶷山上白云飞，帝子乘风下翠微。斑竹一枝千滴泪，红霞万朵百重衣"的诗句，就是化用了娥皇、女英的爱情故事。

佳人已杳远，斑竹仍苍翠。九嶷山上的茂林修竹宛如珍藏了四千多年的活标本，亦真亦幻的故事将永远给予我们心灵的震撼。在历史与传说面前，有时候难以判断，是娥皇、女英以自己的泪水浇灌出了全新的斑竹，还是普通的斑竹以自己的生命传承了天长地久的爱情？秀竹之幸抑或佳人之幸？至少应该懂得纤纤斑竹的文化重托吧，否则，我们就辜负了四千多年前的那一场血泪横飞的歌哭！

涂山氏

英雄背后最贤的妻

候人兮猗！

实词两字，虚词两字，这首一语四字的候人歌，在中国诗歌史和文化史上都具有举足轻重的地位。

这首候人歌背后的那个人，就是大名鼎鼎的治水英雄大禹；候人的多情女子，就是英雄大禹的妻子涂山氏女娇。这首涂山氏原创的情歌被称为南音之始，也是有史可稽的中国第一首情诗。寥寥四字，一声吟唱，传递出丰富复杂的情感，那种等候情人的急切、焦虑、彷徨及无可奈何的心情如瀑而泻，那个伫立家门、翘首远盼、长吁短叹、泪流满面的多情女子的形象鲜明如生。

三皇时代，中华大地上到处洪水为患，而氏族部落最大的生存问题就是水患。尧举禹父鲧治水八载，绩用弗成。舜帝时期，舜封大禹为司空，让他继承父业，继续治水。大禹采取了截然不同于父亲鲧的办法，变堵为疏，因势利导，最终治理好了洪水，这就是历史上举世闻名的大禹治水。大禹治水为中国历史乃至世界历史增添了一抹灿烂的光辉，就在这抹光辉的暗影里，挺立着中华民族一个伟大的妇女形象，她就是英雄大禹的贤德之妻涂山氏。

涂山氏是上古时期一个东夷部落的名称，所在地位于今安徽省怀远县之涂山。涂氏发源于滁河流域，在古代，滁河的名字叫涂水，涂氏家族的祖先居住在涂水之旁，涂山氏因而以水为姓。当时涂山氏部落属母系制，有人推测女娇是涂山氏部落的首领，也有人推测女娇是首领的女儿，究其真实，已无考据。

大禹治理淮水走到涂山，同涂山氏女娇有缘相识。大禹倾慕女娇仪容秀美，生性娴雅，女娇也认为大禹胸怀韬略，是当世之英雄。因为治淮既有利于上游的夏禹等部落，也造福于淮夷族的涂山氏国，二人的相识迅速缩短了两个部落间的距离。大禹与女娇因治水工程而频繁交往，不知不觉间产生了爱慕之情。这时，大禹已经三十岁，本该尽快成亲。只是由于治水工程紧迫，大禹才暂时抛却儿女情长，与女娇告别，匆匆赶往南方治水。女娇即兴创作了一首情歌，让自己的侍女到涂山之南也就是大禹驻地反复吟唱。这首情歌只有短短一句"候人兮猗"，虽然只有一句话，却充分体现了东方含蓄之美，有人甚至将其作为中国爱情诗的规格和气质的圭臬，这显然已经有了过奖之嫌。在内容上，其划时代的意义在于，它完全突破了祭祀与巫鬼等传统元素的藩篱，第一次直接抒发了人与人之间尤其是男女之间相互爱慕的真情实感。涂山氏女娇，也因此成为中国远古神话中的诗歌女神。大禹当时被涂山氏的情歌感动，在从涂山出发前往浙江绍兴会稽山治水之前，两人就在涂山台桑举行了婚礼。四天后，大禹不以私情贻误公事，告别妻子继续南下治水。

谁知新婚一别十三年，大禹在这十三年间三次因治水路过家门，竟然都没顾得上回家看看，于是留下了"三过家门而不入"的千古佳话。对于大禹三过家门而不入的表现，身为大禹发妻的涂山氏女娇是什么态度呢？三国曹植曾作《涂山氏赞》曰："禹妻涂山，土功是急。惟启之生，过门不入。女娇达义，勋庸是执。成长圣嗣，无禄以袭。"世人往往只记得英雄，却容易忘记那个苦苦守候的女子。一十三载，不嗔不恨，只是浅浅地唱着情歌，等候英雄的归来。大禹的功成名就，岂能没有女娇这位贤内助的功劳？候人兮猗，美人迟暮！你用你的盛年赢得了千古伟业，我用我的韶华苍白了空闺晚霞！涂山氏用自己坚如磐石的信念和默默无闻的付出，全力辅佐大禹，写下了一段闪耀史册的爱情传奇。历史上赫赫有名的治水英雄，没有辜负天下，却辜负了一个女子的青春。涂山氏默默无闻的无私奉献，由此而始，成为中国妇女传统美德的典范。

谈涂山氏，有两个话题不容忽略。

一是涂山之会。大禹在确立王权后，定都于阳城（今河南省登封市告成镇），后又迁往阳翟（今河南禹州市）。当时，涂山氏国在众多邦国和部落中势力很强。为进一步获得妻族支持，巩固王权，在涂山氏女娇的辅助下，大禹在涂山与众多邦国和部落的首领集会，把众多首领都转化为世袭贵族。这次大会，是推动夏王朝正式建立的重要标志性事件。有史书记载：涂娇适夏禹王为妻，生子名启，礼尚达义，德泽宇内，贤淑治家，教子成龙，启登帝位，创立夏祚四百余年，三十一传。夏朝建立，涂山氏女娇成为我国历史上第一位"国母国太"。

二是九尾白狐。有一则关于上古夏族大禹娶涂山族女子的神话，其中牵涉一个神秘物象，即九尾白狐。据《吕氏春秋》佚文记载，大禹来到涂山，遇见一只九尾白狐，并听见涂山人唱歌，说"绥绥白狐，庞庞九尾"，如果你在这里成家成室，就会子孙昌盛，于是大禹便娶了涂山氏之女，此女叫作女娇。此神话出现得很晚，明显添加了后世的思想文化观念。这则人兽婚配神话背后所隐藏的文化意义，传递出涂山氏是一个以九尾狐为图腾的部族，九尾白狐被涂山氏当作自己的祖先。正如华夏族崇拜龙一样，九尾狐也是原始宗教的一种图腾信仰。这个神话传说的后续部分是，大禹不让女娇在其治水时探望他，但有一次女娇思夫心切，未听劝告，就直接去看大禹，她发现大禹化成了一只巨大的黄熊，惊愕的女娇由于过度惊吓瞬间石化了。此时，女娇有孕在身，大禹伤心欲绝，不禁痛哭，这时石化了的女娇身体上出现了裂缝，然后石像崩开，跳出了夏朝的开国之君——夏启。

大禹化熊、狐娇化石都是遥远的神话，原始居民对于自然的认识有限，只能凭借丰富的想象力或借助神灵的力量，去战胜不可战胜的困难，因此往往赋万物以有灵，半人半兽、半神半人的阶段性崇拜，正是人类社会发展的规律性特征。今天，且放下神话传说中的历史，让我们再听一听那首候人歌，候人兮猗！四千年前的一叹，至今余音不绝，成为永恒的爱的誓言。

瑶 姬

祭在巫山神坛的美少女

游历过长江三峡的人,都会为那段天然画廊的鬼斧神工惊叹不已,终生难忘。有人说,如果三峡是一曲气势恢宏的交响乐,那巫山十二峰便是华彩乐章,其中的神女峰又是最有亮色的音符。这个神女峰不独风景秀甲天下,还隐藏着一个个美丽动人的传说,当你行经巫山与神女峰对望之处时,一位亦真亦幻的巫山神女便从远古翩然而至,陪伴你的整个三峡之旅甚至人生之旅。那么,巫山神女究竟是真还是幻呢?

虽然没有十分确凿的考据,但相传巫山神女有着真实的历史人物原型,她的名字叫瑶姬。瑶姬是神农氏炎帝的三女儿,她美貌娇艳、聪慧灵秀、天真无邪,是远近部落出了名的美少女,自然也是老父亲的掌上明珠。也许是天妒红颜或者红颜薄命,正值青春年少的瑶姬竟然身患怪病,香消玉殒。悲痛的炎帝将瑶姬埋葬在巫山之阳,也算是为爱女找了一个安放灵魂的静美之地。人们都为瑶姬的夭逝感到惋惜,中国古代神话说瑶姬的香魂飘到姑瑶山化作一棵瑶草,昼吸日精,夜纳月华,若干年后,修炼成了巫山神女。这也算是对少女芳魂的悼念吧。

如果瑶姬仅仅是一个未嫁而亡的美女,似乎没有为其作文的必要。但从"幻"的角度来看,传说中的瑶姬就不是一个简单的美少女了,她在中国文化史上具有特殊的重要的意义,着实不敢漏写。

关于瑶姬的传说,除了上面提到的瑶草精魂外,流传比较广泛的有"文""野"两个版本。

先说"野"的版本。瑶姬是西王母的第二十三个女儿,聪慧美丽,有一次她邀约身边的十一位姐姐偷下凡间。当她们来到巫山时,只见恶龙兴风作浪,正在治水的大禹被洪水围困其间。瑶姬十分敬佩大禹,决定助他治水,便送给大禹一本治水天书。不料,瑶姬还没有来得及告诉大禹如何破译这部天书,就与众姐妹一起,被西王母派来的天兵捉拿回了瑶池。十二位仙女早就厌倦了瑶池仙宫的生活,她们挣脱神链,重返人间,佐助大禹劈山开峡,治理洪水,造福人类。待洪水被制服后,十二个姐妹忘记了返回瑶池的事，整日奔波在巫山群峰之间，为船民除水妖，为樵夫驱虎豹，为农夫布云雨……久而久之，她们便化成了十二座林木葱茏的山峰，日夜保佑江上来往船只的平安，这十二座山峰被称为"巫山十二峰"。那座最为玲珑峭拔的神女峰，便是瑶姬的化身。

"文"的版本出自楚国大文人宋玉之手。在瑶姬千年之后的战国时期，宋玉先后写下了文学史上词句绮丽的两大名赋，《高唐赋》与《神女赋》。《高唐赋》写楚怀王到三峡地区狩猎，一路上奔波劳顿，便在临时的行宫高唐馆中小憩。睡梦中，他隐约听到有音乐声响起，还不时闻到飘来的阵阵奇香。他睁开眼，只见四周祥云弥漫，异彩纷呈，一个国色天香的女子袅袅婷婷，款款而来。这女子大大方方地来到楚怀王面前，对他说，"我是炎帝的女儿，名叫瑶姬，没有成亲就亡故了，被埋在巫山南坡。今天特地前来与你相会"，并且"闻君游高唐，愿荐枕席"。楚王见女子美丽娇艳又风流多情，顿时心生爱慕，遂与她留下了一段风流佳话。《神女赋》写楚襄王游高唐，而襄王却没有怀王那样好的运气了。在襄王的梦里，神女圣洁不可侵犯，坚贞高尚，意态高远，以礼自持，凛然难犯。神女怀着坚贞洁清守身，对襄王实难相从（"怀贞亮之清兮，卒与我兮相难"）。她委婉地把襄王规劝一番，高雅的谈吐如嗅兰草（"陈嘉辞而云对兮，吐芬芳其若兰"）。最终，"欢情未接，将辞而去"；她有意和襄王拉开距离，不让襄王上前与她亲近（"迁延引身，不可亲附"）。

《高唐赋》与《神女赋》是内容上相互衔接的姊妹篇，皆以楚王与巫山神女梦中幽会的故事为题材，但两赋中塑造的巫山神女形象却全然不同。《高唐赋》中，巫山神女风流多情，自由奔放，大胆追求爱情，甚至自荐枕席；而《神女赋》中，巫山神女则发乎情，止乎礼，端庄典雅，守身如玉。为什么同是出自宋玉的手笔，两赋中巫山神女的人物形象却迥然不同？这实在是一个有趣的话题。宋玉借两赋道出了礼教文明下深层次的人性苦闷，同时也将女性的情与美肢解为二，因此中国的文化史与西方的文化史不同，女神只能是美神，不能是爱神。如果说原罪的话，宋玉肯定是个最尴尬的文人了！

两赋之后，文人骚客怀着再也化不开的朝云暮雨情结倾情泼墨，巫山神女走进诗词歌赋，与浩浩长江一道，形成了奔腾流淌的另一条文化江河。

文人与山水相得益彰，历史与传说烟雾弥漫。千年复千年，神女峰成了众生景仰的忠贞重于生命的文化标本，巫山神女慢慢积淀为中国文化的"维纳斯"，瑶姬的青春美少女形象也永远鲜活。每一个游走三峡、经过巫山的人，在饱览大自然的灵山秀水的同时，对望高高的神女峰，是否心底都会掠过一丝悠远的哀伤？

妇 好

甲骨文中的传奇女人

经过 1936 年、1976 两次相隔四十年的考古挖掘，公元前十二世纪的一位传奇般的女人，终于从历史尘封的记忆里醒来，她就是妇好。

妇好是谁？她是商朝一代雄主武丁的夫人，我国有历史记载以来最早的女政治家、军事家。考古推断她的名字应该叫"好"，"妇"则是一种亲属称谓。武丁在位五十九年间，修政行德，殷道复兴，使商朝成为西起甘肃、东至海滨、北及大漠、南逾江汉、包含众多部族的泱泱大国，史称"武丁中兴"。《左传》有语，"国之大事，在祀与戎"。殷商时期的国家大事，除了占卜祭祀，就是卫边拓疆。夫人妇好文能主持占卜祭祀，武能带兵卫边拓疆，与武丁一起共同缔造了"武丁中兴"的辉煌。

妇好嫁给武丁之前的身份，应该是商王朝下属或周边部落的母系部族首领或公主。她才情出众，胆识过人。商王朝虽是男权社会，但母系氏族遗风尚存，女人带兵打仗也算常事。武丁对妇好领兵作战的能力一开始并不信任。某年夏天，北方边境有外敌入侵，派去征讨的将领久久不能解决问题，妇好便主动请缨，前往助战。武丁犹豫不决，通过占卜才决定让王后出征。没想到，妇好到了前线，调度指挥有方，而且身先士卒，很快就击败敌人，取得了胜利。武丁从此对妻子刮目相看，封妇好为商王朝的军事统帅。妇好率领军队南征北战，屡建奇功，先后击败了北土方、南夷国、南巴方、鬼方等二十多个小国。她曾率领一万三千人的大军（相当于商王朝一半以上的兵力）征讨骚扰西北边境多年的羌兵，最终毕其功于一役，使敌人归附。史学家评价妇好此战是一场奠定中华文明历史进程的决战，重要程度不亚于传说中的黄帝与蚩尤之战。妇好最精彩的一战是和武丁一起征伐南巴方的战役。战前妇好和武丁议定计谋，妇好在敌人西面埋伏军队，武丁则带领精锐部队从东面发起突然袭击。巴方军队在包围圈中顾此失彼，阵形大乱，终被围歼。这大概是中国有文字记载以来最早的"伏击战"了。

妇好并非仅仅一介武妇，她还负责商王朝的祭祀占卜大典。那个时代，人们迷信鬼神，崇尚天命，非常盛行祭祀占卜，特别是商王室和奴隶主统治阶级，对于几乎所有国家大事都要反复占卜、祈问鬼神。因此，祭祀是最重要的国事活动之一。而掌握这项最高神职权力的祭司，应具有广博的学识、崇高的地位，能够通过与鬼神沟通，对重大国事进行实际决策。妇好经常受命主持祭天、祭先祖、祭神泉等各类祭典，又任占卜之官，可见她的德行之高、威望之重，非凡夫俗子所能企及。

对这位文武双全的妻子，武丁宠爱之外又多了几分倚重。不论妇好带兵打仗，还是生儿育女，武丁都会虔诚地求神占卜。他并不因为妇好是自己的妻子，就认为她理所应当要无偿为国家奉献。在妇好立下赫赫功绩之后，武丁论功行赏之时对她敬重有加，分封她为诸侯，为妇好充分发挥政治才能提供了舞台。妇好在自己的封地上励精图治，她的封地民安业兴。她还按照国王和诸侯的礼仪，向丈夫武丁缴纳贡品，不因私废公。妇好的封地成为商王朝最富庶的地方之一。

论私情，她是集宠于一身的慈母贤后；论公务，她是位高权重的封地诸侯；论文治，她是占卜问祀的国之主祭；论武功，她是战绩卓著的军事统帅。妇好集诸多身份于一身，光环熠熠，史不多见。但她头顶上还有一圈更亮的光环，值得每一个后来人仰视：她是捍卫中华文明独立完整的不朽的民族英雄。

也许天妒英才，妇好三十三岁时就香消玉殒。从甲骨文记载分析，妇好可能是因为难产而去世的，也可能是积劳成疾而逝，还可能是因为战役而亡，至少也是战伤复发而逝。究竟何因已不重要，好在武丁是个重情夫君，悲痛之余，念夫妻恩爱，感动于妇好的劳苦功高，破例将她安葬在王宫之侧，并在其墓圹上修建享堂，卜辞称"母辛宗"。在武丁用真情打造的陵寝里，陪葬品极为丰富，今人考古发掘出的陪葬品有青铜器、玉器、宝石器、象牙器、骨器、蚌器等1928件，多为国宝级文物。其中有两件意义非常。一是重达九公斤的饰有双虎噬人纹、铭刻"妇好"文的大铜钺，如此兵器，非一般体力所能使得。这铜钺在商朝是王权和军权的象征，可以遥想当年妇好指挥千军万马驰骋疆场的飒爽英姿。二是猫头鹰形状的鸮尊，它造型精美，工艺精湛。猫头鹰是商朝人的图腾。猫头鹰因有昼伏夜出的天性、击而必中的本领，被视为战争之神。妇好一生驰骋沙场，战马倥偬，将具有战神象征的鸮尊作为陪葬，更显示了商朝人对这位巾帼英雄深深的敬重。

在妇好享堂前，尊立着今人设计的汉白玉雕像。只见那雕像目光炯炯，不怒而威，披坚执锐，威风凛凛。每一个拜谒妇好墓的人，凝望中都会油然生出感叹：长眠于此的这个女子，她的传奇一生实在不可思议！

田 倩

中国有史记载的第一位名妓

青楼文化，是人类文明史上妖冶的罂粟。最早盛开的这一朵，便是春秋时期齐国的美女田倩，她被认为是中国有史记载的第一位名妓，这实在是一个褒贬莫辩的头衔。

评说田倩，还要先从春秋名相管仲说起。

管仲不但是春秋时期齐国名相，也是著名的政治家、军事家、经济学家。春秋五霸之一的齐桓公之所以能第一个成就霸业，管仲的辅佐功莫大焉。管仲的一条大胆而前卫的辅政措施，就是开创了一个历久不衰的行业——娼妓业，他设置了拥有七百余名妓女的国家妓院。无独有偶，与管仲时代差不多的古希腊政治改革家梭伦，在雅典也开设了国家妓院，目的是满足青年男子的需求，保护良家妇女不受骚扰。而管仲之举则是战略性的：一是通过此举增加政府财政税收；二是认为此举有利于社会安定；三是以此举吸引大量人才；四是通过送妓与敌，可以兵不血刃地取得成功。

田倩就是生活在齐国妓院里的美女，也因沐浴了管仲治国的政策春风而青史留名。

田倩十五岁时被选入妓院。当时的田倩除了青春正好的年华、明媚鲜妍的容貌，她还识诗书、知礼仪、善歌舞、聪慧灵敏，因此她很快便在美女如云的妓院里脱颖而出。对这位才貌卓越的姑娘，管仲甚为赏识，青睐有加。

齐国有个叫宁戚的贤良之士，常怀报国之心，却无用武之地。有一次齐桓公出游，宁戚在一旁敲着牛角反复高歌"浩浩乎白水"，桓公问他原因，他却让桓公去问管仲。齐桓公回朝后问管仲，管仲想了好几天也不得其解，遂将此事说给田倩听。田倩的父亲是有识之人，田倩自幼受到熏陶，早就听说乡野有一隐士叫宁戚。于是她开导管仲说："家父曾经教导小女子，不要以人老就轻视他，不要以人出身卑微就认为他无能，不要以不懂事理就认为他没有才干。十步之内，必有芳草。十里之内，必有知音。太公七十岁在商屠牛，八十岁在做小商贩，周王拜他为师，并因此灭了商，建立大周。伊尹九十岁在做奴仆，后来做了商的贤相，辅弼商汤建立了商朝。"

管仲惊叹于小姑娘见解不俗，小小年纪竟然有如此才华，于是向她追问宁戚反复唱的那句话是什么意思。田倩回答："大人不是常读诗书吗？古有《白水》之诗，诗中说：'浩浩白水，儵儵之鱼，君来召我，我将安居？国家未定，从我焉如？'宁戚是把自己比作一条悠游水中的鱼，希望桓公能把他钓上岸，用他之才治理天下呢。"一番言语让管仲茅塞顿开。田倩说："相爷自上任以来，为使齐国富强，日夜操劳，费心不少，要是有个助手岂不是更有作为？特别是有能力的人做助手，岂不如龙乘云、虎生风，齐国岂不是会更加强大？"管仲听罢赞叹不已，未曾想田倩乃奇女子也！第二日管仲便面见齐桓公，以宁戚之意告之，并建议桓公提拔宁戚。后来，宁戚果真被擢为副相，帮助管仲辅佐桓公成就了一番伟业，而田倩则被管仲引为红颜知己，娶回家中做了相国夫人。

美丽又聪明的女子人人爱慕。传说管仲想娶田倩为妾，但又怕影响声誉，便奏请齐桓公做主保媒。齐桓公召见田倩，见田倩果然不凡，美貌艳若桃李，谈吐才华横溢，但桓公是一代名君，不能强夺大臣之爱，于是赐给田倩一些锦帛，让管仲名正言顺娶了田倩。田小姐凭自己的美丽聪慧，抓住人生机遇，改变了命运，从此成为相国夫人，赢得了上至国君下至黎民的敬重。

田倩的故事在汉朝刘向的《列女传》中有详细记载。从她解析诗句的精熟上可以看出，她是一个富有才学的女子；从她以理说服管仲任人唯贤上可以看出，她又是一个明白事理顾全大局的女子。这样一个出身卑微的妓女，能在滚滚红尘中得管仲所赏所重所爱，远不是攀附富贵玩弄风雅所能成事；比起那些谄媚作态谋害忠良的蝇营狗苟之徒，实在可爱得多，更是可敬得多。

管仲娶田倩回府做了老婆，同时让她做自己的政治参谋。管仲敬佩田倩的才学胆识，疼爱珍惜视同国宝。田倩也积极参政，献计献策。考虑天下诸侯纷争，齐国不能独大，田倩提议齐国和赵国强强联合，以周的名义挟持天下。管仲依照田倩的政治构想，用心经营齐国，辅佐齐桓公成为第一个荣登盟主宝座的诸侯。后来宋国违背盟约，齐桓公以周天子的名义，率几国诸侯伐宋，迫使宋国求和，此即为"九合诸侯"的第一次。当时中原各诸侯国常常受到南北部落的攻击,齐桓公打出"尊王攘夷"的旗号,北击山戎,南伐楚国,受到周天子赏赐。齐桓公成为春秋五霸之首,将治国大业推至高峰。春秋五霸声名赫赫,史书上留下了齐桓公身边的名相管仲的声名,却没有留下管仲身边的名妓田倩的功劳记载。

息 妫

美乱三诸侯的桃花夫人

一个女人,因为貌美,命运牵系国家,名字写入青史,是幸还是不幸呢?漂亮脸蛋带给她们的,往往是表面风光无限的生活,实际则是多舛的命运。息妫,就是这样一个美丽的女人。

息妫是春秋时陈国的公主,陈国先祖曾为舜的后裔,世居妫水,后以此为姓。公主嫁给息国国君,按春秋礼制而称息妫。因容貌俊美、面若桃花,息妫又被后人称为桃花夫人。也有说法称,息妫的埋葬地遍植桃花,所以被称为桃花夫人。民间还有传说,息妫出生于深秋,当时却满园桃花盛开,并且其额头上带有桃花胎记,这恐怕只是美丽丰富的想象了。

息妫有多美?最经典的一句话是,桃花有多美,她就有多美。息妫到底有多美?因为她的美,春秋息、蔡、楚三个诸侯国钩心斗角,你攻我伐,只爱美人,不爱江山。

春秋列国林林总总一百七十余个,诸侯割据,弱肉强食,天下不宁。蔡、息两国是近邻小国,蔡侯与息侯均是陈国驸马。春秋诸侯间常靠联姻加强交往,相互依附。在这样的背景下,息妫之美,便引发了哀怨千古的诸侯战乱与情感悲欢。

息妫回陈省亲,途经蔡国,蔡侯早已对漂亮的小姨子垂涎三尺,趁机大摆宴席,热情款待。席间蔡侯色胆难控,不顾宾主礼仪、亲戚情分,除用轻薄语言挑逗外,竟然拉住息妫的手不放。考虑到国君夫人的尊严,息妫强忍怒气,不待盛宴结束,便匆匆率领仆从拂袖而去。

息侯知情后,认为蔡侯欺人太甚,决心报复。可是息国力量薄弱,恐怕不是蔡国对手,于是息侯想到了借刀杀人的计策。息侯派遣使者到楚国进贡,趁机向楚文王献计,说蔡国自恃与齐国友好而不服楚国,若楚国攻打息国,息国求救于蔡国,蔡侯必念连襟关系而出兵相助,然后息国与楚国合兵攻蔡,必能生擒蔡侯,迫其向楚国进贡。

正在图谋称霸的楚文王,早已盯上了位于汝水、淮水之滨的蔡、息两国,听到计谋,正中下怀,于是兴兵直奔息国而来。息侯假意惊慌失措地求救于邻近的连襟，蔡侯果然率领大军来救。安营未定，楚息合攻，蔡侯仓皇突围，奔至息城，息侯却紧闭城门。蔡侯走投无路，最终被楚军俘虏。息侯大张旗鼓地犒劳楚军，蔡侯才知中计，不禁悔恨交加。蔡侯既对息侯恨之入骨，又因楚国师出无名而破口大骂。楚文王大怒，下令烹杀蔡侯以祭太庙。忠心耿耿的大臣鬻拳犯颜直谏，说文王欲问鼎中原，杀蔡侯将使其他小国害怕，诸小国恐怕会结成联盟与楚国为敌，不如放了蔡侯，与其结为盟友，以仁义播天下，取信更多诸侯。楚文王纳谏，择期设宴为蔡侯压惊饯行。觥筹交错之间，丝竹盈耳，宫女婀娜。美女、美酒当前，蔡侯想起此番险些丧命，都是因为息妫而起，便心生一念：既然息侯借刀杀人，使我蔡侯成为阶下囚，如今何不如法炮制还以颜色？于是蔡侯乘机献计，说文王宫中美女如云，但却没有一个能超过息侯夫人的。然后蔡侯用各种溢美之词尽夸息妫之美，直说得文王春心荡漾，直欲夺之而后快。蔡侯这一番献计，非同小可，息国将很快遭受亡国之灾。

不久，楚文王以方伯的名义到息国巡视。文王巡视，意在息妫。息侯虽然有不祥的预感，但苦于本国弱小，又感恩于楚王相助，只好以隆重的仪式接待。饮酒间，文王说楚国出兵皆为息侯夫人，提议夫人前来敬酒。两国君侯会见，夫人理当回避。但楚王确实为了息侯夫人而帮了大忙，他的这个要求很难拒绝。待息妫登场，文王顿时看得两眼发直：息妫果然如蔡侯所言，姿容绝世，美若天人。息妫献酒毕，退席入宫，却没想到身后风云突变：楚文王在席间勃然变色，喝令楚兵当场将息侯拿下。息妫闻变，仓皇奔入后院准备投井自杀，结果被楚将斗丹拦住。斗丹劝她：夫人难道不为息侯着想吗？夫人若去，息侯岂能独存？这句话镇住了息妫。经过一番痛苦的选择，息妫决定忍辱偷生。就这样，息侯夫人成了楚王夫人。

楚文王立息妫为夫人后，对她倍加宠爱。息妫虽身在楚宫贵为夫人，但她仍心系息侯，文王掳获了她的身，却没能掳去她的心。三年之内息妫生下两个儿子，但却从不说话。文王实在忍不住，硬逼她说话。面对已经共同生活三年的文王，息妫微微低头，说出了一句悲苦名言：我一个女人侍候了两个丈夫，不能去死也就罢了，还说什么？！是啊，一个痴情又无奈的女人，夹在两个男人当中，内心之痛谁又能解？楚王思前想后，罪在蔡侯，于是兴兵伐蔡，为夫人报仇，直到蔡侯臣服方才罢兵。

后来楚文王在与巴兵的战斗中因受伤而亡，他与息妫所生次子继位，这就是楚成王。楚成王刚继位时年纪尚轻，叔父子元有篡位之意，兼慕息妫的绝世容貌，想与之私通，便全然不将成王放在眼里。子元在楚王宫旁大筑馆舍，每日歌舞奏乐骚扰息妫。息妫训斥子元："先君舞干以习武事，以征诸侯，是以朝贡不绝于庭，今楚兵不至中国者十年矣。令尹不图雪耻，而乐舞于未亡人之侧，不亦异乎！"一句话让子元羞愧难当，于是自为中军，征讨郑国而去，此亦可见息妫之美。

楚成王执政有方，楚国逐渐强大起来，息妫从此消失在浩瀚的典籍之中，不知所终。

今天武汉城外有桃花山，山上有桃花夫人庙，庙中香火终年不绝。王维、刘长卿、宋之问、杜牧等文人纷纷题诗以祭。河南息县也立有桃花夫人汉白玉雕像。桃花夫人美貌、端庄、温婉、贞静，世间好女子大概如此。后人不忘，美女息妫的桃花之魂亦可千古流芳。

西 施

古今中外最美的美人

中国人谈美女，言必称西施。若列一个美女排行榜出来，排名第一的无疑是西施。西施之美，苏东坡评得最霸气：淡妆浓抹总相宜。老百姓的口头禅最有说服力：情人眼里出西施。这个最美的美人，早已超越了美女本身，升华为文化意义上美的符号，西施二字早已是美女的代名词。

西施的容貌美得如梦如幻，人却是真实的人。她原名施夷光，浙江诸暨苎萝村人。苎萝村分东西二村，施夷光住在西村，所以被叫作西施。西施的父亲卖柴，母亲浣纱，这个寻常百姓家的丫头，却是天生丽质，禀赋绝伦。

关于西施之美，有典故两则为证。一是沉鱼。少女西施在溪边浣纱时，清澈的河水映照出她俊俏的身影，使她显得更加美丽，鱼儿看见她的倒影，竟忘记了游水，渐渐地沉到河底。二是东施效颦。西施常犯心口疼病，因为她长得漂亮，连皱眉抚胸的病态都是好看的，以至于被东村的女子仿效，亦皱眉抚胸走在村子里。

有一天，大才子范蠡来到了浣纱溪畔，从此，美女西施告别了小乡村，走进了越国都城，走进了吴王宫殿，走向了风光无限而又扑朔迷离的未来。

范蠡是楚国人，生于布衣之家，却有旷世奇才。他在越国任辅国大夫。吴王夫差二年（公元前494年），吴越交战，越国战败，被迫向吴国求和请降。为示臣服，越王勾践在范蠡陪同下到吴国为奴，老老实实干苦力活，逐渐赢得了夫差信任。三年后，夫差赦免勾践、范蠡回国。释归后，勾践下定决心打败吴国，报仇雪恨。范蠡、文种等人为其出谋划策，计策之一就是美人计，针对吴王夫差淫而好色的弱点，送给夫差美女，以消磨他的意志。范蠡奉命巡行全国，遍访佳人，少女西施被发现后就这样开始在历史的舞台上闪亮登场。

越王勾践花了三年时间，教西施歌舞、步履、礼仪等，聪明美丽的西施很快由一位乡野浣纱女成为修养有素的宫女。西施被进献给吴王后，吴王夫差对她宠爱有加，想方设法为她提供奢华的生活。吴王为西施建造春宵宫,筑大池,池中设青龙舟,日日与西施水戏;又建造用于表演歌舞和欢宴的馆娃宫、灵馆等;西施擅长跳"响屐舞",夫差就用数以百计的大缸,上铺木板,专门为她筑"响屐廊",西施穿木屐起舞,裙系小铃,跳起舞来,铃声和大缸的回响声,"铮铮嗒嗒"交织在一起,使夫差如醉如痴。

西施在姑苏城生活的时候应该是她一生中最为安逸、最显高贵的时光,而夫差沉湎女色、疏忽朝政、冤杀忠臣,江山社稷日坠西山。越王勾践则卧薪尝胆,做着复仇的各种准备。

二十年后,吴国首都姑苏城被蓄谋已久的越国大军攻破,吴国灭亡,大美女西施的皇宫生活也结束了。摘下凤冠的西施去了哪里?她的后半生是如何度过的呢?因为史料缺乏,至今迷雾重重。

目前的说法主要有三个。一是殉情自杀之说。经过二十年共同生活,原本忍辱负重以身报国的西施渐渐淡忘了越王勾践的重托,深深爱上了吴王夫差,所以吴国灭亡时,西施陪同心爱的君王殉情自杀。二是被沉江底之说。《墨子》记有"西施之沈,其美也"之句,"沈"和"沉"在先秦古文中是通假的。有人据此认为,这里的"沈"字说的是西施的死因。后汉赵晔《吴越春秋》记有"吴亡后,越浮西施于江,令随鸱夷以终"句,"鸱夷"是装尸体的皮囊。这些历史资料隐隐透露,西施很有可能在吴亡后被沉入水底而死。后人考史,又有吴人因迁怒于西施而杀之和越王勾践的夫人因嫉妒西施而杀之等的猜测。三是浪迹江湖之说。吴国灭亡后,范蠡带着恋人西施泛舟江湖,浪迹天涯,做了神仙眷侣。范蠡初识浣纱女西施时,才子佳人一见钟情。在西施受训的三年里,二人感情笃厚。西施入吴二十年,双方暗恋,情意与日俱增。《史记》记载,范蠡灭吴功高,被封为上将军。但他深知勾践为君不明,可与之同患难,却无法共享安乐,因此悄然远走,乘舟浮海前往齐国领地,同时更名改姓,务农经商,治下大宗产业。后来又拒绝齐国的高官厚禄,散尽家财,随身携带少量珍稀宝物,悠闲自在地离去,在一个叫作"陶"的地方定居,自号"陶朱公",过上了闲云野鹤的生活。虽然司马迁的叙述只字未提包括西施在内的任何女人,但人们更愿意相信,西施始终隐藏在范蠡的身后,是他生命的一部分。这种将浪漫爱情进行到底的大团圆结局,比较符合中国民众的心愿,因此成为流传最广的一个故事版本,飘浮在优美的历史风景之中。

许穆夫人

史上第一位爱国女诗人

"载驰载驱,归唁卫侯。驱马悠悠,言至于漕。大夫跋涉,我心则忧。既不我嘉,不能旋反。视而不臧,我思不远。既不我嘉,不能旋济。视尔不臧,我思不閟。陟彼阿丘,言采其蝱。女子善怀,亦各有行。许人尤之,众稚且狂。我行其野,芃芃其麦。控于大邦,谁因谁极?大夫君子,无我有尤。百尔所思,不如我所之。"

这是收录在《诗经·国风·鄘风》中的《载驰》。读完这首诗,人们眼前马上浮现出一幅生动的画面:一个漂亮的少妇,坐在一辆马车上,在广袤的野外疾驰。有人带队阻挡她,不许她前行,她忧伤而坚定地述说自己必须赶回娘家的理由。

相传此诗的作者是许穆夫人。许穆夫人是一位才华横溢的美女,据考证,她是有记载的我国乃至世界历史上第一位爱国女诗人。

许穆夫人姓姬,春秋时卫国公主,嫁与许国穆公为妻,世称许穆夫人。许穆夫人是卫公子顽和齐国大美人宣姜所生的女儿,宣姜本是卫宣公打算为大儿子急子迎娶的儿媳,但卫宣公因贪图其美色而据为己有。不过许穆夫人的父亲不是卫宣公,许穆夫人是卫宣公死后宣姜和卫宣公的庶子顽所生。宣姜和公子顽共生育两儿(卫戴公、卫文公)三女,许穆夫人的亲生父亲顽从辈分上算是他的哥哥——也真够乱的,且不去说它。

许穆夫人自幼聪慧,容颜娇美,诗文歌舞、骑马射箭,无所不能。成年后因才貌出众,许国和齐国君主都来求婚。当时诸侯兼并,战争连年,皇室婚嫁几乎都是政治和亲的性质。卫国原是一个大国,都城在朝歌,后因统治者荒淫无道,政治混乱,国力渐趋衰微,处在大国争霸和邻国侵袭的威胁之中。许穆夫人深知自己的婚事与国家的安危密切相关,表示愿嫁到齐国,因为许国弱小并地处遥远,而齐国强盛且为近邻,将来一旦卫国被侵,便可及时得到齐国援助。由于卫齐两国长期婚姻关系混乱,加上许国重礼相求,许穆夫人的父母决定和许国结亲。

许穆夫人出嫁后,眷恋故土心切,常常以诗寄怀,思念幼时嬉戏垂钓于淇水的愉快情景。

卫懿公是个性情荒诞、不理政务的昏君。他爱鹤成癖，千古留名。宫苑里白鹤成群，不但养鹤人被授予官职，连白鹤也被封为将军，享受比士大夫还要优裕的待遇，陪同卫懿公出巡，并乘坐华丽车辆。为了供养白鹤，卫懿公还额外向百姓征收"鹤捐"，激起国民强烈不满。卫懿公当政期间，国力每况愈下。卫懿公九年（前660年），北方狄族乘虚而入，卫懿公征调民众抵抗，卫国将军应付出征，士兵消极打仗，结果卫国惨遭失败，亲自带兵的卫懿公被剖腹而死，国民遭到大批杀戮，都城被洗劫一空。难民渡过黄河，逃到南岸的漕邑。

这卫国被灭，也是活该。

许穆夫人得知卫国的变故，急切请求许国派兵救援。许穆公担心引火烧身，不敢轻易发兵，只派了使者到卫国吊唁。之后，许穆夫人不顾许穆公和众大臣的反对，毅然决然离开许国，以救亡复国。许国一些大臣追赶阻拦甚至指责许穆夫人不为许国安危考虑。许穆夫人深感愤慨，写下了传唱千古的伟大爱国诗篇《载驰》，痛斥那些鼠目寸光的庸官俗吏，表达了一个女子热爱祖国、拯救祖国的坚定信念。许穆夫人带领当初随嫁到许国的几位姬姓姐妹，赶赴漕邑，与刚被拥立的卫戴公相见，商议复国之策。他们招来百姓四千余人，一边安家谋生，一边整军习武。不久卫戴公病殁，卫文公接替。许穆夫人建议联合强国共同抗狄，以挽救卫国，并以安危与共之理游说各国。齐国及时出兵援助，宋、许等国也派人参战，卫国最终打退了狄兵，收复了失地。两年后，卫国在楚丘重建都城，恢复了在诸侯国中的地位。卫文公励精图治，卫国重整旗鼓，又维持统治四百余年之久。

许穆夫人的诗歌在文学史上享有很高声誉，受到历代名人推崇。在这些诗的字里行间，饱含着强烈的爱国主义思想情感。《载驰》一诗，写出了许穆夫人在国破家亡的惨淡背景下，同阻挠她返回祖国抗狄的许国君臣们进行的斗争，表达了她为拯救祖国不顾个人安危、勇往直前、矢志不移的决心。整首诗激情慷慨，渗透着悲壮、圣洁的爱国情感和一位政治家的远见卓识，以及刚强自主、绝不随波逐流的高贵精神。单从时间上来讲，许穆夫人的《载驰》比屈原的《离骚》还要早三百多年。这是中国诗歌史上不朽的伟大诗篇，今天吟咏起来仍震撼心扉，让人爱不释手。

钟离春

满腹锦绣的治国丑后

中国历史上有四大丑女之说，首丑当推无盐，即战国时齐宣王后钟离春。无盐是一处古地名，在今山东省东平县一带。无盐女子钟离春，复姓钟离，单名春，因此又被称为钟离无盐，或简称无盐。因为长得不漂亮，"丑"名昭著，所以又讹传为无艳。无盐，也成了丑女的代名词，正如用"西施"代指美女一样。

刘向的《列女传》为钟离春画了一幅"人物素描"："其为人极丑无双。臼头深目，长指大节，卬鼻结喉，肥项少发，折腰出胸，皮肤若漆，行年四十。"寥寥几行字，可谓字字入木三分，让钟离春的丑容尽现，文人的笔有时候真是绝情啊！

因为容颜丑陋，钟离春要追求幸福婚姻自然不易，所以顺理成章地成了剩女，到了四十岁的年纪，仍未嫁出。在战国时代，这个年龄恐怕已是嫁不出去的老姑娘了。老天还算公允。貌既有所短，才必有所长，钟离春自幼耳聪目明，头脑睿智，满腹锦绣，见识非凡，对于当时天下乱纷纷的时局，看得颇为透彻。她并不因为个人形象而自惭形秽，而是心怀鸿鹄之志，把自己定位为齐国王后。且看钟离春是怎样毛遂自荐，从一介民女荣升为尊贵王后的。

当时群雄纷争，天下不安。七雄之中，齐国是老牌强国。齐宣王自恃其强，耽于酒色，于城内筑雪宫宴乐，于郊外四十里辟苑囿狩猎，又聚游客数千人于稷门立左右讲室，日事议论，不修实政，嬖臣专权，忠臣心离，百姓生活在水深火热之中，齐国日现衰败之象。钟离春忧国忧民，心急如焚，决心冒着杀头的危险去面见齐宣王。

钟离春来到了齐都临淄，扬言自己是齐国最优秀的女人，闻君王之圣德，愿意为大王去管理后宫，希望大王能够允许。守门卫士奏知齐宣王。宣王觉得此女言行不俗，很为惊奇，于是设宴召见。

当钟离春走进宫殿时，群臣侍宴者见其容貌奇丑，都不禁掩口而笑。齐宣王问："我宫中妃侍已备，你貌丑不容于乡里，以布衣欲干千乘之君，难道你有特殊才能吗？"齐宣王的话很明显是不想伤害钟离春的自尊，让她知难而退。但是钟离春的自尊心早就不怕别人伤害了。她大胆地说道："我仰慕大王的高义而来，没有特殊才能，只有隐语之术。"齐宣王道："你演示给孤看，若言不中用，斩首。"钟离春并无惧意，她"扬目衔齿，举手拊膝"，说："危险啊，危险啊！"宣王不明白钟离春之意，问群臣，群臣也都不解其意。宣王于是把钟离春叫到面前，让她说明。钟离春慨然陈辞："今大王之国，西有横秦为患，南有强楚结仇，而国中奸臣当道，人心涣散，太子不立，国本不安，此其一；大王高筑渐台，大兴土木，国人困苦不堪，民怨沸腾，此其二；国内贤能之士隐匿山林，奸佞之徒横行朝堂，纵有直言，也难以上达天听，此其三；大王沉迷酒色，夜以继日，致使朝政废弛，国家不治，此其四。有此四端，齐国已危在旦夕！"

齐宣王听完后，顿时出了一身冷汗，没想到一个这么丑陋的女人，肚子里竟然装有如此多的家事国事天下事，并说出了这么多不容置辩的道理来，让他这个一国之君如梦初醒！齐宣王遂把钟离春看成自己的一面宝镜，其谏议尽所采纳，拆渐台，罢女乐，退奸佞，去雕琢，强兵马，实府库，四辟公门，招进直言，延及侧陋，择吉日立太子。而最让人意外的是，齐宣王答应了钟离春的要求，封钟离春为王后。这位在市井中迟迟未能出嫁的丑女，终于如愿成为齐国的"第一夫人"。历览千年人与事，钟离春可谓风头最足的一位了！

大才掩丑，有史家评钟离春乃华夏杰出的女政治家。她的故事听起来有一些离奇甚至荒诞，其实我们大可不必为具体的故事情节去较真。历史已经证明，齐宣王是一位颇有作为的君主。他能不计较钟离春的丑容而纳其为后，一方面是君主气度非凡，但更重要的，是钟离春一针见血、切中时弊的政治见解以及其敢于直谏的勇气，使齐宣公闻过则喜，认定这个人将来是辅佐治国的难得之才。

执政期间，齐宣王以优厚的待遇，广召天下贤能饱学之士，讲经论道，著书立说。稷下学宫汇集了包括孟子、荀子等在内的一大批名士相互研讨辩论，从而成为当时天下学风盛行之处，也引领了战国时期"百家争鸣"的时代潮流。齐宣公治国理政，训练精兵，安抚民生，积极外交，使齐国在数十年间，始终保持天下霸主的雄姿。这其中，丑女王后钟离春功不可没，史称"齐国大治，丑女之功也"。

清人胡彦升有感而发,吟有一首《东原怀古·无盐城》来总结钟离春现象:"何处无盐迹可寻?宿瘤故邑柳深深。浣纱遗事空留恨,不及齐妃说到今。"

孟姜女

一哭垂名的齐国靓妇

  孟姜女哭长城的故事是我国古代四大爱情传奇故事之一，可谓家喻户晓，老幼皆知。故事讲的是，秦始皇时期，有一对相亲相爱的夫妇，男的叫万喜良，女的叫孟姜。新婚三日，新郎万喜良就被强征为民夫，派去远方修筑长城。从此，两人相隔万水千山，无法见面，也无音讯可通。孟姜女惦念丈夫冷暖，一针一线赶制了一件寒衣，决心只身上路，万里寻夫。当她跋千山涉万水，终于来到崇山峻岭间的长城脚下时，却怎么也找不到自己的丈夫。后来，孟姜女听说万喜良经受不了繁重的劳动，已经劳累而死，尸骨就埋在长城脚下。她一时哀痛欲绝，悲声大放，两日三夜痛哭不止。悲怨之情惊天地泣鬼神，突然，"轰隆"一声，长城一下子倒塌了八百里，万喜良的尸骨见了天日，孟姜女痛不欲生，在绝望之中投海而死。人们为了纪念孟姜女，在她哭倒长城的山海关附近盖起了"孟姜女庙"。

  故事虽是虚构，但孟姜女却真有其人。

  历史上的孟姜女是春秋齐国人，嫁给临淄的杞梁为妇。杞梁事母至孝，而且孔武有力，勇名远扬，只是出身庶族，无官无职，务农为生。当时，齐庄公想重振齐桓公的霸业，于是出兵攻打莒国。悬赏之下，勇夫杞梁应征入伍。齐庄公五年（前549年），杞梁在莒国战死，其遗体运回后，齐庄公下令置于郊外吊慰。孟姜女认为郊野不是吊丧之处，拒绝接受，理由是，如果丈夫杞梁犯了错误而死，完全可以在战场就地掩埋，岂敢劳国君吊唁？如果丈夫是因为打仗为国捐躯，就应该将其遗体置于家里或宗庙祭祀。于是庄公接受她的意见，专门到她家里进行了吊唁。由此可见，孟姜女是一个懂礼知节的妇人。

  《左传》记载，因为杞梁和其妻两人相亲相爱，情深似海，杞梁之妻扑在杞梁的遗体上，悲天怆地，哭了七天七夜，连齐国城墙也崩塌了。这大概就是关于"孟姜女哭长城"的原始资料了。其后，西汉刘向在《说苑》《列女传》中又增加了杞梁的妻子连哭"十日"以后"赴淄水而死"

的细节。晋人崔豹的《古今注》一书记载的内容与《左传》大体相似。但上述各书中都指明杞梁姓范，更没有出现过"孟姜女"的名字。直至敦煌石窟发现唐朝曲子词"孟姜女，杞梁妻，一去燕山更不归。造得寒衣无人送，不免自家送征衣"，才见到最早记载孟姜女的名字的资料，而且为"孟姜女哭长城"的故事增添了"赴长城送寒衣"的情节。唐末《杞梁妻》一诗，说杞梁的妻子为秦国人，她去长城哭吊丈夫，"一号城崩塞色苦，再号杞梁骨出土"。到了宋代，被广泛流传的杞梁开始有了姓，不过说法不一，有说姓范的，有说姓万的，有说叫杞郎的，还有说叫喜良的。南宋郑樵曰："杞梁之妻，于经传所言者，数十言耳，彼则演成万千言……"（《通志·乐略》）认为孟姜女哭长城是由杞梁之妻哭城演变而来的，而故事的最后形成时间大致是北宋年间。

关于孟姜女这个名字的来历，也是有很多说法的。先说姜氏之源。姜氏传说为神农之后，散居在甘肃、青海以及新疆境内。后来，这个部落越来越庞大，就形成了一个种族。种族的名称便由姓氏而起，叫作羌或姜，羌族是由姜姓的部族扩大的。"羌"字从"人"，"姜"字从"女"，在古文字里本是通用的。姜姓种族不但很强大，而且侵入了中原，打败了王师，封侯食邑。再考究姓氏制度。周代的姓氏制度和分封制度、宗法制度有密切联系，其中女子称姓，男子称氏。这是因为氏是用来"明贵贱"的，姓是用来"别婚姻"的，二者作用不同。历史上还有同姓不婚的说法，所以妇女的姓比名更为重要。女子的名字以姓为基础，冠以排行字、地方名或者谥法号，就是一个完整的人名了。在春秋时代的史书上就可以找到许多姜姓妇女，例如，以排行字为名的有叔姜、季姜、仲姜、少姜等，以地方名为名的有以姜、向姜、芮姜、棠姜、妫姜、虢姜、东郭姜等，以谥法号为名的有武姜、定姜、穆姜、哀姜等。那么孟姜一名，孟是排行，姜是姓，译成现在的话，便是姜大姑娘。

"孟姜"本是齐女之名，齐国贵族中有一个名叫"孟姜"的女子，生得十分美丽，名震全国。因为她美丽的名声太大了，私名就慢慢变为通名，凡是美女即称"孟姜"，诗经有很多篇都曾引用，可见此名在春秋时期传播甚广。正如"西施"本是一个私名，但因为西施的美丽，这二字就变成美女的通名。杞梁是齐人，他的妻子也是齐人，而且是个有名的才德双全的女子。人们习惯认为有名的女子必定美丽，后人将"孟姜"这一顶

"皇冠"加在杞梁之妻的头上,也是很自然的。

春秋时期的吊亡哭夫,本是寻常故事,但孟姜女哭其夫的故事却在人们的口口相传和文字记载里扎下了根,并且枝繁叶茂,生机勃勃,流传两千五百余年而不衰。简单而动人的故事蕴含了黎民百姓最朴素的情感,那就是对封建暴政及繁重徭役的强烈愤恨,也是对受压迫人民不畏强暴、坚贞不屈的精神的歌颂。

巴寡妇清

中国最早的女富豪

巴寡妇清,这个名字初看起来有点令人费解。她是谁?她是两千多年前秦始皇时期的一位偏居西南巴山蜀水的传奇女人。巴,是巴蜀一带的代称,清,是她的名字,后人以地名冠于名前,称其为巴清,又因其丈夫早逝,所以又称其为巴寡妇清。

巴寡妇清的名字最早见于司马迁的《史记·货殖列传》,这是中国最早的经济史著作,也可算作中国第一个"富豪榜",巴寡妇清作为唯一的女性赫然在册。

巴寡妇清是楚国怀性家族后裔,先人由楚迁巴,世擅丹砂之利。巴寡妇清容貌出众,知书达礼,长大后嫁进巴人豪门,继续经营丹砂产业,研究长生之术。丹砂产业成就了夫家庞大的家族企业,不幸的是,事业有成的丈夫英年早逝,年轻的巴寡妇清毅然走马上任,接管了企业的经营权。她采取一系列措施,把产业一步步做大,富甲天下,礼抗万乘,打造了一个天下共睹的"丹砂帝国"。

这个"丹砂帝国"的实力到底有多雄厚?据史料记载和考古发掘,巴寡妇清有家仆上千、徒附(依附于她的农民)上万,而当时她所在的枳县人口不过四五万。巴寡妇清还拥有一支数千人的强大私人武装,以保护其遍及全国的商业网络。但当时的历史背景是,秦始皇统一六国后,尽收天下兵器。《秦律》明文规定:天下兵器,不得私藏。在以专制著称的秦朝,在一个严禁民间私藏兵器的时代,一位女商人竟敢抗上拥武,凌驾于严苛的法典之上,远非凡夫俗辈所能为也。最为重要的是,巴寡妇清不仅是富甲天下的商界大佬,而且是直通咸阳的至尊贵宾。孤傲的秦始皇曾邀请她访问咸阳,并有感于她年岁已高,在乡下孤寡无后,诏她住进皇宫颐养天年,给以公卿王侯的礼遇。遗憾的是,这位享受浩荡皇恩的女富豪,到咸阳后不久就因病卧床不起,几经御医治疗无效,最终客死京城。秦始皇遵其遗愿,将其灵柩运回巴蜀家乡厚葬,在墓地修建女怀清台,并亲笔题名,以示彪炳,表达对巴寡妇清的怀念和敬意。

秦始皇对巴寡妇清的敬重尊崇，其规格之高、褒奖之重，可以说远远超出常理。纵观数千年中国历史，也许再也找不出第二个人可以同巴寡妇清相提并论。巴寡妇清何德何能，竟受如此礼遇？掩卷想来，大抵有五大原因。

周慎靓王五年（前316年），秦国吞并巴蜀。巴蜀地区成为大秦帝国进攻最大敌人楚国的战争前线，又是完成统一大业的强大战略后方。出于军事需要的考虑，秦对巴蜀地区实行有别于其他地区的优宠政策。尤其当地的豪门大族，最是政治上的笼络对象，他们可以拥有产业、部族和私人武装。秦始皇执政以后，统一战争进入关键时期，这项政策更是被一如既往地坚持下来。从战国时的商鞅变法，到秦始皇统一全国，秦国和秦朝都奉行着严厉的重农抑商国策。但正是在这种"特区"政策的保护和推动下，巴寡妇清的丹砂产业蓬勃发展，越做越大。雄才大略的秦始皇礼遇巴寡妇清本是大局中的一步小棋，此其一也。

中国历代皇帝都希望自己长生不老，永享皇位，吃丹求寿便成了帝王们梦寐以求的事情。身体素质不太理想的秦始皇，更是狂热追求长寿之道，沉迷于寻求长生不老之药。为了达到修仙的目的，在炼丹方士卢生等人的鼓动下，他甚至把皇宫搬进咸阳宫，在里面一面批阅奏章，一面"接引"神仙，不许外人打扰。秦始皇二十八年（前219年），秦始皇派齐人方士徐福率三千童男童女入蓬莱仙山求不老之药。秦始皇三十二年（前215年），秦始皇又东临碣石，使方士卢生入海求仙。当时的方士，普遍将丹砂作为用以炼丹的主要原材料，作为全国最大的丹砂生产企业的掌门，巴寡妇清在秦始皇的眼里简直就是救命的稻草。此其二也。

巴寡妇清财大气粗，也曾表现出应有的豪气。受邀访问咸阳时，巴寡妇清曾向朝廷捐出巨资，支持秦始皇修建长城。捐款的具体数额虽然史料中没有详细记载，但从零星的记录中可以推断，这次捐款足以轰动全国。修建长城，对于江山初稳、国力未殷的秦帝国，既是一项不得已而为之的国防工程，也是耗资巨大的倾囊工程，巴寡妇清慷慨解囊，怎能不令秦始皇龙颜大悦，感动非常？此其三也。

司马迁在《史记》中谈到，秦始皇陵的庞大地宫中以水银为百川江河大海，机相灌输，上具天文，下具地理，使用了大量水银。这些水银正是由巴寡妇清独家赞助的！难怪秦始皇对她青睐有加。此其四也。

最后还要提及秦始皇对女性的态度。母亲赵姬的淫乱给秦始皇带来的心理阴影，作为一代帝王的秦始皇终生抹之不去。他的性格变得极为复杂：内向、多疑、妄想、专制、暴虐、冷酷无情。他对母亲的怨愤，由将母亲永远囚禁在深宫，发展到对一切女人的仇视，这造成他后来在婚姻上的偏执。可以认为，这是秦始皇一直不立皇后乃至死后要让无数宫女为他殉葬的重要原因。然而，对于夫死不嫁、独撑家业的巴寡妇清，秦始皇却不得不另眼看待，"以贞妇客之"，这也是巴寡妇清受秦始皇尊敬的原因之一。此其五也。

关于巴寡妇清的故事，历代众说纷纭，甚至有人在男女情感关系上玩联想游戏。明末诗人金俊明的态度最为中肯："丹穴传赀世莫争，用财卫国能守贞。龙祖势力倾天下，犹筑高台怀妇清。"

巴寡妇清无疑是一位杰出的女性。时至今日，她被奉为代表重庆地区巴国、巴郡时期工商业发展水平的标志性人物。遥想 2200 年前，她生命中的无限风光以及风光背后的故事，都值得人们思索和怀念。

吕 雉

临朝称制第一人

吕雉，今山东单县人，汉高祖刘邦的结发之妻。其父吕公因避仇移家沛县，在一次宴会上，吕公因赏识刘邦气度不凡，便不顾妻子反对，把爱女嫁给了刘邦。当时的刘邦仅是一个混迹乡间、游手好闲的小小亭长。婚后，刘邦不事家庭生产，贤惠能干的吕雉，独自承担起家务和农活。秦末天下大乱，刘邦率众进入沛县被拥立为沛公，入咸阳后被西楚霸王项羽立为汉王。楚汉战争开始后不久，吕雉和刘邦父母即被项羽俘虏，被拘押在楚军之中作人质，饱受了四年的折磨和凌辱，直到刘项以鸿沟为界中分天下后方才得以获释。次年，刘邦毁约，重挑事端，最终垓下一役，刘邦扫平项羽的主力。西汉王朝在霸王别姬的悲情歌声中诞生，刘邦称帝，吕雉顺理成章地当上了皇后，跟随刘邦走到了中国政治舞台的聚光灯下。

吕雉权重一时，胸有谋略，辅佐刘邦决策天下。当时政局初稳，为了巩固权势，在剪除异姓诸侯王的过程中，吕雉刚毅果断，决定先从开国功臣淮阴侯韩信开始，杀人立威。恰逢陈豨谋反，刘邦率兵亲往平定，吕雉留守长安，听说淮阴侯韩信阴谋策应陈豨，遂与萧何商议，骗韩信入宫后将其处死，并夷其三族，震慑朝野。刘邦进攻陈豨，至邯郸时向彭越征兵。彭越称病不往，被刘邦废为庶人，徙居蜀地。吕雉认为不可遗患，又指使人诬告彭越谋反，将废为庶民的梁王彭越召回长安，将其杀掉并剁成肉酱分赐予其他诸侯王。刘邦病危时，吕雉曾就丞相人选问计，接受了关于萧何之后继而曹参，次则王陵、陈平、周勃的安排。

吕雉为刘邦生下一儿一女，即汉惠帝刘盈及鲁元公主。刘邦曾以刘盈仁弱"不类我"为由，打算另立宠姬戚夫人之子赵王如意为太子。戚夫人自恃得宠，经常在刘邦面前哭闹，意欲更换太子之位。吕雉找张良谋划，想方设法邀请刘邦久慕未得的"商山四皓"辅助太子，传出太子贤德的名声，废立太子之事终未能成。

刘邦辞世后，太子刘盈继位，称惠帝。刘盈天性仁慈柔弱，吕后独掌朝廷大权。为巩固吕氏的权势，她不惜用手段搞亲上加亲，册立年仅十三岁的鲁元公主之女张嫣为皇后。汉惠帝虽然对此极为不满，但也无可奈何。吕雉帮助汉惠帝行政七年，后来又以皇太后的身份专制八年，成为秦始皇统一中国实行皇帝制度之后第一个临朝称制的女性，被司马迁列入记录皇帝政事的本纪，后来班固作汉书仍然沿用。文天祥曾有诗句"巍然女娲帝中闱"，承认吕雉身居"中闱"却已经"巍然"显示着"帝"的威权。

吕雉临朝称制，对原刘邦所宠幸的妃嫔悉数打压。对既是情敌又是政敌的戚夫人，吕雉策划实施了骇人听闻的宫廷血案。吕雉首先幽禁了戚夫人，将其罚去做苦工，然后遣使把其子赵王如意从邯郸召进京内。纵然刘盈极力袒护这个异母弟弟，赵王如意最终仍被吕后毒杀。最后吕后命人将戚夫人斩去手脚、熏聋双耳、挖掉双目，又以哑药将她毒哑，将其抛入茅厕之中，称为"人彘"，意为人中之猪。惠帝刘盈见母亲如此惨无人道，不胜惊吓，从此大病经年，天天借酒浇愁，摧残自身，荒废朝政，抑郁而死。张嫣皇后年幼无子，吕雉命取后宫美人所生刘恭诈为皇后之子，并立之为太子继位。身为童稚的刘恭口无遮拦，触犯了吕雉的忌讳，四年后又被幽杀，后刘弘被立为皇帝。

也许刘邦曾对吕雉有所警觉，死前特地杀白马为盟，遍告天下，非刘氏不能封王。吕雉专权，封诸吕为王，积极扶植吕氏一族的力量，打击刘姓皇族的势力，排斥老臣，拔擢亲信，遭到刘氏宗室和大臣的强烈反对，最终导致一场流血政变。太尉周勃、丞相陈平和朱虚侯刘章等人以计谋骗来兵权，先发制人，发动兵变。吕雉在惊吓中死去，诸吕被灭。吕氏外戚专权，给西汉乃至整个中国历史留下了深刻教训，这位君临天下的强权女子，从此被涂抹上了丑恶的油彩。仅仅数十年后，汉武帝已经将吕雉的故事看作历史教训。他在解释残杀钩弋夫人的理由时说："往古国家所以乱也，由主少母壮也。女主独居骄蹇，淫乱自恣，莫能禁也。汝不闻吕后邪？"汉光武帝正式宣布"吕太后不宜配食高庙，同祧至尊"，剥夺了她"高皇后"的称号，并"迁吕太后庙主于园"。

吕雉临朝称制十五年，文治武功赫赫在典。比如她下令废除挟书律，此法本为秦始皇焚书坑儒时制定之恶法。废止此律，鼓励民间藏书、献书，恢复旧典，这对学术文化的发展无疑起到了重要作用。比如她继续执行汉高祖以来与民休息的政策，奖励农耕，废除夷三族罪和妖言令等苛法。值得一提的是，吕雉废除了夷三族罪，吕氏家族却在吕雉死后被夷三族！这实在是令人哑然深思的历史情节。再比如在处理汉匈关系上。在秦王朝十几年残暴统治和四年楚汉战争以后，为了尽量不引发民族矛盾，作为威仪四方的皇太后，吕雉屈尊求和，以退为进，回绝了匈奴冒顿单于求爱式的无礼挑衅，为汉王朝赢得了和平发展的宝贵时间。以国为重的政治风度和忍辱负重的宽阔胸襟，当是吕雉留在历史上的光彩一笔。吕雉给了老百姓喘息的机会，人民生活比较安定，社会经济得以恢复，为后来的文景之治打下了很好的基础。司马迁在《史记·吕太后本纪》中评价说"政不出房户，天下晏然。刑罚罕用，罪人是希。民务稼穑，衣食滋殖"，给予吕雉施政极大的肯定。

如果说刘邦是一位布衣皇帝，那么吕雉则是布衣皇后。从民间少女到贤妻良母再到皇宫贵后，从不谙世事到颠沛流离再到称制天下，从温顺善良到性情刚厉再到蛇蝎心肠，无论身份、身世还是性格、心态，吕雉的一生都充满了变数。掩卷深思，也许党同伐异、树立权威是每个政治家的基本动作，就历史人物尤其是政治人物的功过得失，历史自有公允的评判。

卓文君

将爱情进行到底的白富美

卓文君,名满天下,"重"在才气。她精诗文,善音律,敢作敢为,风流不羁。卓家祖居赵国,赵国的邯郸是当时著名的冶铁中心,卓家以冶铁致富。秦始皇灭赵国后,强迫赵国富户迁移到川峡等地,卓家辗转迁到蜀地的边陲小邑临邛(今四川邛崃)定居,仍以冶铁为业。到汉代文景之治时,卓家传到卓王孙这一代,由于社会安定,卓家经营得法,已成巨富。

卓文君是富商卓王孙的掌上明珠,按照父母之命,十六岁嫁给皇孙,一年后丈夫因病早逝,卓文君返回娘家寡居。时值梁孝王病卒谢世,梁苑门客各奔东西,辞赋高手司马相如回到家乡成都。好友临邛县令王吉邀请司马相如客居临邛,然后有意暗中做媒,将同处人生低潮的司马相如和卓文君撮合为夫妻,于是上演了才子佳人爱情故事中著名的琴挑一折。

当年的司马相如刚刚游宦归乡,穷困潦倒,实非巨富卓王孙眼里的乘龙快婿。卓王孙听闻女儿和司马相如的事后大怒曰:"女至不材,我不忍杀,不分一钱也。"怎奈司马相如一曲《凤求凰》琴声摇曳,卓文君一曲钟情。何况青年司马相如才情非凡,当时已有《子虚赋》名闻天下,作为喜好琴棋书画的才女卓文君,怎能不为之怦然心动?被动的婚姻既然已经结束,自由的爱情突然又枝头绽放,卓文君再也不顾父母反对,果断与司马相如连夜携手私奔,留下了中国历史上荡气回肠的经典爱情故事。

嫁给司马相如之后,家徒四壁的困窘生活并没有颠覆卓文君的爱情。聪明的小两口变卖家产,重返临邛小城,开了家小酒馆,和大富豪老爹玩起了苦肉计。一个布衣蓝衫洗碗涤器,一个当垆卖酒笑迎宾客,才子佳人的生意倒也兴隆。女儿、女婿在自己眼皮子底下当起了小商小贩,这让声名显赫的卓王孙情何以堪?!果不其然,卓王孙不得不接纳他们,赐予他们黄金万两,打发他们回到成都过日子。

汉武帝即位后,司马相如的人生翻开崭新篇章。汉武帝雄才大略,喜好辞赋文章。因久负文采盛名,司马相如被顺利推荐给朝廷,应召来到京师长安。如鱼入渊，如鸟归林，司马相如很快写出了不朽名篇《上林赋》，浓墨重彩地描绘了汉武帝狩猎时的盛大场面，深得皇上赏识。不久，司马相如又凭着一支生花妙笔，写出了安抚西南诸夷的檄文。大汉江山边陲平安，汉武帝龙颜大悦，授他为中郎将。司马相如衣锦荣归，也着实让岳父卓王孙风光了一把。

关于司马相如和卓文君的爱情故事，历来有许多广泛流传的逸闻趣事。

在成都老家，卓文君独守空房，日夜盼望夫君衣锦还乡。身在京师长安的司马相如官运亨通，春风得意，渐渐耽于灯红酒绿，哪里还记得千里之外还有一位日夜思念自己的妻子？分别日久，便生错节。风流才子饱暖思淫欲，想弃糟糠而慕少艾，纳年轻貌美的茂陵女子为妾。尽管封建社会纳妾本为常事，但爱情到底是自私的，何况卓文君远非低头认输的寻常女子，更不能接受与别人分享自己的爱情。哀怨之余，她写给司马相如一首《白头吟》，另附《诀别书》一篇。

白头吟

皑如山上雪，皎如云间月。闻君有两意，故来相决绝。今日斗酒会，明旦沟水头。躞蹀御沟上，沟水东西流。凄凄复凄凄，嫁娶不须啼。愿得一心人，白头不相离。竹竿何袅袅，鱼尾何徙徙！男儿重意气，何用钱刀为！

诀别书

春华竞芳，五色凌素，琴尚在御，而新声代故！锦水有鸳，汉宫有木，彼物而新，嗟世之人兮，瞀于淫而不悟！朱弦断，明镜缺，芳时歇，白头吟，伤离别，努力加餐勿念妾，锦水汤汤，与君永诀！

诗文相寄，刚柔并重，字里行间既有白头偕老的柔情，也不乏拂袖转身的勇气。既然爱已不再，就让我们如沟水各奔东西。既然你要离我而去，我也决不悲悲戚戚地求你回心转意。一个浪漫激情的开头，一个华丽苍凉的转身，有多少柔情蜜意，又是多么的决绝！她要的是白雪明月般圣洁纯净的爱情，要的是"愿得一心人，白头不相离"的执着。

司马相如本就是才华横溢的一代文人，卓文君诗文的深意他自然明白。然而浪子回头实非易事。大才子细斟慢酌，灵感迸发，提笔写了一封十三字的家书："一二三四五六七八九十百千万。"一行数字中唯独少了一个"亿"，岂不是夫君把心思隐含在数字里，暗示自己已没有以往过去的回忆？两情已经"无忆"，他还是要再寻新欢。聪明的文君哪能不懂？读罢家书，怒气强忍，朱笔轻挥，写下了传世之作《怨郎诗》：

> 一别之后，二地悬念。只说是三四月，又谁知五六年？七弦琴无心弹，八行书无可传。九连环从中折断，十里长亭望眼欲穿。百思想，千系念，万般无奈把郎怨。万言千语说不尽，百无聊赖，十依栏杆。重九登高看孤雁，八月中秋月圆人不圆。七月半，烧香秉烛问苍天，六月伏天，人人摇扇我心寒。五月石榴如火，偏遇阵阵冷雨浇花端。四月枇杷未黄，我欲对镜心意乱。急匆匆，三月桃花随水转，飘零零，二月风筝线几断。噫，郎呀郎，巴不得下一世，你为女来我做男。

读这首数字回环诗，没有人不惊叹于文君的非凡才气。全诗两个部分从一到万，再从万到一，回环往复，情深义重。紧紧照应相如信中的十三个数字，把分别后望眼欲穿的相思、愁肠百转的无奈和意冷心寒的伤感孤寂之情，书写得淋漓尽致。而最后一句"巴不得下一世，你为女来我做男"，不仅是对相如负心的抱怨，更是对男权社会的有力控诉。

司马相如看完文君的书信，不禁惊叹于妻子卓绝的才华，羞愧难当。遥想昔日，相如抚琴，文君夜奔，贫贱夫妻，当垆卖酒，同甘共苦，不离不弃，几多感慨，几多悔悟。终于，司马相如被美酒麻醉日久的良心醒来，纳妾之意灭于萌芽。从此两个人恩爱如初，相守到老。司马相如十多年后因病离世，卓文君也于一年之后随夫归去。

话说回来，《白头吟》与《诀别书》是否为卓文君所作，学术界一直存疑。至于数字回环诗，恐怕民间杜撰的可能性更大。即便是附丽之作，为什么人们愿意就他们的爱情故事添枝加叶、津津乐道呢？恐怕卓文君离经叛道的非凡胆识远远超越了郎才女貌的世俗魅力。

卓文君，一个思想和才情兼具的勇敢女子，她以禽夜私奔的果敢、当垆卖酒的机智、悲情率意的决绝、坚守婚姻的智慧，将世俗抛在脑后，将爱情进行到底，留下了一个美丽曲折的爱情传奇，直教世世代代的红尘中人唏嘘赞叹！

刘细君

第一位青史留名的和亲公主

和亲是中国古代史上政治联姻的登峰之作,如同一枝妖冶的奇葩,在历史的悬崖峭壁处花开花谢,散发出浓郁的幽香。纵观中国历史,从汉唐至明清,和亲之举不绝于书。这些和亲有的出于被迫,有的出于自愿;有的成功,有的失败。作为处理民族关系的重要政治策略,和亲的千秋功罪自有评说。那些和亲大戏的女主角们,一个个正值豆蔻年华,却肩负家国重任,辞乡远嫁,演绎了一幕幕魂牵故里、身死异乡的悲情故事。

不知有幸还是不幸,扬州美女刘细君成为历史上第一个留下名字的和亲公主。她是汉文帝之后代,汉景帝之孙女。其父刘建时为江都王,因企图谋反之事败露,情知罪不可赦,以衣带自缢身亡,母亲以同谋罪被斩。当年刘细君尚幼,因而被赦无罪,躲过一劫。后来叔父刘胥被封为广陵王,刘胥派人找到了流落民间的侄女刘细君,并将其收养在家。刘细君长大后,容貌秀丽,能诗善文,精通音律,才貌双全。

汉武帝时期,匈奴长期来犯,西北边塞不稳。受命出使西域的张骞建议,用厚赂招引西域强国乌孙,同时下嫁公主于乌孙国王昆莫,以结为兄弟之邦,这样就可"断匈奴右臂",共制匈奴。于是,一纸诏书改变了刘细君一生的命运。汉武帝命她远嫁"去长安八千九百里"的乌孙国。年仅十六岁的刘细君应召入宫,以和亲公主的身份步入了政治舞台。乌孙人因她肤色白净、花容月貌,称之为"柯木孜公主"(意思是"肤色白净美丽像马奶酒一样的公主")。刘细君出嫁时,汉武帝"赐乘舆服御物,为备官属侍御数百人,赠送其盛",同时"念其行道思慕,使知音者裁琴、筝、筑、箜篌之属,作马上之乐"。据此有人考证,由于刘细君通音律,解乐理,竟于借乐驱怀之时,发明了乐器琵琶。"何异乌孙送公主,碧天无际雁行高。"苏轼在《宋书达家听琵琶声诗》中曾为刘细君记下浪漫的一笔。

匈奴王得知乌孙与汉结盟,唯恐乌孙被汉朝拉拢过去,也把自己的女儿嫁给昆莫。自幼长在深闺的刘细君自然比不上匈奴公主对草原游牧生活的适应,加之语言上与昆莫沟通困难,形势很是尴尬。昆莫以细君公主为右夫人,以匈奴公主为左夫人。乌孙国的习俗与大汉相反,"左"高而"右"低。乌孙国毕竟邻近匈奴,离汉室太远,匈奴公主后嫁而为左夫人,可知当时乌孙仍然畏惧匈奴的势力,希望在汉王朝与匈奴之间保持平衡。虽然自幼失去父母,在叔父家长大,刘细君毕竟也算是教养有方、知书识礼的金枝玉叶。她深知自己的使命关系着大汉边疆安宁,于是谨慎行事,聪明应对。她用汉武帝所赐丰厚妆奁与礼物,广泛交友,联络乌孙上层贵族,使乌孙与汉朝建立了稳固的军事联盟,也算是不辱使命,替汉武帝圆了联合乌孙、遏制匈奴的和平之梦。

初嫁到乌孙,由于语言不通、饮食有异,对生在钟鸣鼎食之家、长于温柔富贵之乡的刘细君而言,生活自是难以习惯,其悲愁艰难可想而知。再也看不到绮丽的江南风景和繁华的长安风光,满眼是天苍苍野茫茫,思乡感怀情至浓处,刘细君写下一曲楚声骚体的《悲愁歌》:"吾家嫁我兮天一方,远托异国兮乌孙王。穹庐为室兮旃为墙,以肉为食兮酪为浆。居常土思兮心内伤,愿为黄鹄兮归故乡。"这首思乡之歌如泣如诉,言辞似子规啼血,令人黯然神伤,传到长安,汉武帝也不禁为之感动。他便派遣使者带着锦绣帏帐、美味佳肴等物品前往乌孙慰问,鼓励刘细君安心在边塞生活。《悲愁歌》被称作历史上的第一首边塞诗,为后世传诵。这首诗被班固收入《汉书》,后来又收入汉诗,称为"绝调"。

按照乌孙的风俗习惯,兄弟可以和寡嫂结婚,儿子可以和非亲生的寡母结婚,甚至祖父尚在,孙子竟也可以和后祖母结婚。而汉人在曾经的春秋战国时期,父亲死后,儿子可以娶庶母,叫作"烝";而兄、叔死后,弟弟或者侄儿可以娶寡嫂或者婶母,叫作"报",两者合称收继制,也叫转房制。但是汉武帝时,百家罢黜,儒家兴起,规范突变,收继制就是不可思议的事情了。当时,乌孙王昆莫年岁已老,他准备让他的孙子岑陬娶乌孙公主刘细君为夫人。这个不合汉家传统礼仪的决定,无疑使刘细君忐忑不安。无奈之下,她上书汉武帝,陈述昆莫的决定和自己的心情。当时西汉正想联结乌孙共同对付匈奴,汉武帝就劝刘细君顾全大局,"从其国俗,欲与乌孙共灭胡"。昆莫死后,其孙子岑陬继立为王,刘细君嫁给了岑陬,生了一个女儿,名叫少夫。汉武帝后元二年(前87年),刘细君因产后失调,加之心情抑郁、思乡成疾,不幸病逝乌孙,年仅二十五岁。刘细君死后,汉武帝又把楚王刘戊的孙女解忧公主嫁到乌孙。通过和亲,汉朝和乌孙终于结成了长期的同盟。

历史上汉朝并非和亲的肇始者，即便在西汉，刘细君也不是第一个和亲的公主。西汉前期，北部边疆经常受到匈奴的侵扰。汉高祖刘邦采纳刘敬的建议，"遣宗室公主为单于阏氏，岁奉匈奴絮、缯、酒、米、食物各有数，约为昆弟和亲""冀以求安边境"。历史记载，西汉先后七次送宗室女嫁给外邦，其中"公主"三名。可惜，历史上均未留下和亲女子的具体姓名，她们的苦乐和功绩后人也无从知晓。直到刘细君远嫁乌孙，才被史学家们作为第一位有名有姓的汉家公主载入史册，因此刘细君被称为第一和亲公主。

卫子夫

宠辱不惊的草根皇后

抗击匈奴的西汉名将卫青和霍去病，功绩显赫，名耀史册。两位名将在历史上的粉墨登场，缘于一个名叫卫子夫的女人，她是汉武帝的皇后、卫青的姐姐、霍去病的姨妈。这是一个出身寒微的草根皇后，也是历史上第一个拥有独立谥号的皇后。

卫子夫，今山西临汾人，因母亲卫媪为平阳侯曹时府中侍女，所以小时候便被送进府中学习歌舞，长大后服侍曹时的夫人平阳公主。汉武帝建元二年（前139年），从霸上祭祖回京的汉武帝顺道去平阳侯府看望大姐平阳公主。姐弟两个摆宴饮酒，歌女起舞献唱助兴。歌舞翩翩中，容貌清丽、黑发如洗的卫子夫被看惯倾国颜色的汉武帝一见倾心。就这样，卫子夫摇身一变，脱下歌妓的舞裙，换上了汉宫的霓裳。

当时，汉武帝正值风华正茂的年岁，椒房殿中有儿时便已许诺"金屋藏娇"且天生丽质的皇后陈阿娇，其他各宫各殿也是脂香粉浓，丽人成堆，哪里还记得那个平阳侯府的小歌姬？入宫一年有余，卫子夫并未得到汉武帝的宠幸。恰逢汉武帝释放一批宫女，卫子夫才又有机缘面见汉武帝，已心灰意冷的卫子夫梨花带雨，哭请出宫回乡。未料到汉武帝突来灵感，平阳记忆重新唤起，心生怜惜，便把她留了下来。重获帝宠的卫子夫没有辜负汉武帝，连续生下三个女儿之后，又于汉武帝元朔元年（前128年）生下皇子刘据。渴求子嗣已久的汉武帝欣喜异常，邀请大文人东方朔和枚皋作《皇太子生赋》《立皇子禖祝》，以感谢上苍赐予他第一位皇子。

汉武帝对为他生儿育女的卫子夫青睐有加，这让一直无所出的皇后陈阿娇妒火中烧。女人之间的争风吃醋倒也正常，但在皇宫重地的失宠和得宠之间，远非小事一桩。陈阿娇情急之下失去了理智，动用当时流行的巫蛊之术攻击卫子夫，她让巫女楚服在皇宫设坛请神，作法念咒。此事被汉武帝发觉，汉武帝不禁龙颜大怒，立即将巫女楚服枭首于市，株连斩杀三百多人，并治罪阿娇，命其移居长门冷宫。卫子夫因祸得福，母以子贵，被册立为皇后，入主未央中宫椒房殿。汉武帝元狩元年（前122年），刘据被立为太子。因为他是长子，所以备受汉武帝宠爱。汉武帝除了专门派人辅导他学习外，还为他建了一座苑囿，称为博望苑，让他学习接待宾客。皇太子的确立，使卫子夫的皇后地位更加巩固，原本是草民的卫氏一门也纷纷封爵封侯。卫子夫的哥哥卫长君和弟弟卫青成为武帝近臣，十八岁的外甥霍去病则成了执掌兵权的抗匈将领。当时民谣传唱"生男无喜，生女无怨，独不见卫子夫霸天下"，卫家之鸡犬升天可见一斑。

身居皇后高位，卫子夫从不骄纵跋扈，始终表现出温柔敦厚的母仪风范，赢得了汉武帝的恩宠以及后宫人等的尊敬。一直安于天命的卫子夫宠辱不惊，汉武帝的疏远离弃并没有引发她的爱恨情仇，也许她深信谁也夺不去她的皇后之位，因为太子刘据已渐渐长大。无害人之心的卫子夫怎奈也没有防人之心，这让素与太子不和的江充钻了空子。汉武帝征和元年（前92年），起于巫蛊之祸的卫子夫陷进了巫蛊之祸。汉武帝末年，武帝这位被后世誉为"千古雄主"的一代帝王流于昏庸，醉心于炼丹求药，追求长生不老。有奸恶小人动用巫蛊之术，挑拨他与太子、大臣之间的关系。此事被汉武帝发觉，他下令在朝廷内外大加搜索，受牵连的人很多。负责处理此事的江充，有意在皇后卫子夫和太子刘据居住的地方掘地搜索，挖出一具桐木人，即把巫蛊之事加罪于太子。太子刘据唯恐不得自明，征得师傅和母后同意，遂矫诏起兵，在长安城中展开激战，杀死了江充。然而，起兵灭江却很快被盛传为起兵造反，欲夺帝位。年迈多疑的汉武帝不明就里，愤而指派丞相刘屈氂讨伐。太子兵败，卫家被抄，卫子夫的女儿诸邑公主、阳石公主被斩，太子被冤自杀，卫青的儿子被斩，卫子夫的大姐夫公孙家被抄，母仪天下三十八载的卫子夫再无他念，自缢身亡。

卫子夫由歌女、夫人而成皇后，除了她清秀脱俗的容颜美色之外，还因为她生养了太子刘据。尽管她希望太子能早日登基为帝，但安分守己的她不会诅咒汉武帝早崩。巫蛊风波一年后，汉武帝才彻底查清真相，对罹难十万之众、卫家死亡殆尽的这场宫廷冤案深有悔意，修筑"思子台"以祭奠太子。汉宣帝即位后，追授卫子夫为思后，卫子夫成为中国历史上第一个有独立谥号的皇后，自她之后，历代皇后才开始有了用以形容她们的独立谥号。司马迁在《史记》中曾赞卫子夫"嘉夫德若斯"。

王昭君

请缨远嫁的平民宫女

　　王昭君是个大名鼎鼎的美女。她最响亮的故事至少有两个：一个是昭君出塞，主动请缨远嫁匈奴，成为誉满青史的和亲使者；另一个是平沙落雁，名列中国古代四大美女之一，所谓"闭月羞花沉鱼落雁"之中的"落雁"。

　　历代和亲女主角多为当朝公主或者皇家宗室的女子，而王昭君是个例外。王昭君出身于南郡秭归（今湖北兴山县）的一户平民之家，十七岁时，因端正娴丽、美貌动人，遂以良家女子的身份被选入掖庭，成了汉元帝宫中的一名宫女。后宫是个美人窝，佳丽三千，争奇斗艳，王昭君入宫数载，一直未得临幸，生活之寂寥无趣，使得她的心情非常悲伤哀怨。

　　汉宣帝时，匈奴发生内乱，五个单于分立，相互攻打不休。其中有一个呼韩邪单于，被别的单于打败，逃到汉朝来，恭敬朝拜汉宣帝。呼韩邪单于是第一个到中原来朝见的单于，汉宣帝亲自到长安郊外迎接，为他举行了盛大的宴会。呼韩邪单于在长安住了一个多月，等到他回去的时候，汉宣帝派了两个将军带领一万人护送他到漠南，并陪送三万四千石粮食。呼韩邪单于非常感激。西域各国看到汉朝对呼韩邪单于这么友好，也都争先恐后亲近汉朝。

　　汉宣帝驾崩后，其子刘奭即位，也就是召王昭君入宫的汉元帝。此时呼韩邪单于跟汉朝的关系十分笃厚。汉元帝竟宁元年（前33年），呼韩邪单于再一次来到长安，这次他提出了和亲的要求，"自言愿婿汉氏以自亲"，意思是自愿当汉朝的女婿。可能是考虑到汉强匈弱，汉室觉得没必要一定挑皇亲国戚的金枝玉叶，于是汉元帝决定选宫女远嫁。他吩咐人到后宫传话："谁愿意到匈奴去的，皇上就把她当公主看待。"久困宫中的美女们就像笼中鸟儿一样，都希望出宫，但听说要嫁往匈奴，却又不乐意。独有不甘心做白头宫女的王昭君毅然报名，自愿到匈奴去和亲。呼韩邪临行之前，元帝为王昭君饯行，只见"昭君丰容靓饰，光明汉宫，顾影徘徊，竦动左右"。汉元帝虽然阅美女无数，也大为震惊，"意欲留之，然难于失信，遂与匈奴"，只好眼睁睁地看着王昭君去了匈奴。

传说中当时还发生了许多故事。王昭君虽然漂亮但没能得到皇帝临幸，是因为王昭君性格倔强。当时汉室宫女如云，皇上按图召幸宫女。所有宫女都要先到画师毛延寿那儿画像。有的美女为了取宠皇帝，重金贿赂毛画师，画师就将她们画得美貌非凡。王昭君生性倔强，不愿巧言令色、献媚邀宠，更不愿贿赂画师以求进幸。毛画师就有意在王昭君的眼睛下面点了一点，结果王昭君没能入汉元帝的法眼，一直寂寞于后宫。后来匈奴来求亲，厌倦了宫中寂寞无趣生活的王昭君主动请缨，慷慨应召。临行前，元帝才发现昭君姿容卓然，艳压群芳。后来，汉元帝追究此事，查明真相，就把毛延寿杀了。此事多是后人附加，不足采信。

王昭君真实的名字应为王嫱，昭君二字是其出塞前夕被赐的封号。晋朝时为避司马昭讳，王昭君又被称作"明妃"。昭，日明也，"王昭君"的含义则为代表汉家君王光临匈奴的王姓姑娘。王昭君在和亲前只是一名宫女，不是皇室支系，不能封为公主，而和亲必须有一定的身份，于是只能按她具有"光明汉宫"的美丽和代表汉皇光照匈奴的政治使命赐封为"昭君"。"宁胡阏氏"与"王昭君"一样，皆为政治含义丰富的称号，都是在和亲这件政治大事中双方君王政治意图的反映，也是对和亲能取得良好政治成果的祝愿。汉元帝还因此改元为"竟宁"，同样也透露出祈和祈稳的愿望。

抵达匈奴后，王昭君与呼韩邪单于非常恩爱，被称为宁胡阏氏。昭君和呼韩邪单于生下一子，取名伊屠智伢师，封右日逐王。婚后第三年，呼韩邪单于去世，大阏氏之子雕陶莫皋被立为复株累单于。依照匈奴婚俗，父死，子可以娶后母，复株累单于想娶昭君为妻。昭君上书汉成帝，请求返回中原，成帝拒绝了她的请求，敕令昭君遵从匈奴习俗。昭君又嫁与复株累单于。年轻的单于对王昭君更加怜爱，二人年龄相当，生活幸福甜蜜，王昭君又生了两个女儿，两个女儿分别嫁给了匈奴贵族。由于王昭君的原因，匈奴和汉族和睦相处，有六十多年没有发生战争。

王昭君和亲有功，她的兄弟被朝廷封为侯爵，多次奉命出使匈奴，与妹妹见面。王昭君的两个女儿曾到长安皇宫侍候过太皇太后。

王昭君死后被葬在大黑河南岸,位于今天呼和浩特市的远郊。她的坟上长满了常青的绿色植被,尤其是入秋以后,塞外草色枯黄,青葱草色遗世独立,与四周的荒凉形成鲜明对比,世人称之为"青冢"。坟墓的这种神奇形态,似乎延续了王昭君本人卓尔不群的反叛风格。

班婕妤

悲画扇的后宫女诗人

扇子是中国风的代表物件，一把小小的扇子，承载着厚重的中国文化。历史上有两把扇子非同寻常，一把是西汉末年班婕妤手里的团扇，另一把是明末清初李香君手里的桃花扇。团扇是红颜薄命、佳人失势的象征，桃花扇是侠肝义胆、刚烈气节的象征。这里先说团扇。团扇怎么与凄楚悲凉的人生境况有了关联？这一切还要从班婕妤说起。

汉代班氏一门是非常显赫的家族，其文武勋功、德行学问，都盛极一时。西汉的班婕妤和东汉的班彪、班固、班超、班昭都是名垂千古的人物。按辈分关系，班婕妤为班固、班超和班昭的姑祖母。班婕妤出身于功勋之家，其父班况在汉武帝时抗击匈奴，驰骋疆场，立下了汗马功劳，被封为左曹越骑校尉。班婕妤自幼聪明伶俐，秀色可餐，工于诗赋，文才出众。婕妤并非班氏名字，而是汉代后宫嫔妃的称号。按汉制，皇帝的配偶分为"后""妃""嫔"三等，"婕妤"是众嫔之首，但地位很低，连称"妃"的资格也没有。因其入宫不久被封为婕妤，后人便一直沿用这个称谓，以致其真实名字无从可考。

初进后宫，班婕妤的美艳风韵、文学才华、音乐素养等便很快征服了汉成帝。她谈吐如兰、引经据典、以理服人，使汉成帝钦佩有加。汉成帝觉得跟班婕妤在一起既开心又长见识。班婕妤还擅长音律，喜欢填词谱曲，感物抒怀，常使汉成帝如沐春风，陶醉其中。对汉成帝而言，班婕妤不只是侍奉的嫔妃，也是知己红颜，更是良师益友。但班婕妤从不因宠骄纵，从不干预政事，一直言行端庄，不卑不亢，其贤淑品德在后宫中有口皆碑。班婕妤曾生下一个皇子，皇子数月后夭折。从此，她虽然承宠时间很长，却再也没有生育。

汉成帝曾为班婕妤专门造了一辆绫帷锦垫的黄金大辇，以供她出游时乘坐，却被班婕妤婉言拒绝。她对汉成帝说："贤圣之君皆有名臣在侧，夏、商、周三代末主乃有嬖女。"辅君之贤可见一斑。王太后称赞她"古有樊姬，今有班婕妤"。春秋樊姬曾以戒食禽兽之举，苦劝楚庄王出猎有度，勤于政事，后又推荐贤人孙叔敖为令尹，楚庄王遂称霸天下，成为"春秋五霸"之一。班婕妤希望用自己的言行影响汉成帝，使之成为有道明君。可惜汉成帝不是能扶上马的楚庄王，最终辜负了班婕妤的贤德。

汉代宫廷中的美女数目扩张到四万有余，创造了中国历史上宫女人数最多的纪录，并建立了十五级的妃嫔制度。即便是这样庞大的美女群体，也没能湮没出类拔萃的赵合德、赵飞燕两姐妹，两个人珠联璧合，迅速成为光芒四射的双子星座，使其他后宫粉黛全无颜色。班婕妤虽然美貌、才智俱全，但中规中矩的为人处事怎能满足男人猎艳猎奇猎新之欲？会写诗的班婕妤，最终敌不过会飞舞的赵飞燕，于是渐渐被冷弃一旁。皇后许氏担心赵氏误国，在胞姐许谒帮助下，请巫设坛祈禳，以求怀孕得子，重新换回帝宠。赵飞燕得知消息后，揭露许后在宫中设坛祈禳诅咒宫廷，成帝大怒，将许后废处，许谒问斩。此事牵连到班婕妤，但班婕妤的对答却让汉成帝不敢动怒："妾闻'死生有命，富贵在天'。修正尚未蒙福，为邪欲以何望？使鬼神有知，不受不臣之诉；如其无知，诉之何益？故不为也。"这段话今天读来，也是境界高蹈、大义凛然，非一般女子所能为也。汉成帝听后颇为感动，不但免于罪责，而且赐黄金百斤。

班婕妤虽得免罪不究，知书达理的她却清楚宫内争斗险恶。为求自保，她先行一步，自请移居长信宫供奉太后，悄然隐退。长信宫里的冷落、昭阳宫里的喧哗；往昔宠冠群芳的荣耀、今日皇恩远去的凄凉，这一切都使多愁善感的班婕妤更加感喟良多，伤心落寞中写下了《团扇歌》。她在诗中自比秋扇，感叹道："常恐秋节至，凉飚夺炎热。弃捐箧笥中，恩情中道绝。"用洁白的细绢剪裁的团扇，天热时与主人形影相随，凉秋时节则被弃置箱中。后世便以"秋凉团扇"作为女子失宠的典故，又称"班女扇"。

除了《团扇歌》（又名《怨歌行》），班婕妤还写出了很多作品。她的《长信宫赋》文采斑斓、意境宏阔，与司马相如的《长门赋》交相辉映，在文学史上亦是可圈可点。遗憾的是，她的作品今天已散佚殆尽，仅有《团扇歌》《自悼赋》《捣素赋》三篇幸存于世。

汉成帝崩逝后，班婕妤以婕妤身份再尽礼数，移居陵园守护。伴同冢形碑影,她打发着孤单落寞的晚年。五年后班婕妤离开了人世,时年四十六岁,后葬于帝陵附近的延陵。

晋朝大画家顾恺之的不朽名作《女史箴图》,描绘的就是汉成帝与班婕妤同乘一驾肩舆的情景,班婕妤端庄娴静的形象,永远留在了艺术作品中,一如她的贤良仁德,成为中国古代妇女的楷模。

阴丽华

光武大帝的红玫瑰

东汉光武帝刘秀是个享有美誉的开国帝王，他除了有德有才有貌，还有一个特点为历代史家所称赞，那就是他大幅度压缩宫中嫔妃的规模，不荒淫，重感情。光武帝一生深情爱过的两个女人，阴丽华和郭圣通，是他心上的红玫瑰和白玫瑰。从爱情的角度看，光武帝似乎对阴丽华有所倾斜。从青年时代表白"娶妻当得阴丽华"，一直到做了帝王，光武帝欲封阴丽华为后，阴丽华深明大义让位于郭，再到废郭立阴，光武帝的心上始终盛开着一朵美丽的红玫瑰。

阴丽华是南阳新野出名的美女兼孝女，青年刘秀心仪已久。后来刘秀通过姐夫与阴丽华相识，越发倾情于阴丽华的秀外慧中。长安游学归来，刘秀的志向抱负从农桑稼穑转向江山社稷，在西汉末年的乱世之中，打出"刘邦九世孙"的旗号揭竿而起，建立了自己所向披靡的军队。一直跟随刘秀的阴丽华的哥哥阴识看出了刘秀才华横溢、抱负远大，说服家人把妹妹阴丽华嫁给了刘秀。

在与王莽的对决中，刘秀采取政治联姻的方式，迎娶第二任妻子郭圣通，从而联合了实力强大的河北真定王刘杨，一举击败王莽。汉光武帝建武元年（25年），刘秀于河北即位称帝，不久南下，定都洛阳。东汉王朝在血雨腥风中建立起来后，光武帝刘秀面临一个重要抉择：让两个夫人中的哪一个做皇后呢？阴丽华，一直是刘秀梦寐以求、朝思暮想的绝色佳人。还只是一个落魄皇族的时候，刘秀就曾感叹："仕宦当作执金吾，娶妻当得阴丽华。"后来他如愿娶阴丽华为原配夫人。哥哥刘縯被杀后，刘秀时刻面临被更始帝加害的危险，阴丽华陪伴刘秀在惶恐中度过了短暂的新婚生活。三个月后，刘秀受命到他处，无奈将阴丽华送往新野老家，一别竟是三年。郭圣通，不但是豪门望族的大家闺秀，美貌、修养俱佳，更是王室宗亲、名门之后，她的母亲为汉景帝七世孙、真定恭王刘普之女。三年来，郭圣通陪同刘秀南征北战，并为刘秀生下长子刘强，似乎更有荣登后位的资格。

无论从感情上还是从先后顺序上讲，刘秀更倾向于封阴丽华为后。但从现实上讲，东汉初始，天下未稳，郭圣通背后的河北真定王室集团与河北豪族们的支持是统一天下的强势力量，稍有差池，就可能带来灭顶之灾。刘秀是个智慧的皇帝，他采取了权宜之计，既不封阴丽华为皇后，也不封郭圣通为皇后，而将二人均册封为贵人。

世事无常，这个两难之事最终因郭圣通的舅舅真定王刘杨而尘埃落定。刘杨意欲篡位发动叛变，被刘秀发觉，刘杨被问罪诛杀，郭圣通的封后资格也打了折扣，刘秀果断决定册封阴丽华为皇后。可是阴丽华却断然回绝。在阴丽华看来，自己不配做皇后。她很感谢这些年来刘秀对她的爱护，但册封皇后不是他们两个人的私事，是关系国家的大事。郭氏一门于社稷有功，且郭圣通已生下皇子，她尚不知道自己以后能不能生育，怎么可以做皇后呢？所以，她恳请刘秀册封郭圣通为皇后，立郭的儿子刘强为太子。阴丽华的深明大义不仅仅感动了刘秀，也感动了东汉朝野。汉光武帝建武二年（26年），刘秀正式册封郭圣通为后，她的儿子刘强也顺理成章地被立为东汉王朝第一任太子。

刘秀是个重情重义的男人，对有家人谋反的郭圣通，刘秀不但没有无端牵连于这位气质高贵的王室之女，而且宠爱未减。对主动放弃皇后身份的阴丽华，刘秀总觉有愧于她，自然倍加珍惜。他决定封阴丽华的所有兄弟为侯爵，却被阴丽华再一次婉言谢绝，她说自己只是一个贵人，兄弟们不可以越礼做侯爵。刘秀又赏赐珠宝，依然被拒，阴丽华说如今国家刚刚稳定，百废待兴，发展生产需要大量的人力财力，她一个女流之辈，要那么多珠宝有什么用呢？阴丽华的深明大义，使得刘秀越发宠爱与敬重她。每次出去打仗，刘秀都不忘带阴丽华一同前往。汉光武帝建武四年（28年），阴丽华随刘秀北征彭宠，在河北生下了皇子刘庄，他就是后来的汉明帝。

刘秀在红白玫瑰之间的亲疏远近显而易见。其实，无论是白衣飘飘的少年，还是绿林好汉山大王，抑或是九五之尊的光武大帝，刘秀对阴丽华一直情深义重。对郭圣通，刘秀也曾付出过真情，但政治婚姻的风雨很难催生根植于心底的爱，世俗总要在圣洁面前低头服输。尽管两朵玫瑰都在刘秀心中妖娆绽放，但情感的天平日复一日地向红玫瑰倾斜着。刘秀无论在家还是外出，多由阴丽华相伴左右。身为皇后却受冷落的郭圣通，自然越来越忧心忡忡，她把一切希望寄托在太子身上。但刘强作为太子，和刘秀的治国思路总是相悖，常常引起刘秀的反感。随着诸皇子渐渐长大，刘秀对刘庄最为喜爱，经常赞不绝口，《后汉书·显宗孝明帝纪》："帝生而丰下，十岁能通《春秋》，光武奇之。"郭圣通终于再也抑制不住心中的委屈与怨恨，以至于经常向刘秀抱怨，后来这种怨恨发泄到阴丽华以及其他嫔妃的身上，以致闹得后宫不宁。

郭圣通的做法引起了刘秀的反感。终于，刘秀颁下一纸诏书，废掉了入主汉宫十六年并生下五位皇子的郭皇后，册封了自己一生钟爱的阴丽华为后。郭圣通随她的次子中山王去做了中山王太后。两年之后，一直因郭后被废而"戚戚不自安"的太子刘强请辞太子位并获刘秀准允，皇后阴丽华的长子刘庄被册封为太子，刘强被封为东海恭王。郭圣通在被废十一年之后亡故，葬于北芒。

阴丽华是一个称职的皇后。她主理后宫，恭俭仁厚，谦让自抑，不喜笑谑，事上谨慎柔顺，处下矜惜慈爱，不曾干预朝政，更能约束家人，天下都称她为贤后。刘秀无后顾之忧，专心国事，缔造了"光武中兴"。阴丽华共生养了五个子女，刘秀死后，阴丽华所生大儿子刘庄即位，就是汉明帝，阴丽华被尊为皇太后。阴丽华对阴氏、郭氏的族人一视同仁，郭、阴二人的后代相处安好，未起杀戮，除了刘秀的君子遗风之外，阴丽华的雅性宽仁、慈爱厚德也是至关重要的因素。又过了七年，阴丽华亡故，享年六十岁，与刘秀合葬于他的原陵。

娶妻当得阴丽华，刘秀圆了他的爱之梦。这个貌美性雅、宽仁厚德、始终理解并支持丈夫的女人，也成了天下男人心中共同的梦想。

马明德

德明天下的一代贤后

马皇后，是一个很有光彩的称谓。中国历史上先后有四个马皇后，比较著名的有两个：一个是东汉明帝刘庄的皇后马明德；一个是明太祖朱元璋的大脚皇后马秀英。

欲说马明德，必先说其父。马明德的父亲是东汉开国名将、受光武帝赐封为"伏波将军"的马援，"丈夫为志，穷当益坚，老当益壮""男儿当死于边野，以马革裹尸还葬"等流芳千古的名句皆出自马援之口。马援功勋显赫，一身正气，性情耿直，得罪了光武帝的女婿梁松和权臣窦固等人。马援甫死，便被诬告曾掳掠民间珠宝。光武帝信以为真，下旨收回马援的新息侯封爵，还不许他葬入原定墓地。马援去世不久，两个儿子先后早夭。迭遭打击的马援之妻蔺夫人悲伤过度，无力持家，十岁的三女儿马明德开始操持家务，承担起了本不该由她这个年纪承担的重担，她用头脑、智慧、辛劳，把一切都处理得有条不紊。同时，她也早早领略了"世态炎凉"的滋味。比如马明德曾与一官宦人家订下婚约，但马援死后，对方落井下石，伙同别人一起欺负马家老小。马家一气之下就与其解除了婚约。

马明德十三岁时，光武帝为皇太子等诸王选美，马明德的堂兄马严趁机上书，推荐马明德三姊妹进宫。天威难测，光武帝刘秀不但准荐，而且选中罪臣之女马明德为太子妃，入住太子宫。马明德身材高挑，长发乌黑，品貌端庄，性情雅和，举止规范，很有大家闺秀的风范，深得皇后阴丽华赏识，也很快获得太子刘庄的宠爱。刘庄即位后，二十岁的马明德晋封为贵妃，地位仅次于皇后。不久，贾贵人生下皇子刘炟，因马明德不能生子，明帝就按宫中惯例，把刘炟交由马氏抚养。当时刘庄说了一句话安慰马明德："人未必当自生子，但患爱养不至耳。"这句话，也成为天下为人父母者的共鉴。马明德感谢丈夫对自己不育的体谅，对这个孩子视如己出，尽心抚育，虽不是亲生却胜过亲生，母子情感日渐深厚。马明德对丈夫的情爱、对后宫姬妾的宽容，以及她对非己所生的刘炟的母爱，刘庄都看在眼里。他希望马明德成为自己的皇后，但是马明德毕竟没有亲生儿女，贸然将其立为皇后容易引起其他育有亲生儿子的妃嫔家族的非议和反对。于是，在刘庄继位为帝后三年的时间里，东汉王朝都没有册立正式的皇后。三年后，刘庄为父守制的时间也满了，再不立皇后就说不过去了。"知子莫若母。"皇太后阴丽华下旨称誉马明德"德冠后宫，宜立为后"。才学品行俱佳的马明德得遇伯乐，成为正宫皇后，养子刘炟也成为皇太子。

虽然贵为皇后，马明德依然生活俭朴，常穿布衣，素面朝天。她性情和善，平易近人，深得六宫嫔妃敬重。马明德喜欢读书，常读《春秋》《楚辞》《周礼》。明帝故意拿大臣的奏章征求她的意见，以试其才识。马明德总是事先声明不干预朝政，所提建议仅供参考。她虑事周密，见解不俗，明帝引以为贤内助。马明德凡事都出于公心，从不趁机为家人谋求利益，因此不但得明帝敬重，贤名也遍传朝野。

汉明帝永平十三年（70年），明帝的同父异母兄弟楚王刘英企图谋反。事情败露后，明帝不忍按照法律处死，只是废黜了刘英的王爵，但刘英抱愧自杀。明帝认为是一些小人鼓动楚王造反，便下令穷究党羽。案件连续审查了几年都没有结果，受株连的官员多达几千人。马明德忧心国事，竭诚劝谏，请求明帝不要把案件无限扩大。明帝深为其悲悯情怀感动，大赦天下，冤案终止，许多家庭免于灭顶之灾。

明帝驾崩后，太子刘炟即位，是为汉章帝，马明德被尊为皇太后。马明德亲自编撰《显宗起居注》一书，这是历史上最早的专门记录皇帝日常言行的著作，开创了"起居注"这一史书体例。马明德撰书比班昭早了约二十年之久，有人称其为中国第一位女史学家。在撰写《显宗起居注》的过程中，她特地删去了自己兄长马防"侍帝疾"的内容。刘炟不解，甚为舅父抱屈。马明德解释道："我不希望让后世的人知道先帝对外戚如此亲近，以致效仿，所以才会做出这样的决定。"

这仅仅是马明德处事低调、严管外戚的一个细节。她对马氏外戚的管理之严近乎苛刻，并且一以贯之。马明德经常召见马家的后辈，对言行谦恭、有品德道义的给予勉励；对恃势轻狂的严厉斥责；对奢侈贪婪的予以惩罚，甚至断绝亲属关系，遣送回乡。母亲蔺夫人去世后，其坟墓高过规格，马明德立即制止，吩咐家人将坟头削低。以太后之尊，能如此自谦，实非常人所能为也！在她的影响下，举国大兴简朴之风。

马明德拒绝加封外戚的故事更值得一说。

章帝即位不久，便想依照惯例封赏舅舅们为侯，但马明德坚决不同意。她耐心解释说："我并非想得到谦让的美名而让皇上落个刻薄寡恩的名声，而是鉴于西汉那些后族几乎没有不因为宠荣过盛而灭亡的。阴、郭两家乃先皇的后族，我不敢比。先帝封皇子为王时，国土和赋税收入比建武时期减少了一半，我曾问过先帝为何这样做。先帝说：我的儿子怎敢和先皇的儿子一样？此言我一直铭记在心，然则我的娘家又怎敢和阴、郭这些开国的后族相比？"就这样，马明德硬是拒绝了儿子册封外戚的请求。

有一年，天下大旱，有官员想趁机讨好皇上与后族，便上奏说天灾乃因不封国舅为侯之故。马明德下诏严词斥责说："你为了讨好我，竟然妄言天灾与不封侯有关。汉成帝时，一日之内封娘家五人为侯，当时大风拔树，黄雾四塞，这才是天灾示警，乃后族过盛，朝纲不振之故，终于导致王莽篡汉之祸，从来没听说过因后族谦逊守礼而导致天灾。"见太后坚辞不纳，大臣们没人再敢说情。

可是，章帝总搁不下封侯之事。他经常提及："舅舅们年岁日增，身体欠佳，万一有所不讳，生前得不到封典，儿子我可要抱憾终生！"眼见儿子三番五次求情，且态度诚恳坚决，马明德考虑儿子日渐长大，况且身为皇帝，迟早还是要对舅舅们封侯的，所以只好让步。作为补救之策，她在下诏册封的前一天，召自己的兄弟们进宫，谆谆告诫他们封侯之后切忌权势过大，应吸取历史教训，千万不要自蹈覆亡之祸。马明德的兄弟们深深体会到太后的良苦用心，受封未久便辞官归田。马明德曲线拒封之良苦用心令天下权贵汗颜。

建初四年（79年），年仅四十一岁的马明德不幸病逝于长乐宫，谥曰"明德皇太后"，与汉明帝合葬于显节陵。临终之时，她还特别下令，赐封隐居南宫的章帝生母贾贵人。也许一生未能生育的她，生活在"母以子贵"的皇宫中，内心里始终留有一处抱愧的角落。

历史上没有留下马明德真实的名字，明德是其谥号。恰恰这个谥号，彰显了马皇后谦逊朴实、知书识礼、明理达义的一生。《续列女传》称赞她"在家则可为众女师范，在国则可为母后表仪"。

邓 绥

理政有方的女政治家

南阳新野是东汉王朝的福地,为刘家天下养育了两位著名的皇后:光武帝的光烈皇后阴丽华、汉和帝的和熹皇后邓绥。

邓绥家世显赫,她的祖父是向光武帝刘秀进献了"图天下策"的东汉开国重臣、云台二十八将之首的太傅高密侯邓禹,她的父亲是护羌校尉邓训,母亲是阴丽华皇后的堂侄女。邓绥十五岁入宫,十六岁被册封为贵人,二十二岁被册封为皇后,二十五岁做了皇太后,主持殇帝、安帝两位帝王的立帝大典,执掌东汉政权十六年直至去世。

邓绥天资聪颖,性格坚韧,知书达理。五岁的时候,奶奶为她剪额前刘海,不小心刺破了她的额头,邓绥忍痛不言。左右丫鬟不解,邓绥说:"我不是不痛,奶奶喜欢我才亲自为我剪发,若是让老人知道失手了,她的心情一定不快,所以强忍不语。"邓绥自幼喜欢读书,六岁通读史书,十二岁精通《诗经》《论语》,经常与兄弟们探讨经书典籍。随着年龄的增长,母亲阴氏对女儿的爱好开始表示不满,阴氏说:"你不好好学女红针织,成天抱着书本,难道想做女博士吗?"邓绥不愿违背母亲的意愿,从此白天学习女红家务,晚上仍然读书不倦。由于邓绥聪慧好学,才华超群,家人都称她为"诸生"。父亲邓训格外喜欢邓绥,而且很支持她读书,并且家事国事天下事都喜欢与邓绥详细讨论。邓绥十二岁被选入宫,正式入宫前夕,邓绥遭遇父丧,她坚持依照古制为父守丧三年,推迟进宫。

邓绥是个大美女。史上记载,她初进汉宫时,宫中侍从们都无法相信世上当真有这样的天仙化身,竟吃惊得说不出话来。她身材修长,姿态优雅,容颜姝丽,是当之无愧的汉宫第一美人。邓绥在丽人如云的汉宫中能够脱颖而出,从贵人到皇后,不仅仅因为她的惊世之美,更重要的是因为她渊博才学、处世大度、谦和知礼。十九岁的和帝迅速地移情别恋,集万千宠爱于邓绥,这自然招来了阴皇后的嫉恨。邓绥守贵人本分,言行低调,处处退让,越发使得阴皇后恨之无措。嫉恨逐步升级,阴皇后使用了诅咒、巫祝等宫斗手段。事态发展到最后,汉和帝重演了开国皇帝刘秀废后一幕,将二十岁的邓绥推上了政治舞台。

邓绥在当上皇后之后表现不俗,政治家的风采逐渐显露。邓绥登上后位的第一件事就是免去藩国进献珍丽之物的旧例,让它们每年只进贡一些纸墨。第二件事是拒绝给邓氏封爵,不令外戚掌权,维持朝政稳定。

三年后,和帝病逝,邓绥立出生一百天的刘隆为皇帝。二十五岁的邓绥成为一位年轻的皇太后,从此开始临朝称制。后来史评家认为,邓绥执政的能力和业绩,丝毫不输于男性帝王,她亲手缔造了东汉王朝的又一段中兴时期。她的政治才华表现有五。

一是"怀柔"天下。邓绥执政期间,东汉王朝遭遇"水旱十年",邓绥采取宽松治国、轻徭薄赋的政策,比如她特令营建殇帝康陵的工程规模及其他劳作均"事事减约,十分居一"。由于调度有方,力倡节俭,虽然灾害连年,但天下太平,社会稳定。她牢记前车之鉴,摒弊扬善,不计前嫌,先后减免受阴皇后株连被遣免者之罪,并赐赠财物田地,给以生计,以缓解门阀权力斗争的矛盾。她还下诏赦免了东汉开国以来因罪囚禁者,连前朝被废黜的皇后马、窦两家也都被宽赦为平民。这一系列措施,使许多被打压、被冷落的政治团体纷纷归心于邓,迅速安抚了天下。

二是为政以德。邓绥重视公明,最典型的是"遗珠案"。有太监报告,宫中丢了一盒大珍珠,要求拷问嫌疑者数人。邓绥认为如用刑拷问,必有屈打成招之人,于是她把后宫的人召集起来,说:"皇帝年幼,且新立。我虽亲政,但后宫制度尚待建立。今失珍珠一箧,如有拾到,可暗中送还,不予追究;如不送,必将以盗窃论。"不久一宫女将珍珠送还。另一件事是"巫蛊案"。和帝宠臣吉成被人告发行巫蛊之术,经拷讯供认不讳。邓绥感觉事情可疑,遂亲自复审,果然冤情大白,众人莫不叹服。再有,邓绥常往洛阳寺复核囚徒,审查冤案。有个即将被押下去的死囚抬起头紧紧地盯着邓绥,似乎有话要说。邓绥觉察后,便命人将这个囚犯押回讯问,原来他未曾杀人,却因刑讯逼供而自诬,本来想借机诉冤,却深恐申冤未果,连累身家。邓绥将他无罪释放,并将主持此案的洛阳令收监抵罪。邓绥聪慧布德,平反了很多冤假错案,美誉遍传朝野。

三是选贤任能。邓绥颇有识才、用才的眼光和魄力。临朝称制不久就多次下诏选举贤良,她常说"人才难得,求之甚勤,得之至寡",故一旦揽得,便委以重任。当时的天下名士何熙、陶敦、杨震、陈禅等均为其所用。邓绥用贤不避亲，重用其兄邓骘。邓骘崇尚节俭，且不恃权用私，在朝野上下享有美誉。地方小吏虞诩有文韬武略之才，受邓绥赏识，被迅速委派到"多事之秋"的武都郡任太守。虞诩在任期间，平定羌军，社会稳定，居民增加到四万多户。被世代传为佳话的"四知太守"杨震，五十多岁时接连被任命为荆州和东莱太守，之后又出任当朝司徒，官居宰相。邓绥执政期间，可谓人尽其才，为经济社会发展奠定了人才基础。

四是重视教育。邓绥一生喜欢读书，经常读书到深夜。她请著名的女史学家班昭入宫讲授经书，而且兼学天文、算数。她重用蔡伦，支持他发明了享誉世界的造纸术。邓绥不仅自己好学，而且要求宫人都读经阅史，朝夕不辍。她对于皇室和外戚子弟的教育更加重视，在京师专门为他们办学教授经书。邓绥的约束教育，不仅使皇室和邓氏子弟懂礼守法，而且催兴了东汉读书之风。邓骘的儿子邓凤曾接受贿赂，事情被揭露后，邓骘将妻子和儿子的头发剃光，以谢罪天下，这在封建社会中确是少见之事。

五是治边有方。邓绥颇有其祖父高密侯之遗风，善于举重若轻。东汉王朝边乱一直不休，邓绥不断调整边疆政策，合理采纳前朝西域都护长官班超之子班勇的进谏，通西域，抗匈奴，安定并州、凉州，使西线多年无战事；又听从虞诩等人的良策，以赦免战俘、安抚和谈的办法转守为攻，安抚在先，严打在后，结束了纷扰多年的西羌之乱，使得危机四伏的东汉王朝转危为安。边疆安抚后，汉帝国再展雄风，恢复对边陲的威震之势。史书对邓绥治边之才有"兴灭国，继绝世"的赞誉，应不为过。

邓绥于四十一岁时病逝。邓绥死后不久，邓家即被诬告，年轻气盛、压抑已久的安帝，立即废黜邓家兄弟的爵位，查抄田产，邓家满门或罢官，或下狱，或流放，或自杀。邓绥纵然一世英名，其家族也未能逃出历史的怪圈，这也许是一个政治家需要付出的代价？

班 昭

名门才女"曹大家"

康有为在《大同书》中有一段著名的点评:"以敬姜之德、班昭之学、秦良玉之勇毅、辛宪英之清识、李易安之词章、宋若宪之经术,列于须眉男子中,亦属凤毛麟角。"文字很是中肯,所列人物均是不让须眉的实力派巾帼。这里单说班昭。

班昭何许人也?她可是一位大名鼎鼎的才女,东汉著名史学家、文学家。班氏家族是东汉显族:当年婉拒与汉成帝同辇的美女诗人班婕妤是其姑祖母;祖父是将广平太守班稚;父亲班彪是当时有名的史学和儒学大师;大哥班固是继司马迁之后又一杰出的史学家和文学家,著有《汉书》;二哥班超,是将一生献给西域,打通"丝绸之路",留下名句"投笔从戎""不入虎穴,焉得虎子"的一代功臣。有人把汉代"三班"——班彪、班固、班超和宋代"三苏"——苏洵、苏轼、苏辙相提并论,两家都是影响深远的世家名门,但班家更有一位卓越的女性班昭,远非民间传说中的苏小妹所能比肩。

生长于如此显贵家庭的班昭,自幼好学,熟读儒家经典,通晓天文、历史、地理等知识,尤擅文采。十四岁时,班昭嫁给同郡的曹世叔为妻,生有一子二女。但好景不长,丈夫很快就病故了,班昭早早便开始守寡,以后也不曾再嫁,应该说班昭的个人生活是相当不幸的。

班昭因为博学多才,深受汉和帝器重和欣赏,常被召入皇宫,教授皇后和诸嫔妃诵读经史,被宫中尊为师。因其夫姓曹,人们又尊称她为"曹大家"。喜欢读书的邓绥主位汉宫时,和班昭交情笃厚,班昭自然成了皇宫里的常客。除教书讲课外,每逢各地贡献珍贵稀奇物品,班昭就负责作赋赞扬。汉和帝驾崩之后,刚出生一百天的殇帝刘隆即位,不到半年殇帝又死,十三岁的安帝刘祜接替即位。这期间,皇太后邓绥临朝称制,班昭以师傅之尊得以参与政事。邓骘是邓绥的兄长,以大将军的身份辅理国家,颇受倚重。后来邓骘因母亲过世,上书乞归守制,太后犹豫不决,问策于班昭,班昭认为:"大将军功成身退,此正其时;不然边祸再起,若稍有差池，累世英名岂不尽付流水？"邓绥认为班昭言之有理，批准了邓骘的请求。在班昭的辅佐下，邓绥当政期间办了历史上很有影响的事情：她下诏将自光武以来因妖妄案件受牵连的显贵家族都释放，并给其平民身份；减去宫内大官、导官、尚方、内者等部门所主管的各种珍奇异物的生产；把各郡国进贡的奢侈物品一概禁绝。班昭参政勤奋，竭尽心智，邓绥非常满意，破格加封班昭之子曹成为关内侯，官至齐国的国相。班昭七十一岁去世时，其丧事办得很隆重，朝廷派使者监护，身为皇太后的邓绥亲自为她素服举哀。班昭并非朝廷命官，她能受到尊重并享如此之高的礼遇，可见她在史学、文学以及参政方面的贡献之显。

  班昭的主要功绩在于她继承父亲班彪和兄长班固未竟的事业，整理并最后完成了《汉书》这部重要史籍。《汉书》是中国古代继《史记》之后的又一部历史巨著，是中国第一部纪传体断代史。由于司马迁的去世，《史记》记事止于西汉武帝大初年间。大儒班彪便收集史料，意在补齐"太初以后，阙而不录"的部分，但未及完成即因病辞世。班固子承父志，整理其父遗稿，开始编写一部始于高祖创业、终至王莽覆亡的《汉书》。班固呕心沥血二十余年，致力于《汉书》的编著，行将完稿时，又奉命跟从大将军窦宪攻打匈奴，为中护军。后来窦宪因擅权被杀，班固被牵连，死于狱中。《汉书》未成，稿本散乱。之前就参与全书编纂工作的班昭，勇敢地接过父兄未竟的事业。后来得到和帝恩准，班昭到皇家的东观藏书阁续修《汉书》。经过孜孜不倦的努力，班昭除将父兄所著部分分类整理、修订外，还独立完成了难度较大、编著最为棘手的"八表"和"天文志"，至此，一部伟大的史书，历经四十年终于编撰完成。《汉书》问世后广为传诵，无论史学价值还是艺术魅力都获得极高赞誉。作为《汉书》编撰工作的重要参与者，班昭无疑是解释这部巨著的不二权威。为了得到她的指教，当时的大学者马融，曾在东观藏书阁外跪拜班昭为师，聆听讲授。

  班昭文史兼长。除编著《汉书》，建立不世之功外，班昭还著有赋、颂、铭、诔、书、论等文章十六篇，辑成《大家集》三卷，可惜大多失传，现只留下《东征赋》和《女诫》七篇。清代女作家赵傅在《后汉列女颂（并序）》中赞她"东观续史，赋颂并娴"。

  班昭的《东征赋》是我国古代散文名篇，遣字优美，描写细腻，行文简洁，情感真挚。班昭的《女诫》，篇幅不长，但内容丰富，体系完整，提倡妇女要有"三从之道"和"四德之仪"。这部《女诫》,本是班昭写给自家女儿的勉励之作,不料京城世家争相传抄,不久便风行各地。在本来就男尊女卑的封建社会里,女性自我奴化的影响力尤其巨大,此后便出现了《女史箴》《女则》《女孝经》《女论语》《内训》《闺范》《女学》等一系列的跟风之作,封建礼教以行为准则的方式,将中国古代女性的思想和自由牢牢禁锢起来。

对一个杰出的女性,人们是不会忘记的。当人类发现金星上的陨石坑以后,因为金星是希腊神话和罗马神话中爱与美的女神,就将金星陨石坑命名为班昭陨石坑。以她的名字命名,对班昭是一种肯定,也是一种不错的纪念方式。

蔡文姬

多才多艺、多灾多难的旷世美女

在中国历代才女中,最易让文人墨客动情的,也许就是蔡文姬。

蔡文姬原名蔡琰,字文姬,今河南杞县人,东汉文坛领袖蔡邕之女,博学能文,又善诗赋,兼长辩才与音律。受家学熏陶和父亲精心培养,蔡文姬从小就灵心慧齿,碧玉年华便以才貌名满京城。她六岁时即为世人留下"蔡琰辩琴"的故事。蔡邕夜里弹琴,不慎弄断琴弦,蔡文姬立马就听出是第二根弦断了。蔡邕不以为然,认为不过是巧合,于是有意弄断另一根琴弦,蔡文姬又准确地指出是第四根弦断了,这让蔡邕惊叹不已。

蔡文姬十六岁出嫁,与门当户对的河东名门大族卫家之子卫仲道喜结良缘,夫妻感情很好。可惜好景不长,不到一年,卫仲道便咯血而死。蔡文姬遭到卫家嫌弃,愤而回到娘家寡居。东汉时期,封建伦理道德对女性的束缚还不像后世那样严苛,守寡女子再嫁实属正常。

东汉末年乃乱世之秋。大将军何进被宦官十常侍杀害,西凉董卓进军洛阳尽诛十常侍,把持朝政。为巩固统治,董卓刻意笼络名满天下的蔡邕,将他一日连升三级,官拜左中郎将。董卓的倒行逆施,招致群雄联合征讨。董卓伏诛后,蔡邕有感于董卓的知遇之恩,流露出了同情之意,司徒王允大怒,将他逮捕下狱。蔡邕表示"乞黥首刖足,继成汉史",即愿意接受刺面砍脚的惩罚,希望能像司马迁那样完成撰修汉史的夙愿。可惜命运难控,当权者不让,蔡邕最终惨死狱中。短短几年间,夫亡父死,蔡文姬一下子成了漂萍飞絮,从此开始了曲折坎坷的人生。

董卓死后,他的旧部叛乱,攻占长安。汉献帝请求南匈奴出兵平叛。羌胡番兵乘机掠掳中原一带。那是怎样的一番场景呢?蔡文姬所作的《悲愤诗》中如此记载:"平土人脆弱,来兵皆胡羌。猎野围城邑,所向悉破亡。斩截无孑遗,尸骸相撑拒。马边悬男头,马后载妇女。长驱西入关,迥路险且阻。"蔡文姬遭遇了人生中最为残酷的一场劫难,跟许多妇女一起被掳到蛮荒之地。这些被掠夺而来的人,都成了匈奴人的奴隶,蔡文姬因为美貌,被献给了南匈奴首领左贤王。据《后汉书》记载,蔡文姬"为胡骑所获，没于南匈奴左贤王，在胡中十二年，生二子"。她成了左贤王的人，在长达十二年的时间里，虽然为左贤王生了两个儿子，但并没有姬妾身份，不过是个招之则来、挥之则去的奴隶。

蔡文姬身居胡地期间，曹操基本扫平了北方群雄，挟天子以令诸侯。天下三分初定，他想起了旧时敬如师长的好友蔡邕的女儿还流落在南匈奴，便不惜重金将蔡文姬赎回。关于文姬归汉，后人的猜测有许多，有人说曹操纯粹出于"义举"；有人说曹操出于同情老友；有人说曹操为了招揽人才收买人心；有人说曹操为了撰修续汉书等；还有人说曹操内心爱着蔡文姬。无论如何，至少有一点不可否认，曹操喜欢蔡文姬，而且是真正懂得蔡文姬价值的人。他的决定让蔡文姬的人生又一次发生了重大改变。

历经十二年膻肉酪浆的生活，突然要回到日夜思念的中原故土，蔡文姬自然激动不已；但要离开两个天真无邪的儿子，她又觉得肝肠寸断。蔡文姬难以割舍亲生骨肉，况且这一别，关山重重，大漠遥遥，生离便是死别。人生有多少不堪承受之痛，都强加给了一个女人。蔡文姬最终用自己的坚强，做了断肠的选择。车声辚辚，马蹄嗒嗒，大漠渐行渐远，蔡文姬百感交集，她借胡笳的音律，将那种无以复加的痛苦，写成了千古绝响——《胡笳十八拍》，也为自己的异域生活画上了句号。

文姬归汉后，曹操做主给她定下亲事，将她嫁给屯田都尉董祀。董祀生得一表人才，通书史，谙音律，有着相当高的艺术修养。那年文姬三十五岁，又是两嫁之身，董祀才二十岁出头，正是青春年华，政治拉郎配自然让婚姻尴尬，婚后生活并不如想象中和谐美好。第二年，董祀突然犯了死罪，就要被行刑。数九寒冬，蔡文姬如同疯了一般披散头发、赤着双脚，径奔相府找曹操求救。曹操正在举行宴会，高朋满座。当文姬走进丞相府，站在曹操等众人面前的时候，"蓬首徒行，叩头请罪，音辞清辩，旨甚酸哀"。听完蔡文姬的哭诉，曹操说："判罪文书已经发出，如何补救？"蔡文姬回答道："您有骏马千匹，武士如云，只要一个指令，就可追回文书。"于是曹操当众签署了一道赦免令，派骑兵追回了文书。

董祀被蔡文姬从死亡线上救了回来，心有戚戚，感恩不尽，夫妻二人情感日渐笃厚。才女的家如同往日的蔡府，成为新的文化沙龙举办地。钟繇跟随蔡文姬学习蔡邕的书法，自成书法大家，他又带出卫夫人，卫夫人又带出王羲之，由王羲之的《兰亭集序》集其大成。丁廙写出了文辞华美、情感热烈的《蔡伯喈女赋》，想必当年也是文化沙龙的座上常客。蔡文姬和董祀生有一儿一女，女儿长大后嫁给了司马懿的长子司马师，司马师被后来的晋朝追封为景皇帝。

　　蔡文姬一生命运坎坷，心灵伤痕累累。苦难净化了她的生命，滋养了她的创作灵感，她以卓越才华，在文学、历史、音乐、书法等领域为后人留下了一系列光芒四射的瑰宝。然而遗憾的是，蔡文姬的诗作仅流传下来《胡笳十八拍》和两首《悲愤诗》。《胡笳十八拍》曾被郭沫若先生评价为自屈原《离骚》以来最值得欣赏的长篇抒情诗。五言《悲愤诗》是中国诗歌史上第一首自传体的五言长篇叙事诗。她的诗作结合她一生的苦难经历，抒发了颠沛流离的悲苦情怀，描写了乱世女性的困境和忧虑，表现了与命运顽强抗争的不屈精神。

貂 蝉

亦真亦幻的绝代佳人

评说中国古代美女，最难是貂蝉。她到底是文学作品中虚构的人物还是三国历史上真实存在的人物？其身份至今份仍扑朔迷离。

比较权威的考证是，貂蝉，任姓，小字红昌，出生在并州郡九原县木耳村，十五岁被选入宫中，执掌朝臣戴的貂蝉冠，从此更名为貂蝉；东汉末年，各地军阀割据混战，社会混乱不堪，汉末宫廷风云骤起，貂蝉出宫，被司徒王允收为义女。

貂蝉到王允府上后，由于其容貌姣好，且言谈得体，见识广泛，很得王允赏识，闲暇之余，王允亲自教授其歌舞诗文。在王允的调教下，貂蝉进步很快，王允也像对待亲人一样对待她，貂蝉的感恩之心，也愈加浓烈。有一次，貂蝉在月下花前为王允这个恩人祈福，时有彩云遮月，适被王允撞见，于是便有了"闭月"的由来。此后，貂蝉更是得到了王允的信任，成为府中亲信。

貂蝉的故事在《三国演义》第八回"王司徒巧使连环计，董太师大闹凤仪亭"中有精彩的描写。当时东汉王朝为董卓操纵，再加上董卓有个勇冠三军的义子吕布，更是目中无人。朝中大臣人心惶惶，一些人心中不免生出反抗的想法，司徒王允就是其中之一。

有天晚饭后，王允到花园里散步，脑子里琢磨如何除掉董卓。不过要除董卓可不是一件容易的事情，必须先离间他和吕布的关系，否则就是以卵击石。正在王允百思不得其计的时候，花园的另一边传来女子的叹息声。顺着声音，王允悄悄走了过去，他发现府中的歌妓貂蝉正坐在石台上闷闷不乐。平日里王允待貂蝉就像待女儿一样，他上前问道："貂蝉，你有什么伤心事啊，为什么深夜在这儿唉声叹气的？"貂蝉一听王允这么问她，就说出了原委。原来她一直因为王允收养了她而希望能够报恩。最近她见王允总是愁眉不展，便猜想肯定是有什么大事儿，而且还十分棘手，自己又帮不上忙，才唉声叹气的。接着，她表示，只要王允有用得着她的地方，她一定万死不辞。貂蝉的一番话，让王允立刻想到，吕布和董卓都是好色之人，可以利用貂蝉使一个连环美人计。王允先把貂蝉暗地里许给吕布，再明着把貂蝉献给董卓。从此以后，貂蝉周旋于此二人之间，送吕布以秋波，报董卓以妩媚。

吕布自董卓收貂蝉入府为姬之后，心怀不满。一日，吕布乘董卓上朝之际，入董府探视貂蝉，并相邀于凤仪亭相会。貂蝉一见吕布，便假意哭诉被董卓霸占之苦，惹得吕布怒火中烧。此时董卓恰好回府撞见这一幕，怒而抢过吕布的方天画戟，直刺吕布，吕布飞身逃走，从此两人互相猜忌。王允趁机说服吕布，铲除了董卓。

在以男性为主体的《三国演义》之中，貂蝉无疑是少数几位女子中最为光彩夺目的。正是有了貂蝉，才有了王司徒巧施连环计，才有了吕奉先大闹凤仪亭，才有了凶横无忌、权倾一时的董卓于宫门前被戮。她的出现甚至加速了东汉末年军阀战乱时代的结束，促成了一代雄才曹操、刘备、孙权等人的崛起，从而使已经风雨飘摇的汉室江山得以延续。大文豪金圣叹评曰："十八路诸侯不能杀董卓，而一貂蝉足以杀之。"

文学终究是文学，正史古籍尚未发现有关貂蝉的记载，即使在《三国志》《后汉书》这样集大成的史书中，也只是详细记载了王允、吕布诛除董卓的事。董卓被杀，王允是主谋，吕布是具体执行者，却没有貂蝉这个人物。关于貂蝉作为一个真实的历史人物的说法，目前确实查无实据。作为文学作品中的一个人物，貂蝉的命运也不完整。主流文人罗贯中在榨干貂蝉的历史价值之后，便只字不提她的踪迹，倒是后人千百年来津津乐道她的故事，孜孜不倦地追寻她的下落。今天看来，关于其下落，众说纷纭，主要有"惨死"和"善终"两大结局。

"惨死"系列至少包含四种不同的版本。第一种版本，昆剧《斩貂》中称，吕布在白门楼被曹操斩首后，其妻貂蝉被张飞转送给了关羽。关羽拒绝受纳这位污点美女，又怕她被别人玷污，于是乘夜传唤貂蝉入帐，拔剑痛斩美人于灯下。第二种版本，杂剧《关公月下斩貂蝉》中则说，曹操欲以美色迷惑关羽，使其为自己效力，遂遣貂蝉前去引诱。貂蝉使出浑身解数，上下挑逗，关羽心如磐石，断然铲除了这个情色祸患。第三种版本，明剧《关公与貂蝉》中的貂蝉向关羽详述了自己施展美人计为汉室除害的经历，痛说内心冤屈，赢得关羽的爱慕。但关羽决计为复兴汉室献身，貂蝉只好怀着满腔柔情自刎。第四种版本，貂蝉在关羽的庇护下逃走,削发为尼。后来曹操派人追捕,为保全桃园三兄弟,貂蝉毅然触剑身亡,一缕幽怨的香魂,追随国家大义而去。

"善终"系列也有四个版本。第一种版本,貂蝉削发为尼,以佚名方式写下杂剧《锦云堂暗定连环计》,向世人言明自己的政治贡献,最后在尼姑庵里寿终正寝。第二种版本,关羽不恋女色,护送貂蝉回到其故乡木耳村,此后貂蝉一直守节未嫁,熬成了一个贞烈老妪,死后,乡人为其建庙祭奠。在这期间,为了谋生和丰富群众文艺生活,貂蝉还组织戏班演出,她所搭建的戏台,成为该村的一个诱人景点。第三种版本,貂蝉被关羽纳为小妾,并送往成都定居,本想在功成名就后与其终相厮守,不料关羽兵败身死,貂蝉从此流落蜀中,成了寂寞无主的村妇。第四种版本,董卓死后,董系兵马于两个月后攻进城来,大肆报复,王允等诛董派大部被灭门,吕布凭借一身英勇杀出重围,逃命去了。在乱兵厮杀中,吕布的心腹秦宜禄将已怀孕的貂蝉救了出来,两人化装为夫妻。貂蝉改名为杜氏,混出京城,寻找吕布,直到五年后在徐州与吕布相会。途中,貂蝉产下一子,取名为秦朗。吕布殒命白门楼后,貂蝉与孩子秦朗被俘。时在曹军效力的关羽曾多次向曹操请求,如果破了吕布,恳请将吕布的夫人杜氏赐予自己为妻。但曹操见到杜氏的美貌后,却将她留在自己身边,从此貂蝉侍奉曹操和孩子,如此生活了十二年。秦朗成年后,成为后汉三国时期唯一的骁骑将军。黄初元年(220年),曹操在洛阳逝世,当天,貂蝉(杜氏)自缢身亡。

闭月貂蝉,亦真亦幻。我宁愿相信她只是一个美丽的虚构,因为在男人演绎的乱世中,一个女人无论绽放出怎样绚丽的生命之花,都逃脱不了成为政治斗争牺牲品的悲惨命运。

来莺儿

爱比天大的歌舞名妓

她只留下一个艺名，没有人知道她的真实姓名，甚至她的年龄、籍贯都无从考证；她只留下一个短短几年的人生片段，没有人知道她的成长经历，甚至她后来是死是活都杳无音信；她只留下一个关于爱情的故事，这个故事得以永久流传，滋养了无数贫瘠而干涸的心灵；这个故事之凄美、壮美、唯美，使她成了历史天空上一颗光芒圣洁的恒星。她就是三国时期洛阳歌舞名妓来莺儿。

东汉末年，虽为乱世，帝都洛阳依然莺歌燕舞，一派繁荣景象。来莺儿是当时歌舞坊内的大牌。论唱歌，她清喉婉转，丽声如莺；论跳舞，她有跳旋焰舞的绝技，跳起来犹如焰火怒放。这样一个艺界名伶，容颜姣好自不必说，更重要的是，她在台上演出时热情奔放，激情如火，在台下却是孤傲寡合的冷艳美人。也许女人越是冷得不易接近，男人越是眼馋心痒，来莺儿色艺俱佳名动帝都，一时引得天下男人竞相折腰，其中就包括一代枭雄曹操。曹操不仅爱江山，爱人才，更爱美女。董卓起事，火烧洛阳，帝都大乱，曹操趁机将来莺儿赎到自己身边。身如漂萍的来莺儿，突然得到乱世英雄的赏识与庇护，自然感激不尽，从此陪伴曹操南征北战，以她动听的歌喉与美妙的舞姿，为曹操解忧怡情，一扫他戎马生活中的枯燥和寂寞。

曹操将来莺儿当作善解人意的知心爱人，十分疼爱和珍惜。但是曹操忙于军国大事，身边又有众多美女环绕，他没有足够的精力倾注于来莺儿。来莺儿对曹操只有感激与尊重，没有爱情。倒是一个年轻英俊的侍卫官闯进了来莺儿的内心，她深深地爱上了他。

来莺儿喜欢的这个侍卫名叫王图，相貌堂堂，一表人才，颇有英雄气概。郎才女貌相见恨晚，在曹操的身边偷偷地相爱了。王图在丞相府中颇得曹操的赏识，经常受到曹操表扬和嘉奖。一次，曹操派他带领一队人马深入敌境，以窥探敌人的虚实以及囤粮的处所。这是一个十分危险、艰巨的任务，是否能够圆满完成这一任务并全身而退，王图没有把握。王图把情况告诉了来莺儿，面对生离死别的情人，想到不可预测的未来，来莺儿急中生智，一不做二不休，以酒灌醉王图……不觉鸡啼天晓，王图错过了深夜出发的时间。曹操勃然大怒，传令将王图押入大牢，斩首示众，以正军法。来莺儿早已知道有此结果，她不顾一切面见曹操，恳请代王图一死，并如实说出了她与王图的私情。

关于曹操是不是早已发觉了王图与来莺儿相爱的蛛丝马迹，心嫉盛怒之下，故意设计杀掉情敌，这实在难考。如今，来莺儿为了救王图之命，即使明知会触怒曹操，也直接坦白自己"身在曹营心在汉"的爱情，并求替死。很明显来莺儿已经下定与情人王图共赴黄泉的决心，这着实给一代枭雄出了难题。

曹操当然不是凡夫俗辈。他在战场上运筹帷幄，决胜千里；在文学上诗文并茂，极负盛名；在政治上一人独大，挟天子以令诸侯，绝对是雄才大略之人。他自然对人世间的至情和至性有着超乎常人的鉴别能力。来莺儿从容无畏的真情流露，触动了他作为英雄豪杰最隐秘的孤独感，他没有嫉火燃烧，勃然大怒，而是心底油然生出一份感动、一份钦佩、一份尊重。于是，作为政治家的他，冷静地给自己准备了退下的台阶。作为替死的条件，他要求来莺儿在一个月内训练出七名善跳旋焰舞的舞女，否则必斩王图。这是一个并不困难的任务，显然曹操是要刀下留人。

经过一个月的紧张训练，来莺儿圆满完成了任务，七名舞女都能跳出和来莺儿一样美丽的旋焰舞。来莺儿如期复命，运筹帷幄的曹操不禁动心一笑，他告诉来莺儿，他对培训出来的七名舞女非常满意，来莺儿可以作为舞蹈队的领队留下了。这是曹操暗示给心仪丽人的一线生机，他不希望看到来莺儿真的为王图而死。谁知来莺儿表示，自己已有替死誓言在先，并且深负丞相厚恩，无颜苟活于世，坚持请求代王图一死。望着深明大义、不惧生死的来莺儿，曹操内心里不禁感慨万千：自己权倾朝野，雄霸天下，有没有哪位红颜知己能像来莺儿这样忘生死以相辅？

然而当曹操召见王图之时，王图以为要行刑斩首，早已吓得面如土色，丝毫没有了英武之气，他在最后时刻还在狡辩，以求免死。王图为自己开脱，他说自己对来莺儿只是逢场作戏而已，并没有真正的爱情可言，两个人的私情都是来莺儿百般勾引所致。曹操一听，火冒三丈，一脚踢倒王图。考虑到自己对来莺儿必须言而有信，曹操便留了王图一条活命，将他逐出了丞相府。

曹操没有把这个真相告诉来莺儿，否则，即使能够阻止她赴死的决心，使之勉强地活下去，她也一定会比赴死更痛苦。曹操打定了主意后，只对来莺儿说，王图已经被释放，逐回家乡，念在你一片真情，且训练歌女有功，将功折罪，可以不死。你走吧！

来莺儿感谢曹操成全她和王图的爱情，却不愿接受曹操饶她不死的恩惠。她说只有死才能洗清自己的罪过。她郑重地向曹操行了跪拜大礼之后，转身而去。她去得那样坚决，去得那样坦然，去得那样义无反顾！来莺儿就是这种女子，她的品格之中有一般人无法企及的某种特质，于是能够用生命创造出不同于常人的人生境界。

辛宪英

政治风雨中的智慧女人

三国乱世，英雄辈出，谋士纷起。江水东逝，淘尽千古风流人物。有个善于鉴人知事的女人，名叫辛宪英，她凭借自己的足智多谋，于风雨飘摇中庇护了辛、羊两大家族。她的聪慧才华，不让须眉半分。

辛氏是东汉末年的名门望族。辛宪英的父亲辛毗本来追随袁绍，官渡之战后，辛毗择主而事，投奔曹营效力，终成一代名臣。辛宪英自小天资聪颖，受父亲熏陶，遇事善于动脑，颇有谋士风度。辛宪英二十七岁那年，有一天，父亲回到家讲起曹丕被立为魏王太子一事。他说曹丕得立后喜极失态，抱着他的脖子又蹦又跳，大声说道："辛君，您知道我有多么高兴吗？"立太子在当时是曹魏一大难事。曹操共有二十多个儿子，其中曹丕和曹植都非常优秀，尤其是被谢灵运赞为才高八斗的曹植，文采熠熠，才华横溢，深得曹操偏爱。但是经过明争暗斗，曹丕最终胜出，被立为魏王太子。辛宪英听后表示，曹丕的表现很不妥当，因为太子是将来代替君王主理宗庙社稷的人物，担此大任，理应对王位怀有敬畏之心，甚至要战战兢兢，检点自身，而他却在应该忧戚的时候竟然表现得如此喜悦，她担心曹丕之才恐怕要辜负江山社稷，魏国前途未卜。历史证明，曹丕在文治武功方面远不及曹操，魏国最后拱手送给了司马家族。历史兴衰当然不能那么简单地归咎于曹丕一人，但辛宪英的逆向思维和深远谋虑，非一般人所能比拟。

劝弟尽忠的故事充分表现了辛宪英的谋士风采。魏明帝曹叡驾崩，其年仅八岁的儿子曹芳继位。曹叡弥留之际，托付曹爽和司马懿共同辅政。刚开始共事的时候，曹爽对司马懿还算尊敬，后来曹爽的权力欲望越来越大，开始独揽朝政，并仗着皇家宗室的身份，网罗大群党羽，意在把司马懿排挤出局，甚至除掉司马懿，使他可以名正言顺地独掌大权。而司马懿又是何等人物，他心知肚明却隐忍不发，甚至假装身罹重病、命不多时，以此来迷惑曹爽。

正始十年（249年）的一天，曹爽陪少帝曹芳前往高平陵拜祭魏明帝之际，蓄谋已久的司马懿借机发动政变，关闭洛阳城门，控制了京都。曹爽手下的将军鲁芝招呼辛宪英的弟弟辛敞一同出城向曹爽报信。辛敞当时在曹爽手下担任参军，他看不透形势，一时不知所措，便向姐姐辛宪英请教。辛宪英说："天下事情不能预知，但以我的判断，太傅（指司马懿）是被逼这样做的！曹爽与太傅受命共同辅政，但曹爽独专权势，以骄奢的态度行事，对王室可说是不忠，于人伦道理亦可谓不正直。太傅此举只不过是要诛除曹爽而已。"辛敞追问："那此事可成吗？"辛宪英回答："怎会不成功？以曹爽的才能不是太傅的对手。"辛敞便说："那我可以不出城去营救吗？"辛宪英说："怎可以不去？职守是人伦的大义，大凡有人遇到灾难，尚且要去救助；如今你为人做事却弃下自身责任，这样做是不吉利的，不可以这样做。况且被人家重用，就要为人家效命，这是被人重用之人应尽的职分，你只要跟着大家一起去就行了。"辛敞听过姐姐的分析后，便随鲁芝出关离城。后来司马懿果然成功诛除了曹爽，清算了曹爽的死党。有人提到鲁芝、辛敞，司马懿却笑了笑说："他们是各为其主，应该宽恕。"司马懿不但没有处罚他们，还给他们别的官做。辛宪英通过多年的观察，不但洞察了这场政变的实质，准确预料了结局，还根据弟弟这些年和曹家的关系，推断出了他所处的位置，进而为弟弟指出了忠义和自保兼得的路子。现在看来，辛宪英参透了"法不责众"的道理。"从众"成了辛敞免于遭受政治清洗的关键原因。

辛宪英所嫁的是当时的名门望族羊家。因辛羊两家都是政治家族，她虽然从来没有涉足政治，但所思所虑都是家事国事天下事。多年来，她目睹了汉室从衰微走向灭亡，亲历了父亲弃袁投曹的重要转折，目睹了曹魏从强盛走向名存实亡的全过程，她知道世事的艰难与政治游戏的凶险，便一直在政治风雨中努力寻求身家性命的安稳。

钟会西征再次证明了辛宪英的足智多谋。景元三年（262年），司马昭任命钟会为镇西将军，都督关中军事。钟会是司马昭颇为倚重的军师，司马昭的这个举动很有深意，引起了辛宪英的注意，她就和侄儿羊祜一起分析。羊祜是魏晋一代名将，足智多谋，而且深得军心、民心。他回答道："婶母你好眼光。钟会这次督军，是晋公准备灭蜀了。"辛宪英摇了摇头说："钟会这人啊，做事独断，恣意行动，他不是一个可以长久待在人下的家伙。恐怕灭蜀之后，他会萌生出其他想法呢。"羊祜点头称是。棋局复杂,能看出钟会是个什么样的人,看出朝廷策略的凶险所在,"妇人之见"着实非同寻常。

次年,钟会出兵伐蜀,钦点辛宪英的儿子羊琇担任参军,这直接给辛宪英出了一道难题。如果说钟会到关西上任是国家之忧,那么儿子跻身钟会身边则是家族之难了。于是,辛宪英便教羊琇向文帝司马昭极力请辞,但司马昭没有批准。无奈之下,辛宪英在儿子临行前嘱咐他说:"古时的君子,在家则奉孝于双亲,出外则守节于国家,担任职务时要慎思你的责任,面对义理时则要慎思你的立场,不要让父母为你感到忧虑。军旅之间,最能令你顺利的,只有仁恕的态度而已,你必须谨慎留意。"羊琇怀揣着母亲的忠告,跟随钟会的大军出发了。在灭蜀的征战杀伐之中,他以仁心待人,以恕道处世,得到了全军将士的一致爱戴。不出辛宪英所料,钟会灭蜀之后起了不臣之心,企图据蜀自立,身为参军的羊琇谨记母亲教诲,向钟会直言苦谏,钟会不听。不久,钟会在成都造反,引发了魏军的自相残杀。钟会被剿灭之后,羊琇因为未曾与钟会同流合污,并未受到牵连,反而因为劝谏钟会的行为而因祸得福,被封为关内侯。和上次给弟弟辛敞出主意有点相似的是,辛宪英在劝诫其子时又一次地把握好了度,那就是作为部将,应该如何与明知行将完蛋的主公保持恰当距离,怎么才能让自己在死亡的边缘生存下来。古往今来,化险为夷,都不是一般谋略所能为也。

作为封建时代一个足不出户的妇女,辛宪英如此善于鉴人知事,使她的家人乃至家族躲过了两次亡命之灾,的确让人叹服。认真想来,她的智慧其实就在于坚守做人的品格,就在于为人忠而不避危险,行事难而不忘仁恕,只有如此,才经得起世事的磨难与考验,才能立于不败之地。严格地说,辛宪英并非历史公众人物,但她以个人的名义,不但在时代的夹缝里生存了下来,而且在历史的长河里永远留下了魏晋智女的美名。

薛灵芸

容颜绝世的针神娘娘

中国古代女性能被后人记住的，一般在政治舞台上亮过相，薛灵芸也不例外。她是曹丕的妃子，但她的名字在正史里找不到记载，只在一些野史笔记里偶有提及。虽然知道她的人不多，但她留下的典故家喻户晓，永远散发着文化的芳香。

一是"红泪"。李商隐有"一夜芙蓉红泪多"，贺铸有"画楼芳酒，红泪清歌，顿成轻别"，其中的"红泪"即薛灵芸的典故。《拾遗记》中说，薛灵芸十七岁那年，已是绝世容颜。当时魏文帝曹丕选良家女子以充入六宫，薛灵芸便被送往京师。从来就不曾离开过故乡和父母一步的薛灵芸，在登车上路时，泪水不可抑制，沾湿了衣襟。她一路哭啊，哭啊，哭得眼中连血都渗出来了，随从递上玉唾壶给她承接泪水，抵达洛阳时，壶中已盛满了血泪。后世因而称女子的眼泪为"红泪"。

二是"夜来香"。曹丕闻知薛灵芸美若天仙，就用十辆宫中最华美的车銮去迎接她。这些车子皆镂金为轮辋，丹青画毂轭，前后缀满宝石、银铃，行进之时，清脆悦耳的声音响彻郊野。车銮所过之处，前后膏烛齐明，久久不熄，从远处望去，如同流星坠地一般。时人有歌云："青槐夹道多尘埃，龙楼凤阙望崔嵬。清风细雨杂香来，土上出金火照台。"曹丕得意地说："古人有'朝为行云，暮为行雨'之说，而今是非云非雨，非朝非暮啦！"遂改称薛灵芸的名字为"夜来"。后世"夜来香"的花名就是由此而来的。

薛灵芸本是一乡野女子，她能成为魏文帝曹丕的妃子，还要从甄洛说起。甄洛乃三国第一美人，为曹氏父子三人争相看好。曹丕利用手腕娶得甄洛为妻。曹丕是一位极富心计和雄才的人，曹操死后，他抛开汉献帝，即位作了魏文帝，改元黄初，迁都洛阳。曹丕称帝后，为了巩固政权进行了一系列的改革：营建宫殿、选拔人才、减轻赋税、提倡文学、禁止宦官干政、外戚不得为辅政大臣等，使朝廷内外气象一新，魏国呈现兴盛的气象。曹丕虽然在政事方面志得意满，但在感情生活上却一直得不到满足。

他内心十分向往两心相悦的真挚情感。然而,他强娶的甄妃,始终心系弟弟曹子建,虽然他得到了甄妃美艳绝伦的身体,但一直未能拥有她那颗温柔多情的心。为此,曹丕深感遗憾。黄初二年(221年),甄妃因幽怨作诗而被曹丕赐死,但很快曹丕就发现了甄洛之死内有冤情,悔恨非常,心情特别糟糕。他急需一个人填补甄洛留下的情感空白。虽然后宫粉黛如云,但却没有一个能让他动情。这时候,针功倾天下的民间绝色美女薛灵芸被推荐了上来。听说薛灵芸不但姿色秀美,而且能针善绣,曹丕心仪难耐,急召其进京入宫。

薛灵芸何许人也?民间有两种说法,一说是常山人(今河北正定人),另一说是定阳人(今浙江常山人)。两种说法中一致的内容是,薛灵芸生长在偏远乡间,那里民风质朴,文风不盛,很少人读书识字。当地盛行养蚕缫丝,所以丝织和刺绣都十分发达。因受母亲影响,薛灵芸从小就学会了绣花,十岁时她所绣的牡丹花,便能以假乱真,引来成群的蝴蝶围着花儿上下翻飞。穷乡僻壤的山水居然把薛灵芸养育得灵秀动人,她个头儿高挑,皮肤白皙,双眸如山泉一般清澈明亮。夜里,薛灵芸常和母亲一道,坐在昏暗的灯火旁,就着火光纺丝和刺绣。几乎天天都有好奇的少年借着夜色,从门缝或窗棂间偷看火光下忙碌着的薛灵芸。因为她的美貌,那些窥艳的少年常常要痴痴地看到薛家灭了灯火才恋恋不舍地离去。但因薛家的声望和薛灵芸的洁身自好,这些少年都只在外面偷偷倾慕,无人敢起不安分的念头。

薛灵芸入宫之后,受到曹丕宠爱。外夷番邦听说魏文帝新娶美妃,特派人送来火珠龙鸾钗庆贺,这火珠龙鸾钗乃域外异宝,白天看上去就像普通的龙凤金钗,但一到夜晚,就闪烁着晶莹的光芒,亮丽夺目。曹丕拿过火珠龙鸾钗,准备替薛灵芸戴上,可他掂了掂,感觉此钗太重,戴在纤秀的薛灵芸的头上恐怕有累佳人,他顿生怜香惜玉之情,脱口念道:"明珠翠羽尚不胜,况乎龙鸾之重,如何消受得了。"因此曹丕命人替薛灵芸收好火珠龙鸾钗,让她仅作观赏,不必戴在头上。曹丕对薛灵芸的关爱之情,从这件小事上就可见一斑。但薛灵芸不同于一般的凡俗女子,她对突然而至的皇宫生活和皇帝恩宠并没有表现出特别的热爱,从薛灵芸的眼神里,曹丕始终无法看到一般女人对荣华生活的那种向往,相反她总是保持着一份优雅与纯洁。她入宫后不但没有恃宠而骄,而且从不放弃女红,仍然坚持飞针走线。她心灵手巧，妙于针工，虽处于深帷之内，但不用灯烛之光，纤手起落，裁制立成。薛灵芸缝制的衣物新颖美观，手工精致。曹丕痴迷于薛灵芸的针工，所着服饰，都是由她亲手剪裁缝制的。宫女们纷纷向她学习缝织和刺绣技巧，由衷地尊称她是"针神娘娘"。

也许从小到大的底层生活固化了一个民间女子的淳朴和宁静。薛灵芸就是一块未被人工雕饰的美玉，以纯朴、自然、善良的风貌生活在宫中。她不懂得宫廷的繁文缛节，也不了解朝廷中的争斗倾轧；她只把曹丕看成与自己的生活息息相关的丈夫，以她所能了解的夫妻之情，温柔地、真切地、委婉地、无微不至地侍奉夫君。薛灵芸的到来，仿佛一股原野里清新的风吹进曹丕历经沧桑的心田，使他享受到了一般的帝王所难以体验到的真挚相依的夫妻之情，这让曹丕越发感觉到薛灵芸身上的无穷魅力。因为对薛灵芸的真爱，所以曹丕对薛灵芸与宫中礼制不合的地方很能宽容。例如，薛灵芸在家乡已习惯在昏暗的灯光下缝织刺绣，以便节省灯火；到皇宫后，宫殿灯火通明，她觉得这是极大的浪费，因此要求它们全部熄灭，只剩下一支蜡烛照着她缝织刺绣。曹丕应允了她的要求，常常伴坐在一旁，在幽幽烛光下，默默望着忙碌着的薛灵芸。为了慰藉薛灵芸的思乡之情，曹丕下令在后宫中筑起九华台，以便薛灵芸能登台远眺，遥思故乡。曹丕又开凿了流香池，池中遍植荷花，荷叶田田，花如繁星，他与薛灵芸泛舟池中，这仿佛让薛灵芸回到了故乡的山水中。

作为著名文人的曹丕，写有《芙蓉池作诗》一首，记述了他和薛灵芸同游芙蓉池的情景。在诗中，曹丕把心情的快乐、生命的康寿看成了人生的第一要义，把其他一切都视若浮云，他与薛灵芸在一起，可以摆脱繁琐政务的缠绕和政治斗争的烦恼，真正享受快乐的人生。只可惜他们这段纯洁的恋情过于短暂，薛灵芸入宫五年后的夏天，曹丕驾崩，年仅四十岁。临终前，曹丕为了避免薛灵芸年纪轻轻守活寡，竟遗命尽遣后宫淑媛出宫返家。这样，二十多岁的薛灵芸得以返回阔别五年的故乡常山，重新寻找自己的幸福。

皇宫五年如梦飘过，来自乡野又回归乡野，薛灵芸后来的人生，不知又是怎样一番风景？

甄 洛

才貌双全的悲情红颜

在东方佳人群体里，甄洛是无论如何也不能忽略的一位。尽管她没有跻身四大美女之列，但她的美似乎并不逊色于任何一位。并且，因为曹植的千古名篇《洛神赋》和顾恺之的不朽名画《洛神赋图》，甄洛超尘脱俗的传奇色彩与艺术魅力无人比肩。

甄洛是中山无极（今河北省无极县）人，上蔡令甄逸的女儿，她有三位哥哥和四位姐姐，她是排行最小的五妹。据说，甄洛还是一个婴儿的时候，每次入睡之时，家人常常看见半空中仿佛有人将玉衣盖在她的身上，都为此惊奇不已。后来有个著名的相士刘良为甄家子女看相，刘良看到甄洛的时候，大惊失色，指着尚是幼儿的甄洛道："这个小姑娘日后贵不可言。"甄洛孩童时就非常喜欢读书，识字特别快，经常借用哥哥们的笔墨纸砚。大哥对她说："你应该多学习女红，这么用功学习，难道想当女博士吗？"甄洛回答说："我听说古代的贤女，没有不学习前世成败以为己诫的。不读书，哪能做女贤者呢？"甄洛后来果然成为一位能诗善赋的才女，她的诗作《塘上行》广为世间传诵，载于乐府诗集《玉台新咏》。

因为善于读书学习，汲取先贤智慧，甄洛自小就见解不凡。甄洛十二岁时，正值兵荒马乱，加上天下闹灾，老百姓都把家里珍藏的金银珠宝拿出来变卖，以换取粮食。甄家是大户人家，存有很多粮食，于是就用它换来了很多财宝。甄洛看到这种情况，就对母亲说："现在是乱世，我们家藏有这么多宝物，一旦被兵匪知道就会遭到他们的抢劫，这不是祸起萧墙吗？我们的左邻右舍都在挨饿，不如我们把粮食发给亲族邻里，广施恩惠，也能落下个好名声。"家人都觉得甄洛言之有理，就照此做了，后来在兵乱时，受惠的亲族邻里都出于感恩而保护甄家，才使甄家幸免于难。

除了富于见识，甄洛也天性慈孝，对长辈家人极重孝悌友爱之情。甄洛的哥哥早逝，留下妻子照顾亲生儿子，日夜操劳，非常辛苦。但是甄母生性严苛，对这对孤儿寡母态度不好。甄洛就对她的母亲说："兄不幸早终，留下一子，嫂年少守节，我们应该更加厚待他们，您要对嫂嫂甚至比对自己的女儿还要好。"甄母听后深受感动,从此后便与儿媳亲密相处,和谐生活。

甄洛长得特别漂亮,美丽之名盛传于世。三国初期最大的诸侯袁绍慕其才貌,纳为儿媳。汉献帝建安五年(200年),十八岁的甄洛嫁给了袁绍最喜爱的次子袁熙。婚后袁熙北上镇守幽州,留甄洛在邺城侍奉家母。汉献帝建安九年(204年),曹操打败袁绍,在邺城俘获了袁绍的家眷。同样出于对甄洛才貌的爱慕,曹操暗自准备纳甄洛为妾,曾号令全军不得杀害袁绍的家人。时任攻城主将的曹丕第一个闯进袁府,抢娶甄洛为妻,足见甄洛之美实非文字所能描述。婚后,甄洛深得曹丕宠爱,生下了一儿(魏明帝曹叡)一女(东乡公主)。

甄洛富有教养,心地善良,虽然得宠于曹丕,但从不盛气凌人。为了曹家的昌盛,她主动劝曹丕多纳妾,以繁荣后代。甄洛还是当世有名的孝妇。史料记载,曹操出征陕西途经河南孟津时,妻子武氏生病,甄洛知道后非常担心,日夜哭泣。过几天得到消息说武氏的病已经好了,甄洛不相信:"婆婆在家时,一旦得病,都得十天半个月才好,这次却好得这么快,是故意安慰我吧?"后来,甄洛收到了武氏的书信,说她的病真的好了,甄洛才又重新高兴起来。曹操大军归来,甄洛马上去探拜武氏,见到武氏后喜极而泣,真情感动左右。武氏也深受感动地说:"甄儿媳真是孝妇啊!"

但命运之神并没有善待甄洛。文帝曹丕黄初元年(220年),曹操去世。曹丕继位,并以魏代汉。曹丕做了皇帝,理应封甄洛为皇后,但这个时候的甄洛虽然得到了曹家人的交口称赞,却未能笼络住丈夫曹丕的心。此时的曹丕已然姬妾成群,最得他欢心的女人是郭女王。郭女王也是名门之后,长得也很漂亮,而且比甄洛年轻,比甄洛更工于心计,她最大的缺点就是没有生子。在争夺后位的较量中,郭女王下了狠手。她在曹叡不足月出生这件事情上大做文章,让曹丕怀疑甄洛之子曹叡是袁熙的骨肉。曹丕以此事询问甄洛,甄洛对曹丕宠爱郭女王等本已十分不满,不禁怒火中烧,大斥曹丕有损曹门家风,曹丕愤而于黄初二年(221年)赐甄洛自尽。但这还远不是甄洛命运最悲惨的时刻。作为甄洛竞争对手的郭女王怕甄洛死后向阎王告状,竟下令以糠塞其口,以发遮其面,让甄洛即便死后也无脸见人,有口难言。据传,《塘中行》一诗是甄洛临终时所作,诗中抒发了一位含冤女子的悲苦心声，感人肺腑。后来曹丕也觉出了甄洛之死隐有冤情，甚为悔恨。他去世前，为洗胸中块垒，尽遣妻妾出宫。魏明帝曹叡即位后，为生母甄洛平冤昭雪，追谥其为"文昭皇后"。

尽管甄洛嫁与曹丕为妻，做了曹操的儿媳，但人们今天能够深深地记着她，却是因为曹植。曹植在甄洛死后的第二年写出了中国散文史上的浪漫主义代表作品《洛神赋》（原名《感甄赋》）。有关曹植与甄洛之间的感情纠葛，历史上留下了许多传说。

甄洛嫁到曹家时，曹植还是一个头脑聪慧、才气逼人的少年，他对貌美如花、性格温柔的嫂嫂十分喜爱。甄洛也很喜爱这个小弟，经常教曹植读书写字。随着年岁渐长、情窦初开，曹植对嫂嫂甄洛的感情也由喜欢渐渐转化成爱慕，甄洛的形象就是曹植心目中爱人的完美形象。

在曹魏大业继任者的候选上，曹丕和曹植有过竞争。曹操曾偏爱曹植之才，但后来发现他才子气太浓，常常任性而行，饮起酒来毫无节制，还做出了几件让曹操很失望的事。曹丕称帝之后，对曹植严加防范，常常排挤。碍于母后卞氏的压力，曹丕不敢加害曹植，只将曹植数次徙封。历史上著名的《七步诗》就是曹氏兄弟不睦的明证。曹丕赐死甄洛，使本就郁郁不得志的曹植深受打击。第二年，曹植赴任鄄城王途经洛水时，思念亡嫂，假借洛水之神的故事写下了《感甄赋》，后来魏明帝曹叡为避讳，将其改成了《洛神赋》。曹植写道：

　　翩若惊鸿，婉若游龙，荣曜秋菊，华茂春松。髣髴兮若轻云之蔽月，飘飖兮若流风之回雪。远而望之，皎若太阳升朝霞；迫而察之，灼若芙蕖出渌波。秾纤得衷，修短合度。肩若削成，腰如约素。延颈秀项，皓质呈露，芳泽无加，铅华弗御……

曹植浓墨重彩地描写了一位美丽多情的女神形象，大胆倾诉了自己对女神的倾心爱慕。逝去的甄洛，在曹植的心目中，永远成了圣洁无瑕的仙女。

《洛神赋》自然成了世世代代文人骚客的谈资，并且渐渐多出了各种版本的演绎，于是，甄洛活在了关于才子佳人的悱恻缠绵的传说故事里。

绿　珠

可怜金谷坠楼人

要写绿珠，必须先写石崇。石崇是西晋时期大名鼎鼎的人物：他是官员，曾出任南中郎将、荆州刺史；他是文人，曾与左思、潘岳等文士结成诗社，号称"金谷二十四友"；他更是富豪，以奢侈糜烂、与人斗富闻名于世。其中最著名的是石崇和皇亲国戚王恺斗富，虽然晋武帝常常暗助王恺，但王恺屡斗屡败。

石崇虽富，却取之无道。他在荆州刺史任上凭恃权势，胡作非为，搜刮民脂，劫掠客商，聚敛了大量不义之财，直至家中金银如山，珍宝无数。卸任以后，他在洛阳城郊耗费巨资构筑亭台楼阁，栽种奇花异草，养鱼植荷，蓄猿饲马，修建了富丽堂皇的金谷园，并买来众多姿容秀丽的乐伎，靡昼靡夜，灯红酒绿。最骇人听闻的是石崇的残暴。他认为美女是活的玩物，稍不高兴就可以随意废弃甚至处死。每逢待客时，他就命乐伎上前劝酒，客人倘若不饮，他就下令将劝酒之伎拖出去砍头。有一次，为了劝饮一杯酒，竟有三个美女相继被砍倒在血泊之中。

绿珠就是金谷园里的一个乐伎。传说绿珠原姓梁，生在白州境内的双角山下，绝艳的姿容世所罕见。石崇为交趾采访使时途经博白地界，偶遇十五岁的小姑娘绿珠，一见之后便魂不守舍，遂以三斛珍珠换得美人归。从此这个美丽少女的命运便被操纵在石崇的手里。

绿珠不但妩媚漂亮，而且善解人意，能歌善舞，尤擅吹笛。在石崇的悉心调教下，绿珠越来越超凡脱俗，魅力四射。尽管金谷园里佳丽云集，唯绿珠独受石崇宠爱。考虑到绿珠少小离家，石崇专门修建了一座百丈高的"崇绮楼"，高楼内外装饰以珍珠、玛瑙、琥珀、犀角、象牙，穷奢极丽，供绿珠登高望远，遣散思乡之愁。石崇在财富上称霸天下的同时，又逢人必夸绿珠之美，向天下炫耀自家绿珠的姿容盖世无双，于是，绿珠的芳名很快闻名遐迩，家喻户晓。

当时正值西晋皇胄赵王司马伦朝中专权。司马伦有个名叫孙秀的心腹，孙秀原来是潘岳府上的小吏，为人鄙俗，不容于潘府。转而投入赵王司马伦府中之后，孙秀颇受宠信。倚仗司马伦的势力，孙秀为所欲为，作恶多端。金谷园的艳姬绿珠名动天下，孙秀自然垂涎已久。碍于石崇财大气粗又在任上，孙秀一直未敢造次。石崇在朝廷里投靠的是贾谧，后来"八王之乱"中，贾谧被诛，许多人受牵连，金谷二十四友亦自星散，石崇也被免官。石崇失势后，孙秀便派人向石崇乞请割爱相赠。石崇虽知来者不善，但绿珠在他心里的位置无人可替。他对前来索要绿珠的使者说：我这里所有的美妾，你可以任意挑选，而"绿珠吾所爱，不可得也"。不久，司马伦夺得了皇位，孙秀也水涨船高，官居中书令。孙秀借机诬告石崇对新皇上怀有二心，蓄有异谋，于是矫诏下令，抓捕石崇。

石崇正在高楼上饮酒作乐，未料金谷园已被官兵团团围住。石崇情知大事不妙，叹息着对绿珠说道："我今为尔得罪。"绿珠含泪表示："愿效死于君前。"言毕纵身跳下崇绮楼，香消玉殒。后来，石崇及其母、兄、妻子等共十五人皆被诛杀。石崇之死本因政治权力之争，索要绿珠只是导火线而已。必须提一笔，在石崇走上洛阳法场的那一天，历史上著名的美男子潘岳也同时被捕，并且后来被诛灭三族。

今天看来，绿珠只是政治斗争的一个牺牲品。命运一旦攥在权贵们的手里，小小弱女子又能怎么样呢？撇开政治，单说跳楼殉情一节，或许绿珠姑娘身上，除了可赞之处更有可怜之面。不难想象，石崇虽暴，对绿珠还算是动了一些感情的，否则以石崇之威名，不可能在孙秀索要绿珠时，可以金谷园佳丽随便挑，唯独绿珠姑娘不可送。面对一个动了感情的男人，女人往往是很难抗拒的，何况绿珠十五岁就跟了石崇，之后的日子里，石崇亲自教绿珠说洛阳官话，教绿珠读书识字、吟诗作画、弹琴唱歌。一个富甲天下的男人，一个身居高位的男人，一个通晓学问的男人，一个名声赫赫的男人，竟能待她最厚，用情最专，年纪轻轻的绿珠如果依然心如死水，似乎有悖常理。"士为知己者死，女为悦己者容。"绿珠纵身跳楼的那一刻，或许是内心深处泛起情感冲动：那就是报答知遇之恩、报答厚爱之情、报答宁肯得罪权贵也不舍弃自己之意。

关于绿珠坠楼，历代诗人吟咏很多，大多感叹美女命运的凄婉与殉情的坚贞。唐代大诗人杜牧曾经到西晋富豪石崇所筑居的金谷园探幽访古，并留有《金谷园》诗一首，描写了有关绿珠坠楼的哀怨凄婉："繁华事散逐香尘，流水无情草自春。日暮东风怨啼鸟，落花犹似坠楼人。"后来，他在另一首《题桃花夫人庙》中，还把绿珠和再嫁楚王的息夫人做了对比："细腰宫里露桃新，脉脉无言几度春。至竟息亡缘底事？可怜金谷坠楼人。"指责息夫人忍辱苟活，不能像绿珠那样刚烈地殉情而死。

　　也有为绿珠殉情鸣不平的。诟病最多的是，像石崇这样对女性恣意蹂躏、无情残害的变态暴徒，亦官亦盗、人面兽心的无耻伪君子，值得去爱，值得不惜为之献出生命吗？在任何人看来，都显然不值。绿珠只知道简单地以命报恩，却不懂得什么是真正的爱情。她为石崇而死，不得其所。她的殉情守节只是小美，不是大美。还有人为绿珠圆场，说她也许已经厌倦了曲意承欢的生活，不想再度沦为豪门大族的玩物，她是以坠楼的方式寻求解脱，表达对丑恶世界最朴素而软弱的抗争。

羊献容

几经废立的两国皇后

本文主人公羊献容可谓历史的唯一。羊献容出身于西晋时名门望族"泰山羊氏",羊氏自从汉代开始连续九任两千石的高官。司马师(司马懿长子)娶的就是羊氏的羊徽瑜(后追封为景献皇后)。羊氏领军人物、羊徽瑜的弟弟羊祜去世,晋武帝司马炎一身白衣,哭得一塌糊涂。泪珠化为晶莹的冰碴,结满了胡须。羊献容的祖父羊瑾(羊祜的堂弟)曾任尚书右仆射,父亲羊玄任尚书郎。羊献容不但出身高贵,而且容颜俊丽,肤凝白雪,眉目如画,丰姿绰约,宛若仙人。

先说羊献容当晋惠帝司马衷的皇后的故事。

西晋时期,士族地主刚刚走上历史舞台,人们对门第出身尤为看重。晋惠帝原来有一个皇后叫贾南风,是开国元勋贾充的女儿。贾南风相貌丑陋,心狠手辣,荒淫恣肆。她见晋惠帝呆头呆脑,于是亲自干涉政事,倒行逆施,引得民愤极大。赵王司马伦起兵讨伐,攻进洛阳,废黜贾南风并以一杯金屑酒将其赐死。司马伦的心腹宠臣孙秀推荐羊献容接替贾南风,当晋惠帝的第二任皇后。因为孙秀与羊献容的外祖父孙旂属于同一家族,两家私交不错。为了确保自己和赵王的既得利益,并牢牢控制晋惠帝,孙秀就提议立羊献容为新皇后。

据说,羊献容刚要启程进宫,身上的衣服突然起火。等到礼毕之后见了皇上,才知道晋惠帝年过四十,相貌粗蠢,头脑愚钝,不由得大失所望,自叹命薄。出嫁时遭遇不明不白的火灾,似乎预示了羊献容一生的坎坷命运。一方面,晋惠帝司马衷是一个典型的弱智皇帝。关于他,有两个经典的笑话。晋惠帝听到蛤蟆高声鸣叫,疑惑不解地问手下:"它们是为公而叫,还是为私而叫呢?"听说百姓因没有粮食吃而饿死时,晋惠帝不禁问道:"为什么不吃肉糜(粥)呢?"聪明智慧的羊献容陪伴这位白痴一样的丈夫,恐怕再华丽的凤冠霞帔也遮掩不了她深深的失落和痛苦。另外,皇帝如此无能,必然导致宫外的诸侯王不服。于是为了争权夺利,爆发了历史上著名的"八王之乱",把西晋王朝直弄得摇摇欲坠。皇后羊献容的命运也自然跟着浮浮沉沉，大起大落。从晋惠帝永康元年（300年）被封为皇后开始至晋惠帝永兴三年（306年）晋惠帝驾崩，羊献容的皇后之位先后经历了四次废立，还险些被处决，命运在波谷和浪尖之间转换，很难想象，羊献容经历了怎样的生死之痛。其中一次，河间王司马颙看到羊献容总是被废、被立，觉得这是个麻烦的女人，将来还会被人利用，就准备杀了她。但司马颙的想法遭到许多大臣的反对，大臣们的理由是：国家大乱和一个无辜的女人有什么关系呢？司马颙大怒，把反对的人都抓起来，没有来得及理会羊献容，结果她死里逃生。

再说羊献容当前赵刘曜的皇后的故事。

刘曜是前赵开国皇帝。其父早亡，他由堂伯父匈奴贵族刘渊一手养大。刘曜"幼而聪慧，有奇度"，生性拓落高亮，喜欢读书射箭。永嘉二年（308年），刘渊称帝，建都平阳，国号为"汉"。刘曜率兵东征西战，为汉国的发展奠定了基础。刘渊对刘曜恩宠有加，封刘曜为相国、都督中外诸军事。刘渊的儿子刘聪即位后，对刘曜也非常器重。

"八王之乱"时，皇室骨肉相残，致使西晋实力大为削弱，北方的匈奴势力日益强大，并在永嘉五年（311年）被刘曜、石勒、王弥等合兵攻破。晋怀帝被活捉，王公大臣三万多人被屠杀殆尽，历史上称为"永嘉之乱"。洛阳陷落后，羊献容被俘为囚虏，成为刘曜军中大帐的"战利品"。

因攻破洛阳功高，刘聪封刘曜为车骑大将军、开府仪同三司、雍州牧、中山王。刘聪临死前，嘱托刘曜与石勒（后赵开国皇帝）共同辅佐他的儿子刘粲。后来，刘粲的岳父靳准发动政变，杀死刘粲，刘曜率军讨伐靳准。随后，在大臣和部下的拥戴下，刘曜即皇帝位，定都长安，改国号为"赵"，历史上将这个政权称为"前赵"。

刘曜称帝后，羊献容从司马皇后摇身一变成了刘赵的开国皇后。从年龄上推算，羊献容当时应当是三十岁左右的少妇，不说是半老徐娘，容貌上也已没有太大的优势。从身份上评价，羊献容曾经是亡国的皇后，如今是低贱的俘虏，能够让前赵开国皇帝青睐，再封为皇后，必有其因。

刘曜有一次问羊献容："我和你的前任丈夫司马衷相比，哪一个优秀啊？"羊献容无比感慨地说："他怎么能和陛下相提并论啊？你是开国明君，他是亡国昏君，他连自己的老婆和孩子都保护不了。他虽然贵为帝王，自己的孩子和老婆却被百姓羞辱！当时，我真想了却此生！哪里想到还会有今天？我出身于名门望族，原以为人世间的男人都不过如此。可自从跟随陛下以后才发现，天下有真正的大丈夫！"

这段话没有半点虚假或者夸张的成分，应该可以看作羊献容的肺腑之言。对于羊献容本人来讲，她一生最幸福的时光，或许就是她成为异国皇后的这段日子。刘曜视她为珍宝，不仅仅给她情感上的呵护，还让她参与决策国家大事，羊献容受到的宠爱信任可见一斑。羊献容得产后风而死，三十四岁时，这位传奇皇后永远地闭上了美丽的眼睛。羊献容死后，获谥献文皇后。

祝英台

自由婚姻与爱情的殉道者

中国是盛产爱情故事的国度。中国古代四大爱情传说（《梁山伯与祝英台》《白蛇传》《孟姜女》《牛郎与织女》）是爱情故事的巅峰代表。其中最为凄美动人的一个当属梁祝。如今，它已跨越了一千六百余年的时光，温暖着全世界人民的情感。越来越多的考据不断证实，梁山伯与祝英台的故事并非美丽虚幻的民间传说，而是东晋时期江南一带有迹可寻的史实。

祝英台生于浙江上虞祝家庄，祝家是晋室南迁时随同南下的将军门第。先辈曾经数度为朝廷效力，北伐中原。也许是受家传熏陶，祝英台并不是云鬓花颜的娇柔女子，她活泼爽朗，向往巾帼英雄，从小立志要成为一个效命疆场的女将军。淝水之战时，正值祝英台多彩多姿的童年。巾帼英雄没有当成，祝英台却熟读诗文，成了闻名遐迩的才女。她仰慕班昭、蔡文姬的才学，恨家无良师，遂说服父母，十四岁时女扮男装，到杭州负笈求学。

人生的精彩之处是缘分。求学途中，祝英台邂逅了赴杭求学的会稽书生梁山伯，两人一见如故，相谈甚欢，在草桥亭上撮土为香，义结金兰，结伴同行。从此，在杭州万松书院同窗共读的三年里，梁祝形影不离。祝英台对梁山伯日久生情，春心萌动，但又唯恐梁山伯知晓；忠厚而且年长一岁的梁山伯，竟然没有发觉祝英台是个女孩，只念兄弟之情。

祝英台毕竟是女孩子，只身在外，祝父牵挂心切，催归甚急。祝英台只得弃学返乡。梁祝分手，依依不舍。在十八里相送途中，祝英台不断借物抚意，暗示爱慕之情。怎奈忠厚纯朴的梁山伯，情窦未开，不解其意。祝英台无奈之下急中生智，谎称家有九妹，品貌与自己酷似，愿替梁兄做媒，择日相见。可是梁山伯家贫，未能如期而至。

两年后，梁山伯去上虞访看祝英台，方知情笃谊厚的同窗兄弟原为红粉之女。今日忽然小弟变成小妹，怅然若失中，三年青春时光忽又重现，一同切磋学问，相互照顾扶持，点点滴滴的兄弟往事自然都化作刻骨铭心的兄妹情思。梁山伯立即决定，央请父母携带聘礼前来求婚。但为时已晚，他岂知祝父已将祝英台许配给家住鄞城（今浙江宁波鄞州区）的太守之子马文才。

有情人终成眷属只是美好愿望。既然有了婚约，在士族之风盛行、重视门当户对的魏晋时期，这婚约是不能随意更改的，祝、马两家都是由北方迁来的体面人家，祝家是不可能因照顾小女儿的情意而丢掉脸面的。如果要埋怨，也只能怪梁山伯当初太不解风情，只能怪祝英台没有把自己的少女心事适时地告诉父母。

得知祝英台婚许马家，梁山伯顿时懊悔不已，满腹委屈，肝肠寸断。但婚约是不能废掉的，怎么办呢？痴情的女子用上了"拖延战术"，希望借时间来改变一切。主意既定，祝英台私下派人送信给梁山伯，希望他暂时隐忍一切，努力求取功名，以图借显赫的声势来扭转一切，并表示对梁山伯此情不渝。

时光荏苒，祝英台已经到了年近二十岁的晚婚年龄。男大当婚，女大当嫁。马家一再催促，祝英台的父母也心急如焚，深深爱着梁山伯的祝英台，就是不肯点头答应出嫁之事，甚至不惜以死相胁。后来得到双方家庭的允许，婚事等到祝英台过了二十岁生日再说。

果然，皇天不负苦心人，在爱情这一伟大动力的驱使下，梁山伯终于获取了功名，又恰好被任命为鄞城县令。每次想到鄞城的马文才与情妹祝英台的婚约一事，身为县令的梁山伯就郁闷难释，但衡情酌理后不便贸然行事。马家世代为官，宗族繁盛，梁山伯实在想不出什么充分的理由来横刀夺爱。忧心如焚、闷闷不乐的梁山伯忧郁成疾，不久溘然而逝。这一消息对待字闺中的祝英台就像是晴天霹雳，她怎么也没想到苦苦久候的，竟是如此一个结局。满腹凄楚，可向谁诉？她只觉得生活愁云惨雾，了无生趣，万念俱灰。但马家催婚使者不断上门。祝英台的父母用尽了方法，一面好言相劝，一面苦苦哀求，祝英台也再没有理由加以搪塞，于是心一横，答应择吉日出嫁到马家。

梁山伯死后，他的亲友遵照他的遗愿将他葬在鄞城西郊邵家渡山麓，这里是马祝婚嫁的必经之地。梁山伯的意思是要一睹祝英台出嫁时喜船路过的风采。祝英台的喜船经过邵家渡时，忽然风起，江面波涛汹涌，喜船连忙靠岸避风。众人一打听，方知岸边乃新娘昔日的同窗好友梁山伯的墓地。新娘祝英台从容上岸，前往梁山伯坟前祭拜。在祝英台的哀恸感应下，风雨雷电突然大作，就在迎亲和送亲的执事人员大惊失色时，坟地忽然裂开，英台奋不顾身地跃入坟中。接着，坟墓重新闭合，墓地上翩然飞起两只美丽的蝴蝶，在花丛中流连，形影相随。

其实，祝英台在答应出嫁的时候，便抱定了以身殉情的决心，她本来是打算在梁山伯坟前祭拜以后，头撞墓碑以结束自己的生命，不料却天从人意，省去了许多周折。当时的人都认为是天意，连朝廷都啧啧称奇。宰相谢安奏请孝武帝，敕封该地为"义妇坟"，并立庙祀奉。后来，邵家渡的山坡上时有蝴蝶双飞翩翩，民间相传，那是梁祝的化身在人间蹁跹飞舞。

梁祝故事早已成为中国最具辐射力的口头和非物质文化艺术，并走向了世界，成为全人类伟大的精神文化遗产。今天，在地球的每一个角落，几乎所有的中西乐器都在为梁祝歌唱。在缠绵悱恻、荡气回肠的音乐声中，追求自由婚姻和爱情的殉道精神，一直在感动、激励着天下苍生。我们懂得了什么才是真正的爱情，我们领略了爱情的力量究竟有多么巨大。祝英台，这个民间女子，永远陪伴着我们前行。

谢道韫

颇具林下风范的女中名士

谈魏晋时代，必谈风流名士；谈风流名士，必谈谢道韫。

谢道韫身世显赫，是东晋谢氏家族的千金。其叔父为东晋名士、宰相谢安，父亲为安西将军谢奕之。谢道韫自幼聪颖好学，才情过人，在谢家子女中深得谢安偏爱。有一天，谢安问《诗经》里哪句诗最好，谢玄回答说："昔我往矣，杨柳依依。今我来思，雨雪霏霏。"谢道韫说："《诗经》三百篇，我独喜欢'吉甫作颂，穆如清风。仲山甫永怀，以慰其心'。"这句诗表达的是周朝老臣忧心国事的咏叹。谢安听了非常高兴，称赞谢道韫"雅人深致"。有一回适逢下雪，谢安兴起，指着洋洋洒洒的雪花问孩子们："白雪纷纷何所似？"谢郎立即答道："撒盐空中差可拟。"而谢道韫悠然神想后道："未若柳絮因风起。"她加入了自己的遐想，将飞雪比喻成柳絮。这样一段吟诗偶得的佳话，成为后世文人墨客津津乐道的典故。而"咏絮之才"也成为后来人称许有文才的女性时常用的词语。

谢道韫成年后，经叔父谢安做媒，她嫁给了王羲之的二儿子王凝之。尽管王凝之禀性忠厚，行止端方，但其才华平平，并且有些迂腐。因此起初谢道韫很看不起王凝之，回娘家时向家人抱怨道："一门叔父，则有阿大、中郎；群从兄弟，则有封、胡、遏、末。不意天壤之中，乃有王郎！"

虽然丈夫不理想，但王家的门庭还是给了谢道韫很多安慰。王羲之善书法，备精诸体，与他交往的都是当世名流。谢道韫的叔父谢安就是王羲之的"粉丝"，曾参与了著名的兰亭集会。魏晋时代，"人士竞谈玄理"，清谈成为一种风气，王家成了这种文化沙龙的聚集地，经常有文人雅士围坐在一起，诗酒唱和，谈玄论辩。谢道韫也深谙此道，对玄理有很深的造诣，因此时常倾听这些论战。有一次，谢道韫听到小叔王献之与客人清谈辩论，理屈词穷，渐渐不支，当时身在自己房中的谢道韫听得一清二楚，想帮他一下，遂派遣婢女告诉王献之要为他解围。王献之喜出望外，对客人说了此事，这些人久闻谢道韫之名，当然求之不得。然而，当时的规矩是女人不能随便抛头露面。于是，婢女挂上青布幔，谢道韫置身帷帐之中，就刚才的议题与对方继续交锋。她引经据典，旁征博引，侃侃而谈，客人招架不住，只好甘拜下风。

谢道韫的容貌清丽出众，才华卓著，是公认的美女加才女，然而也有人不服。当时有个名士叫张玄，与谢玄并称"南北二玄"。张玄有个妹妹，才貌俱佳，嫁给了当时的名门顾家。张玄极力称颂自己的妹妹，谢玄自然不服，于是"张玄的妹妹更出色，还是谢玄的姐姐更卓越"，一时成了人们争论的话题。有个叫济尼的尼姑，经常出入两家，她这样评论："王夫人神情散朗，故有竹林名士的风度气韵；顾家妇清心玉映，自是闺房之秀。"

一个人的命运总是和国家的盛衰息息相关，谢道韫也难例外。

丈夫王凝之虽然才华平平，但受谢安保荐，在仕途上走得顺风顺水，从一个小吏做到了会稽内史。此时东晋王朝气数将尽，叛乱频起。隆安三年（399年），浙江爆发了大规模的农民起义，起义军以海盗起家的孙恩为首，迅速攻破了上虞、山阴，直逼会稽。此时王凝之本应设防布控，严阵以待，但他却笃信道教，整日踏星步斗，祈求道祖保佑。由于王凝之没做任何防备，孙恩的大军长驱直入，势如破竹。慌乱中王凝之带领手下突围，刚出城门就被敌人一刀砍下了脑袋，四个儿子也跟他一同遇难。谢道韫身为大家闺秀，危难之际却刚烈不逊男儿。面对敌军，谢道韫十分镇定，命令婢仆执刀仗剑，突围出城。但谢道韫一行人寡不敌众，最终还是被敌人俘虏。

谢道韫和刚满三岁的小外孙被一起带到了孙恩的帐前，孙恩以为那孩子是王氏子孙，为了斩草除根，决定当即处死他。谢道韫闻言厉声呵斥道："事在王门，何关他族？此小儿是外孙刘涛，如必欲加诛，宁先杀我！"谢道韫大义凛然的神态、义正词严的气势，竟把杀人不眨眼的孙恩震慑住了。虽然孙恩生性残忍，杀人如麻，但他早就听说过谢道韫的才名，对其胆识很是敬重。最后孙恩不但放过了谢道韫祖孙俩，还派人将谢道韫安全地送回家里。

孙恩失败后，谢道韫又从家乡回到会稽。虽然经历了丧夫失子之痛，但她并没有因此而沉沦，依然那样优雅、从容，终日以诗书为伴。会稽文风鼎盛，读书、问学的氛围非常浓厚，时常有人登门请教。谢道韫常于堂上设一素色帘帷，端坐于其中，与那些求教者侃侃而谈。她没有公开授徒，却从事着传道、授业、解惑的工作，受益的学子不计其数。

刘柳是个酷爱读书的名士，久闻谢道韫的清谈之名，新任会稽太守时，专程前往拜见。谢道韫坐于帷帐中，从容待客，"先及家事，慷慨流涟，徐酬问旨，词理无滞"。刘柳见她如此年纪，又遭遇这样大的不幸，却气质高迈，丝毫不失内心的高贵，不由得十分敬佩。告辞出门后，刘柳对身边的人感慨道："实顷所未见，瞻察言气，使人心形俱服。"谢道韫对刘柳也有知音之感，她说："自从亲人离世，孤独嫠居，深感人情凉薄。刘太守嘘寒问暖，体恤物情，真不枉见面一场。"

谢道韫在后半生写了不少诗文，《隋书·经籍志》中载有其诗集两卷，可惜大多散佚。现在传下来的，主要有《登山》《拟嵇中散咏松诗》两首诗，诗中没有丝毫的脂粉气。作为王羲之的儿媳妇，谢道韫凭着她的聪灵才气和艺术修养，在书法艺术上也有很高的造诣。后人评价她的书法，用"雍容和雅，芬芳可玩"八个字概括。

深受王、谢两大名门的深厚滋养，才华横溢的谢道韫成了中国古代女子中一道壮观而独特的风景，其风神气度丝毫不逊名士。她最令人钦佩的，不是美貌，也不是文采，而是那种任波澜起伏而宠辱不惊的淡定、那种"穆如清风"的人生境界。

苏若兰

创作回文织锦的痴情才女

回文诗，是汉语言文学艺术的独特风景，虽不壮观，但别有趣味。我国最著名、成就最高、最有代表性的回文作品，是一幅八寸见方的彩色织锦，锦面上织有八百四十一个字，安排得非常巧妙，顺读、回读、横读、斜读、交互读、蛇行读、退一字读、重一字读、间一句读、左右旋读，皆成诗章。它虽不是首开回文诗先河之作，但它构思之妙，生动地诠释了中国文字的深奥、古奇与优美，这就是我国文学艺术宝库中魅力无穷的《璇玑图》。

相较于《璇玑图》的名闻天下，创作者苏若兰的名字倒显得陌生了。

苏若兰，名蕙，约生于秦王苻坚永兴元年（357年），武功人（今陕西咸阳人），是陈留县令苏道质的三姑娘。若兰从小天资聪慧，三岁学画，四岁作诗，五岁抚琴，九岁便学会了织锦。她的超人之才远近闻名，远乡近邻争相传播。及笄之年，苏若兰已是姿容美艳的书香闺秀，上门求婚者更是络绎不绝，但均被婉拒。

十六岁那年，苏若兰跟随父亲游览名刹阿育王寺，看到有位英俊少年仰身搭弓射箭，弦响箭出，飞鸟应声落地；少年俯身射水，水面飘出带矢的游鱼。此少年姓窦名滔字连波，为右将军窦真之孙，自幼立志向学，经常在阿育王寺院内习文练武。两人一见倾心，互生爱慕之情。经人提亲，结成百年之好。

时值东晋十六国时期，天下大乱。前秦苻坚称帝长安后，选贤任能，整顿吏治，统一了北方大部分地区。窦滔入仕前秦，政绩显著，屡建战功，升任秦州刺史。后因奸臣忌功嫉能，谗言陷害，窦滔被判罪徙放流沙（今新疆白龙堆沙漠一带）。南宋钱塘幽栖居士朱淑贞所写《璇玑图记》，记述了窦滔放逐流沙后的故事。苻坚为吞灭东晋，重新起用文武双全、能征善战的窦滔，并封他为安南将军，随其子尚书令苻丕攻占襄阳。夫妻分别日久，窦滔感情生变，慢慢地宠爱上歌舞伎赵阳台，此事被留在家乡守节盼夫的苏若兰得知。长夜空闺，苏若兰孤寂怨恨，竟作诗近八百首。为了挽回自己的爱情，二十一岁的苏若兰将深深的爱、浅浅的恨织成八百四十一字的回文图锦，图锦以红、黄、蓝、白、黑、紫六色丝线织绣，纵横回旋反复逆顺读皆成诗章，可组成三、四、五、六、七言诗，一片衷情倾注其中。苏若兰把这幅图锦命名为《璇玑图》。璇玑，原意是指天上的北斗星，这幅图得名璇玑，也许是指图上的文字排列得像天上的星辰一样玄妙而有致，知之者可识，不知者望之茫然。当然，也暗寓苏若兰对丈夫的深情，就像星空一样深邃而永恒。

《璇玑图》织好后，苏若兰派人将其送往襄阳交给负心的窦滔。窦滔反复吟咏，终于从这些情真意切的诗文中读懂了身在遥远家乡的妻子的深情。他良心发现，痛恨行为之不检点，于是一方面遣离情妇赵阳台回归关中，另一方面盛装车马迎接苏若兰到襄阳，从此夫妻情好如初，愈加恩爱。

《璇玑图》至今已有一千六百多年，在社会上广为流传，历朝历代上至王公贵族下至平民百姓都争相传抄，试以句读，解析诗体，但很少有人能读出全部诗作，甚至许多人看不懂，不知令多少文人雅士伤透了脑筋。正如苏若兰所言："徘徊宛转，自为语言，非我佳人，莫之能解。"正因为如此，它虽然是一种杂体诗，但在我国文学艺术史上占有特殊地位。探讨、研究、注释、评论《璇玑图》的文人骚客、专家学者可谓多矣。大唐女帝武则天看了《璇玑图》后也"感其绝妙"，着意推求，得诗二百余首，她还亲自为之作序，有"才情之妙，超古迈今"之赞誉。宋代高僧起宗，将《璇玑图》分解为十图，得诗三千七百五十二首。宋室南迁时，《璇玑图》曾流落到江南。南宋女诗人朱淑贞记述，"家君宦游浙西，好拾清玩，凡可人意者，虽重购不惜也。一日家君宴郡，衙偶于壁间见是图，偿其值，得归遗予"。爱好古董的父亲把《璇玑图》送给朱淑贞后，她爱不释手，曾"坐卧观究，因悟璇玑之理，试以经纬求之，文果流畅。盖璇玑者，天盘也；经纬者，星辰所行之道也；中留一眼者，天心也。极星不动，盖运转不离一度之中……"，按此规律读后，赞扬《璇玑图》："五采相宜，莹心耀目……亘古以来所未有也。"明代学者康万民苦研一生，撰下《璇玑图读法》一书，说明原图的字迹分为不同颜色，用以区别三、五、七言诗体，后来传抄者都用墨书，无法分辨其体，给解读造成困难。康万民研究出了一套完整的阅读方法，分为正读、反读、起头读、逐步退一字读、倒数逐步退一字读、横读、斜读、四角读、中间辐射读、角读、相向读、相反读等十二种读法，可得五言、六言、七言诗四千二百零六首。乾隆四十六年（1781年），扶风知事熊家振撰修的扶风县志，言其读诗达九千九百五十八首。

这八百四十一个字排成的"文字方阵"，通过千奇百怪的读法，竟然能衍化出数以千计的各种诗体的诗，实在让人叹为观止。

当地老百姓为了纪念苏若兰，将位于法门寺塔西侧苏若兰织锦的巷子改名为织锦巷，在巷北城门上方镶嵌砖刻"西望绫坑"四个大字和"苏氏安机处"五个小字。更有趣味的是，今天的关中西部还盛行一种传统的地方婚姻礼俗，男女青年结婚时，女方要织许多彩色手帕赠送给新郎的亲友，用意在于警惕男方不要三心二意，爱情要专一。笔者以为，这也许是对痴情才女苏若兰最好的纪念方式。

花木兰

替父从军的传奇花将军

感谢宋代郭茂倩将《木兰辞》收入《乐府诗集》，未让历史烟云遮住花木兰光彩四射的传奇故事。虽然这个故事至今"史书无确载"，但民间述史的丰富营养越来越不容忽视。比如有学者推断，花木兰本是鲜卑奴隶身份，后凭战功跻身贵族行列，《魏书》和《北史》原本都有她的传记，但她因为女扮男装，"以事闻于朝"，犯下欺君之罪，虽经赦免，历史上的主流媒体仍然褫夺了她青史留名的机会。

花木兰是南北朝时期的历史人物。北魏太武帝拓跋焘与北方游牧民族柔然族之间爆发了一场持续二十五年之久的战争。花木兰女扮男装代父从军的故事就是在这场战争背景下发生的。当时北方游牧民族柔然族不断南下骚扰，北魏政权规定每家出一名男子上前线。但是木兰的父亲年事已高又体弱多病，无法上战场，家中的弟弟年龄尚幼，"父年迈弟年幼怎敌虎狼？""满怀的忠孝心烈火一样"，木兰决定替父从军，从此开始了她长达十二年的军旅生活。

去边关打仗，对于很多男子来说都是艰苦的事情，而木兰既要隐瞒身份，又要与伙伴们一起杀敌，这就比一般从军的人更加艰难！可喜的是，花木兰出色完成了自己的使命，凯旋回家。皇帝因为她的功劳大，赦免其"女扮男装"欺君之罪，同时认为她有能力在朝廷效力，欲委任她一官半职。然而，花木兰以家有老父需要照顾为由拒绝了，并请求皇帝恩准自己返乡，去补偿和孝敬父母。花木兰以替父从军击败入侵民族而闻名天下，唐代皇帝追封她为"孝烈将军"。

花木兰的事迹传至今天，主要应归功于《木兰辞》，这首脍炙人口的长篇叙事诗，生动地描绘出少女木兰替父从军的传奇故事，也成功地塑造了花木兰忠孝双全、机智勇敢、不慕名利的巾帼英雄形象。千百年来，木兰从军的故事家喻户晓，花木兰的巾帼英雄形象也早已深入人心。除了以诗歌传播以外，民间戏曲源源不断的艺术再创作也为木兰故事的传播贡献颇多。迄今为止，上演过木兰戏的剧种有京剧、豫剧、越剧、粤剧、昆曲、秦腔、评剧、川剧等二十多种，特别是豫剧大师常香玉，她那一声铿锵有力的"谁说女子不如男"，传遍大江南北，为天下女子着实提振了精气神。

花木兰的故事流传广远，一千多年以来巾帼英雄形象有口皆碑。但花木兰到底是不是姓花？一直以来众说纷纭，关于木兰的姓氏有多种说法。

先说"花"姓木兰。明代的徐渭在《四声猿传奇》中说她姓花，名木兰，父亲花弧是一个后备役军官，大姐花木莲，幼弟花雄，母亲姓袁，一家五口，这是至今仍为大家所接受的一种说法。"花"姓木兰显然是徐渭的杜撰，给木兰取"花"姓，为的是突出戏剧中木兰的女性美的艺术效果，这一观点在清代《曲海总目提要·雌木兰》中得到了证实："木兰事虽详载古乐府。按明有韩贞女事，与木兰相类，渭盖因此而作也。木兰不知名，记内所称姓花名弧及嫁王郎事，皆系渭撰出。"

次说"朱"姓木兰。白居易在《戏题木兰花》中云："怪得独饶脂粉态，木兰曾作女郎来。"杜牧也写有《题木兰庙》一诗："弯弓征战作男儿，梦里曾经与画眉。几度思归还把酒，拂云推上祝明妃。"这说明木兰的故事在唐代已经脍炙人口。杜诗里的木兰庙在今湖北武汉黄陂区木兰山上，山上至今还有木兰祠、木兰墓和将军坊等遗址。据《黄陂县志》记载："唐贞观年间，山北双龙镇千户长朱异得一女，十八岁女扮男装，代父从军，英勇征战十二载……封为将军，她不受朝禄，回归故里，终年九十，葬于木兰山北。"明代焦竑在《焦氏笔乘》中也说："木兰，朱氏女子，代父从征。今黄州黄陂县北七十里，即隋木兰县。有木兰山、将军冢、忠烈庙，足以补《乐府题解》之缺。"

再说"魏"姓木兰。"魏"姓木兰之说源于碑刻记载，在河南虞城县营廓镇内，现存有记录木兰的生平故事的古碑刻两通。一通为元代《孝烈将军祠像辨正记》碑，碑文详细记载了木兰的身世和历代修祠情况。此碑立于元宁宗时期，经鉴定确属元代石刻真品，这是目前发现的记载木兰事迹的最早碑刻；另一通为清代《孝烈将军祠辨误正名记》碑，立于嘉庆十一年（1806年），碑文上言："营廓镇北二里许孝烈将军祠，乃隋末魏氏女，讳木兰，未字真人，闺阁奇英者也……"二十世纪九十年代，虞城县开始举办中国木兰文化节，与会专家在分析了《木兰诗》和现存碑刻后认为，木兰应姓"魏"，故乡在河南虞城。此外，还有"韩"姓木兰的四川阆中人和复姓"木兰"的鲜卑族人等说法。

  "木兰"究竟姓什么呢？最具权威的《辞海》解释为："木兰姓氏或作花，或作朱，也作木，均无确证。"也就是说，木兰具体姓什么，至少在今天仍然还是个未解之谜。千百年来，忠孝勇柔的花木兰一直是受中国人尊敬的一位女性。虽然其身世模糊，但英雄魅力无限，正如《中国文学发展史》所言："考证这些无稽之谈，实在没有一顾的价值，我们只要知道花木兰是一个北方英勇女性的代表就够了。"

冼夫人

中国巾帼英雄第一人

南北朝时期,一南一北各出了一位巾帼英雄。北有花木兰代父从军,南有冼夫人威震岭南。花木兰事迹渺无可考,但冼夫人的一生传奇史有详记。冼夫人(约512年—602年)本名冼英,系高凉(今广东高州)人,岭南土著民族的杰出首领,她始终以促进民族和睦和国家统一为重,协助中央政府打击岭南地区的分裂割据势力,使岭南多年免于兵灾,使汉越得以和平共处,使海南岛成为中国稳固的疆土,被岭南百姓奉为"岭南圣母",1957年周恩来称之为"中国巾帼英雄第一人"。

冼氏家族世代为南越首领,冼夫人从小就贤明多智,她反对高压手段,屡屡规劝亲族善待部众,因此以信义广被乡邻认可。担任梁州刺史的兄长冼挺仗势欺人,致使民怨不断,经冼夫人苦口婆心劝谏,最终弃恶从善。冼夫人长大后,嫁与高凉太守冯宝为妻。冯家世代为官,但系迁入的外族。嫁入冯家后,冼夫人强调要尊重当地的民风习俗,依礼行事。她还经常和冯宝一起处理诉讼纠纷,即便亲族犯法也绝不徇私,因此在当地颇具威信。

南朝梁武帝太清二年(548年),大将侯景在寿阳起兵反叛,将梁武帝围困于建康台城并致其活活饿死。冼夫人和丈夫冯宝联手,智取岭南,支持叛乱的高州刺史李迁仕,全力支持有勇有谋的长城县侯陈霸先,最终平定了侯景之乱。陈霸先代梁为陈称帝后,冼夫人被封为保护侯夫人。这是她第一次公开以武力参与平定叛乱。

冯宝去世后,冼夫人以自己的威望聚集部众,成功安抚岭南百越,境内安然无事。儿子冯仆年方九岁,被陈武帝拜为阳春郡守。不久广州刺史欧阳纥谋反,并引诱冯仆参与行动,冼夫人斩钉截铁地表态:"我们家做忠臣至今已经两代了,坚决不能有负于国家。"冯仆果断派兵拒敌于境外,并率百越诸部与朝廷派来征讨的将领章昭达内外夹击,最终使欧阳纥军溃被擒,冯仆母子因此得到陈朝册封。

在陈朝灭亡,隋朝取而代之后,岭南迟迟没有归附,诸郡共同尊奉冼夫人，称之为"圣母"。冼夫人念念不忘陈朝对冯冼家族的恩德，全力将隋军阻于岭外。隋朝晋王杨广让陈后主亲自写信给冼夫人，"谕以国亡，令其归化"，并附上当年她献给朝廷的犀杖和兵符。冼夫人在验明信物，确信陈朝已灭亡之后，"集首领数千，尽日恸哭"，然后率众归顺隋朝，岭南诸州悉为隋地，隋朝由此成为中国历史上又一个大一统的封建王朝。冼夫人被册封为"宋康郡夫人"。次年，番禺将领王仲宣造反，岭南不少部族首领起兵响应。叛军将隋使韦洸围困于广州，并驻军于衡岭。冼夫人派遣孙子冯暄率兵救援。冯暄与王仲宣的部将陈佛智关系亲密，因此按兵不动，结果贻误战机。冼夫人发现后大怒，派人将冯暄抓起来投入州狱，将陈佛智斩首，改派另一个孙子冯盎出讨叛军。后来冯盎与官军会师，最终击败了王仲宣。冼夫人还不顾年事已高，亲自披甲上马，带领部众护卫隋使裴矩巡抚各州县，恩威并用，岭南诸位首领皆来参拜。隋文帝杨坚因此拜冯盎为高州刺史，赦免冯暄，并拜其为罗州刺史；追赠冯宝为广州总管、谯国公，册封冼夫人为谯国夫人，并允许她"开谯国夫人幕府，置长史以下官属，给印章，听发部落六州兵马，若有机急，便宜行事"。

巾帼英雄开幕府，这在中国历史上实属罕见。在冼夫人之前，自从汉朝贾捐之《弃珠崖议》后，海南基本处于自治状态，海南岛长期孤悬南海，中原皇权只是象征性地遥控统治，被称为"象郡之外徼"。冼夫人一直在寻求中央政权对海南的有效的行政管理方式。梁大同年间，冼夫人以南越部族首领的身份"请命于朝，置州（即崖州，今海南）"，进行有效的管理。她接受皇帝任命，亲自主持海南岛归属中央的重建工作，从而结束了多年"久乱不统，不能一日相聚以存"的历史，脱离中央政权将近六百年的海南岛永远回归祖国怀抱。这是冼夫人为海南、为国家所作的政治贡献中功劳卓著的一件事。冼夫人作为岭南的实际管理者，多次巡抚海南，有效地维护了当地的安定团结。隋朝委派赵讷为番州总管，管辖岭南事务，但是赵讷贪虐害民，激起民变，冼夫人派遣长史张融上书朝廷，请求对赵讷予以惩处。隋文帝特地降敕并委托冼夫人招慰亡叛，冼夫人不顾年高，亲载诏书历十余州宣述圣旨，四抚百越。她以"圣母"之威望，所到之处无不降服。隋文帝有感于冼夫人的安抚之功，特地赐她临振县（今海南三亚）汤沐邑一千五百户，孙子冯仆为崖州总管、平原郡公，这使得琼南乃至整个海南实际属于冯冼家族世袭领地。冼夫人对海南的历史进程产生了巨大影响,后人将她与宋朝敷扬文教的苏东坡合称为海南"文武双璧"。

在中国传统文化中,"忠君"和"报国"两个概念常常难以分别,相关人物在改朝换代后迅速向新朝效忠,常被讥为"朝秦暮楚"的失节者、降臣、贰臣、风派,深受诟病。冼夫人历仕三个朝代、五代君主,也曾被评价为"见风使舵"的政客。但正如她自己所说,她之所以如此,不过是"唯用一好心"。冼夫人始终以"中央政权"为标的,维护岭南百年的和平,减少了流血和杀戮。因此她的举动能够被历朝历代所接受。她将梁、陈、隋三朝所赐礼品分三个仓库保管,逢年过节,总要将它们取出展示在庭院中,并对子孙们说:"你们应当尽心尽力辅佐朝廷。我先后侍奉三个朝代,就是致力于维护国家和民族的统一。我之所以将历朝皇上的赏赐保留下来,就是希望你们能够常思忠孝之道。"冼夫人的训诫,值得每一个后人深思。

隋文帝仁寿二年(602年),冼夫人去世,享年九十一岁,朝廷谥其为"诚敬夫人"。今天海南岛民间主要的节日——"军坡节"就是用来纪念冼夫人的。据统计,在海南各地,奉祀冼夫人的庙宇最多时达到两百余座。这些庙宇,有的直称冼夫人庙,有的则称宁济庙、柔惠庙、慈佑庙等。冼夫人在海南有很多尊称,如冼太夫人、谯国夫人、圣母娘娘、清福夫人、懿美夫人、正顺夫人、梁沙婆、儋耳婆等,斯人虽去,椰风不老,一代巾帼在海南民间、中华大地留下了永远的生命力!

苏小小

迥然于世俗的钱唐名伎

题目中用了两个生僻的词,一是钱唐,而非钱塘,是想告诉读者,在苏小小生活的年代,今日的钱塘叫钱唐;二是名伎,而非名妓,很明显,苏小小的身份远不是众口铄金的那么肮脏。

说苏小小,必须先说西子湖。杭州西湖以自然风光和历史文化的密集融合而名动天下,比如这里的断桥、长桥、西泠桥,就是景区的三大情人桥。断桥属于白娘子与许仙的伞缘相遇之地,长桥属于祝英台与梁山伯的十八里相送之地,而西泠桥则属于苏小小一个人的痴情相守之地。

西泠桥畔有一个小而精致的墓,这个墓是苏小小的墓。这其实是西湖风景与文化最深处的符号。有人说,如果你不知道苏小小,那你根本不懂得如何去欣赏西湖。几乎每一个知道苏小小的人,站在这里,都会发出悠悠的长叹和深深的感慨。

拥有诗一样的名字的苏小小,也有着诗一样的人生。

苏小小生活在南齐时代,生平已无详考。据说,苏小小家先世曾为东晋官员,晋亡后举家流落到钱唐做生意,到了苏小小父母这一代,苏家已成为当地的富商。苏小小是父母的独生女儿,自小被视为掌上明珠,因长得玲珑娇小,被取名小小。苏家虽是商贾之家,但沿袭了祖上的书香遗风,苏小小深受熏陶。苏小小长得眉清目秀,聪慧过人,自小能书善诗,文才横溢。可惜好景不长,十五岁时,苏小小的父母相继谢世。孤苦伶仃的苏小小正是多愁善感的年纪,住在城中旧院,睹物思人,伤心难平。在乳母贾姨的帮助下,苏小小变卖了城中的家产,移居到城西的西泠桥畔,靠父母留下的积蓄生活。苏小小聪敏美丽,率性活泼,玲珑秀美,气韵非常,她的身后总有许多风流倜傥的少年跟随。没有父母的管束,苏小小也乐得和文人雅士们来往,常在她的小楼里以诗会友。苏小小的门前总是车来车往,她成了钱唐一带有名的艺伎。

"燕引莺招柳夹途,章台直接到西湖。春花秋月如相访,家住西泠妾姓苏。"诗句出自苏小小之手,文如其人,温婉而又率性。细细品读,鲜明无羁的性格、千回百转的情怀充盈诗中。这时候的苏小小，青春似雨后杨柳，迎风摇曳，曼妙婀娜。社会名流纷纷慕名而来，钱唐城内巨富钱万才数次登门，愿以千金娶小小为侍妾，都被小小婉拒。苏小小虽为艺伎，广交朋友，但不是自甘堕落的寻常烟花女子。她洁身自爱，期待着属于自己的爱情。

阳春三月，草长莺飞，钱唐风光最是迷人，苏小小的爱情悄悄来了。她乘油壁车游春踏青，偶遇当朝宰相阮道之子阮郁。阮郁腹有诗书，气度不凡，关于两个人是如何一见倾心的，各种版本各尽所能，浓墨重彩，尽是才子佳人的锦绣篇章。之后两人如胶似漆，形影不离，在湖山之间度过了一段醉人的日月。苏小小还为他们的幸福生活写下一首《同心歌》："妾乘油壁车，郎跨青骢马；何处结同心，西陵松柏下。"美好的日子总是过得太快。不久，两人相爱的消息传到了都城建康，阮郁的父亲听到消息后气得差点昏倒：堂堂宰相之子娶了艺伎，岂不被天下人耻笑！于是阮父设计将阮郁逼回了家乡。阮郁自从走后，音讯杳然。苏小小日思夜想，却始终不见情人回来。

苏小小才貌俱佳，芳名远播。上江观察使孟浪早就仰慕苏小小，希望一睹苏小小芳容。来到钱唐之后，他特意派人请苏小小到他府上。可是派去的人却一连几天没能见到苏小小，他们怕被责罚办事不力，所以就对孟浪报告说苏小小不肯见孟浪，还添油加醋地告了苏小小一状。孟浪勃然大怒，下令把苏小小抓起来问罪。不过如果他直接出面捉拿苏小小，而苏小小又没有犯什么错，传出去是会让人笑话的，于是他玩了个把戏，他命钱唐县令捉拿苏小小。不过这位县令也是一位爱慕风雅的人，与苏小小关系不错，他马上把这个消息告诉了苏小小，还献计苏小小自毁衣冠，不加修饰，向孟浪负荆请罪，这样也许孟浪会放过她。未料苏小小不纳其言，反而盛装去见孟浪。孟浪故意为难，当即命题，要苏小小以梅花赋诗一首。苏小小脱口而出："梅花虽傲骨，怎敢敌春寒？若得分红白，还须青眼看。"诗句不卑不亢，暗示自己不敢与孟浪作对。孟浪十分高兴，不但没有进一步为难苏小小，还厚赏了她。

冬去春来，当年信誓旦旦要回来的阮郎，仍然音信全无。苏小小情深难弃，痴守以盼，思念成疾。这一年秋，她出门排解心中愁绪，遇到穷困潦倒的书生鲍仁，相识之后，苏小小觉得鲍仁落魄中不坠青云之志，并非庸俗之辈，便主动慷慨解囊，提供钱物，资助鲍仁赴京赶考。

可惜红颜多薄命，苏小小遭受相思之苦时又感染上了风寒，病情日渐加重，不久便香消玉殒了。苏小小离世时，鲍仁已金榜题名，奉命出任滑州刺史。赴任途中，鲍仁专程绕道钱唐来向小小道谢，奈何苏小小却已抑郁而终，魂断西泠桥。鲍仁抚棺痛哭。闻得苏小小的遗愿："交际似浮云，欢情如流水。心迹又有谁知？小小别无所求，只愿埋骨于西泠，不负一片山水痴情。"鲍仁便在西泠桥畔风水佳处造墓。慕名前来凭吊的人越来越多，有心人又在墓侧建亭，取名为"慕才亭"，亭上题有一副楹联："千载芳名留古迹，六朝韵事著西泠。"此墓、此亭、此联，随同苏小小，一起成了不朽的文化传奇。

苏小小辞世的时候，年仅十九岁。十九年短暂的生命，却是光彩夺目的人生。在小楼庭院，苏小小为阮郁流过相思的泪水；在西泠桥头，苏小小为鲍仁折过离别的柳枝。她对待爱情坚贞不渝，不为权贵所动；对待落难之人慷慨相助，不计回报。她的真、她的美、她的多情、她的率性，暗合了风流男人们的情趣志向，一千多年来，苏小小成了中国文人学士心中的一个自由梦。南齐以降，凡到钱唐的文人骚客，无不前往苏小小墓前凭吊，历代名家大腕纷纷涉笔，诗词歌赋佳作迭出。在以儒教为主流的国度，一位短命艺伎竟如此尊贵地长久安享景仰，实在不是一件容易的事。这显然不是因为她的身份和才华，而是因为她迥然于世俗的人生态度催发了后代文人膜拜自由灵魂的浪漫情怀。

沈婺华

变身为观音菩萨的传奇皇后

民间有一个广泛的疑问,观音菩萨是男还是女?佛经中,释迦牟尼称观世音为"善男子",可见观世音原本是男身。《华严经》载:"见岩谷林中金刚石上,有勇猛丈夫观自在(观世音),与诸大菩萨围绕说经。"勇猛丈夫自然是指男性。《太平广记》与《法苑珠林》也说观世音是男性。然而,唐朝以后的观世音像大多是女身;如今民间所见的观音像和观音画几乎全是女身。那么,观世音是如何变为女身的?这不能不提到传奇皇后沈婺华。

沈婺华是陈朝后主陈叔宝的皇后,也是陈朝最后一位皇后。她出身高贵,父亲是尚书吏部侍郎、永安亭侯沈君理,母亲是陈朝开国皇帝陈霸先的女儿会稽穆公主。沈婺华幼小时,母亲早逝,她悲痛欲绝,即使服丧期满后,每年到了祭日,她仍恸哭不止,其哀恸之情感动远近。陈叔宝的父亲陈宣帝听闻沈婺华慈善孝顺、端庄沉静,便招之入宫,纳为太子妃。

沈婺华是个聪明博学的贤淑型才女,遍读经史书籍,擅长吟诗作文,有《陈后主沈后集》十卷,收录于《隋书·经籍志》,现已散佚。沈婺华虽有翰墨之才,但无衣饰之好,恬静寡欲,居处俭约,不会撒娇,不肯献媚,因而并不讨陈叔宝欢心。后来父亲沈君理因病去世,从小就有孝心的沈婺华,由于为父亲服丧守孝,便和当时身为太子的丈夫陈叔宝分居了很长时间。再说陈叔宝本来就是一个见异思迁、贪恋美色的人,在沈婺华为父守孝的这段时间里,他先后迷恋上了张丽华和孔氏两位美人,本来就不浓厚的夫妻感情就更加淡薄了。

陈叔宝做了皇帝之后,虽然沈婺华作为发妻顺理成章地被立为皇后,但受宠的张丽华和孔氏分别被立为贵妃、贵嫔,同时陈叔宝又纳了不少美人充实后宫。特别是贵妃张丽华,发长七尺,光可鉴人,眉目如画,宛若仙子,聪明灵慧,善于察言观色,又好魇魅之术,因此成为陈叔宝始终最宠爱的妃子。陈叔宝对她言听计从,以至于后宫的各种事情都不让皇后沈婺华插手,而是让张丽华全权打理,即所谓"后宫之政并归之"。沈婺华虽受冷遇，却"无意苦争春"，她既没有怨恨陈叔宝，也没有妒忌张丽华，而是每日"唯寻阅图史、诵佛经为事"（《陈书》），淡定从容，博览群书，潜心向佛，修身养性。

沈婺华如此好佛，超然度外，为日后遁入空门埋下了伏笔。

但是作为皇后，沈婺华尽职尽责，也不忘国事。东宫孙姬产下陈叔宝的长子陈胤后即病亡，沈婺华怜悯孙姬薄命，就将陈胤养为己子。陈叔宝即位后，陈胤被立为太子。但随着贵妃张丽华步步得宠，陈叔宝渐渐爱重张氏所生之子，对太子日益厌恶。后来陈胤被废黜为吴兴王，张丽华所生之子陈深被立为太子。眼看着丈夫沉湎酒色，朝政日益荒芜，沈婺华多次上书谏诤，结果触怒了陈叔宝。陈叔宝一度想废黜沈婺华，改立张丽华为皇后，后因隋兵压境未能施行。陈朝兵败时，张丽华因"祸水误国"被斩于建康城外清溪桥畔。陈叔宝的众妃嫔都被隋军掠夺，沈婺华皇后却因贤惠而受到礼遇，与陈叔宝一起被押至长安，后转至洛阳。隋文帝对陈氏宗室给予了宽大处理。陈朝亡国十六年后，五十二岁的陈叔宝在河南洛阳去世，沈婺华不计前嫌，亲自为他写哀辞，文辞痛切感人。继位的隋炀帝对沈婺华的贤良品德十分敬佩，优厚待之，每次出巡都让其随驾出行，一方面是为了借其贤德笼络民心，另一方面也是向沈婺华示以礼遇。

隋炀帝大业十四年（618年），隋炀帝在江都被宇文化及杀害，隋朝灭亡。沈婺华感叹世事无常，命运多舛，加之她早年好佛，遂从广陵渡过长江回到故乡，后来在毗陵（今江苏武进）的天净寺出家为尼，法号观音。唐高祖武德四年（621年），隋末农民起义领袖李子通因兵源短缺，抓丁抗唐，老弱妇少都不能幸免。有人不忍让他们到战场送死，便悄悄跑到天净寺，求观音沈婺华想法搭救。为使这些百姓免遭杀戮，沈婺华巧设计谋，在六月十九日成功地组织了"千人出逃"，接着她又巧扮天神，挡住了追兵。救走百姓后，沈婺华自知官府不会放过她，于是当夜乘船顺运河北上，潜入东莱山（今山东莱州），在白云庵内修身七年。

逃到全国各地的这一千余人，为感恩观音沈婺华，纷纷画像供拜。她端庄、博学、慈悲、爱民、至圣至贤、法力无边的形象，成为真善美的不朽化身，受到了广泛推崇，逐渐演化成为大慈大悲、救苦救难的"观音菩萨"。沈婺华的事迹迅速传遍全国，慢慢地，"千人出逃"被谐音说成"观音出道"，六月十九日也被后世传为"观音出道日"。观音沈婺华的名声越传越广,甚至惊动了后来的唐太宗,他派朝中官阶最高的三公(太尉、司徒、司空)赍旨,用帝后乘坐的玉辇和銮驾接沈婺华去京都长安。"寅时东方一抹红,笙琵鼓乐催天明,万民顶香迎路拜,恭送大士赴帝京。""黄罗玉辇绕金凤,龙旌銮仗拥驾行,大士懿德传千年,东莱兹此祥瑞生。"东莱刺史牛方裕所写的这两首诗,就再现了当年唐太宗大张旗鼓接沈婺华入京时的盛况。白云庵因是沈婺华得道的地方,故被称为"天下第一庵"。唐朝贞观初年,沈婺华功成圆寂,与世长辞。

  沈婺华的一生,陪伴了一代后主,从皇后到尼姑,经历了一世荣衰,见证了两个王朝的灭亡,受到了两位皇帝的礼遇,生活波澜起伏,她始终处变不惊,不禁令人扼腕长叹。但在那个动荡不安的时代,这样的一生未必是悲剧性的一生。作为一个潜心修行的女子,借用佛家一句话,沈婺华也算功德圆满了啊。

张丽华

井口上的一抹胭脂红

曾为六朝金粉之地的南京，至今不乏纸醉金迷的遗存。在东南大学校园内六朝松附近，有一口石材质地的古井，叫胭脂井，又名辱井。一千多年前，这里是一座皇宫，名叫景阳宫，这口井就叫景阳井。

胭脂井见证了一出荒诞而又真实的历史悲喜剧。当年名满天下的风流人物陈叔宝和张丽华，尽管早已被历史雨打风吹去，但他们的故事却在一直流传。

东晋自定都建康开始，历经近三百年，朝代更迭，暴政虐民，最终以陈后主酒色误国，方告结束。陈后主精通音律、工于诗文、才华横溢，尤擅粉词艳曲，其专为爱妃张丽华创作的爱情诗《玉树后庭花》曾经让古往今来众多文人墨客不吝溢美之词。陈后主在二十九岁时当上了皇帝，本应在年富力强之时加倍努力、奋发图强，以自己的才华和精力治国理政，遗憾的是，他倚重宠臣，纵情声色，朝夕达旦地与一群嫔妃、宫女以酣饮赋诗为乐，不理朝政、不问国事。最为荒诞的是，他居然将贵妃张丽华搂在怀里、置于膝上临朝议政。

张丽华何许人也，竟能享此恩宠？原来，她出身卑微，家境贫寒，父亲以织卖草席为生。长到十岁时，已是一副花容月貌的张丽华被采选入宫。凭着出众的相貌和伶俐的口齿，她被分到太子宫做良娣龚氏的宫女。良娣是太子妾之一种，地位较高，仅次于太子妃。龚良娣也是一位上等美人，很受陈叔宝宠爱。她担心风流成性的陈叔宝做了皇帝后会将人老珠黄的自己置之不理，于是精心调教天生丽质、生性乖巧的张丽华，希望有朝一日仰仗于她。就在龚良娣身边，陈叔宝发现了天生夺人之貌的张丽华。看到小宫女清丽绝伦，陈叔宝掩饰不住喜爱之情。龚良娣深知陈叔宝贪慕美色的脾性，却也不能因为拈酸吃醋而惹怒了他，于是婉转又不失体面地对陈叔宝说："她年纪尚幼，恐微葩嫩蕊，不足以受殿下采折。"此时的陈叔宝还只是南陈太子，是一个懒得过问政事却只喜欢在女人和文人堆里消磨时间的花花公子。顾不得微葩嫩蕊不堪采折之说，不久，陈叔宝便找了个机会将张丽华据为己有。

陈叔宝即位后,太子妃沈婺华被册封为皇后,张丽华因生下皇子,被破格升为贵嫔,与孔贵嫔、龚贵嫔等并列。此时的张丽华已今非昔比,不再是任人呼来唤去的小婢,而是宠冠后宫的主子,是皇帝最信任的女人。一个小宫女在短暂的时间内能够占据如此重的分量,天仙一样的相貌固然不可少,但在美女如云的皇宫,只有天仙之姿万万不够,没有一点心计恐怕难得专宠。史料对张丽华的形象的描述,可以归纳如下:她是与远古时期的玄妻齐名的长发美女,发长七尺,光可鉴人,眉目如画,宛如仙子,明眸善睐,博闻强记,并有雄辩之才。

史书中关于张丽华的宫廷生活的记载并不详细,但是人们仍旧可以通过陈后主的家事变化,看到此女的影响。陈叔宝即位三个月后册立太子。正宫娘娘沈皇后没有儿子,很早就把陈叔宝小妾孙姬的儿子陈胤过继了过来。按照立嫡立长的规矩,陈叔宝立陈胤为太子,可是两年后便将其废掉,立张丽华之子陈深为太子。这两年间,张丽华为太子之事做了哪些手脚,正史上几乎无处可查。

母以子贵,陈深被立为太子,其母张丽华就要当皇后。沈皇后端庄宽容,好读史书典籍,喜欢过朴素寡欲的日子。尽管陈叔宝不喜欢她,但沈皇后不失为一位称职的皇后,废后一事为道理所不容,直到亡国,这废后之事也没有成功。虽然不是皇后,但张丽华却执掌着后宫大权。生性淡泊的沈皇后并不以为意,一如既往地以读书为乐。而张丽华又从后宫走上朝堂,与皇帝一起决断国家大事。

张丽华自幼聪颖,博闻强识,这时候,这些能力全都派上了用场。后宫、前朝之事,事无巨细,都先上报给张丽华,"人间有一言一事,贵妃必先知之,以白后主,由是益加宠异,冠绝后庭"。张丽华的权力越来越大,因而流传有南朝只知有张丽华,不知有陈叔宝之说。向陈叔宝进谏说女人乱政的忠臣多被贬杀,朝纲在张丽华和宦官的手下更加混乱。

就在陈叔宝沉迷于《玉树后庭花》的靡靡之音苟安江南的时候,北方强大的隋朝日益壮大。隋文帝开皇九年(589年),隋文帝杨坚命晋王杨广进兵伐陈。守将告急求救,陈叔宝自恃长江天堑可守,不予理会。次年正月,隋将韩擒虎强渡采石矶,攻入建康城,陈叔宝方才酒醒。此时,城内文武百官皆各自逃遁,只有尚书仆射袁宪和后阁舍人夏侯公韵侍奉在侧。袁宪苦谏其应效仿当年梁武帝见侯景一样"正衣冠，御正殿"。后主不听劝告，诚惶诚恐、六神无主，走投无路之际，竟自称"吾自有计"，强携贵妃张丽华和孔贵嫔避难于景阳井中。夜晚，隋军经过景阳井，朝井内大呼，扬言要往井中落石。顿时井中传出叫声，隋军士兵随即引绳将井中三人一并拉出。粉面黛目的张、孔二位嫔妃涕泪俱下，胭脂沾满井石台，以帛拭之不去，遂留下胭脂痕迹。陈朝从此灭亡。宋人杨备有感于此，作诗讽刺曰："擒虎戈矛满六宫，春花无树不秋风。苍惶益见多情处，同穴甘心赴井中。"宋王元甫也有诗曰："隋兵动地来，君王尚晏安。须知天下窄，不及井中宽。楼外烽交白，溪边血染丹。无情是残月，依旧凭栏杆。"

"溪边血染丹"一句，是写张丽华被斩杀于清溪桥畔。关于陈叔宝的宠妃张丽华之死众说纷纭，一直是个悬案。据《陈书·张贵妃传》和《南史》记载，是晋王杨广下令将张丽华斩首，因为陈后主沉湎于美色而亡国，杨广就杀了二妃，害怕她们再遗祸隋朝。据《隋书》和《资治通鉴》记载，杨广素慕张丽华之美，曾私下嘱咐部将高颎在建康城中寻到张丽华后，务必留下她的性命。但当高颎看到张丽华妖媚的样子后，果断地对使者说："昔太公灭纣，尝蒙面斩妲己，此等妖妃，岂可留得。"遂斩张丽华于青溪桥畔。如果事实果真如此，这也算是后来杨广登基为帝后诛杀名臣高颎的起因吧。是杨广下令杀死张丽华，还是高颎私下做的决定，这两种说法都有史可依，也都有相应的道理。

也有民间传说，当年高颎并没有斩杀张丽华，而是将她流放。杨广因为死不见尸，因而一直对张丽华抱有幻想。张丽华流放外逃，辗转来到南岳衡山，削发为尼，皈依佛门。后来杨广听到传闻，当即遣人接她下山。张丽华提出的条件是，既然已经削发皈依，除非重新长出如云长发，在藏经殿前的山溪里钓出金色鲤鱼，否则绝不下山。不料就在当晚，张丽华陡然黑发如瀑，次日天亮，有人就在山溪里钓出一条活蹦乱跳的金色鲤鱼。今天的衡山藏经殿附近，保留有美人泉、梳妆台、钓鱼台等景点，令无数游人流连忘返。

如今，知道胭脂井的人不少，但真正凭吊它的人不是很多。倒是唐朝大诗人杜牧的名篇《泊秦淮》（"烟笼寒水月笼沙，夜泊秦淮近酒家。商女不知亡国恨，隔江犹唱后庭花"）常常勾起人们对历史兴衰更替的反思。

萧美娘

嫁与六位皇帝的乱世红颜

如果给历史上的美女们按姿色排序，位列第一的也许是她。尽管她没有四大美女之一的名头，但她一生被六位皇帝揽入怀抱的经历，足以力证她不愧为美女中的无冕之王。很遗憾，和历史上的许多女性一样，她的真实名字被史书忽略，我们只能从小说《说唐》和评书《隋唐演义》里知道，她叫萧美娘。

萧美娘的命运和当时盛行的占卜术息息相关。她二月出生于帝王之家，是西梁孝明帝的四女儿，按当时江南的风俗，二月出生是灾星。还在襁褓中的女婴，便被粗暴地送出皇宫，后来又从叔叔家转到了舅舅家，于是，她成了流落民间的金枝玉叶。乡野淳朴的生活毕竟遮不住绝代风华。一个占卜奇人曾为她的美貌而惊奇不已，仔细推算了其生辰八字，最后得出了八个字的结论："母仪天下，命带桃花。"而她以后的人生经历似乎正好印证了这八个字。她自十三岁做了晋王妃后，便开始不断地被迫更换身份，先后成为隋炀帝的皇后、宇文化及的淑妃、窦建德的宠妾、两代突厥番王的王妃，最后又成了唐太宗李世民后宫中的昭容。沧桑而华丽的一生，也许可以看作对萧美娘的"桃花劫"命运的注解。

这场"桃花劫"的始作俑者，应该是接受北周静帝禅位的隋文帝杨坚。为了表彰在平陈战争中功绩显赫的二儿子晋王杨广，杨坚下诏天下为之选妃。这次是生辰八字惹的福，挑来挑去，刚满九岁的萧美娘被选中入朝。

杨广富有奸雄之才，城府颇深。这在他争夺皇位上就表现得淋漓尽致。本来他哥哥杨勇是太子，但杨勇为人骄纵霸道，一副"我是太子我怕谁"的姿态，特别是他好色淫逸，对父皇母后为他娶的太子妃元氏置之不理，终日和偏房云昭仪贪欢。结果元氏受不了这委屈，上吊自杀了。而杨广像个技艺超群的演员，虽然也是贪恋女色之徒，但他善于隐忍，"矫情饰行，以钓虚名"，在朝野上下赢得了很好的声望。最终，隋文帝杨坚和独孤皇后一怒之下废掉杨勇的太子之位，把杨广推上了太子宝座。这时距离杨广与萧妃完婚已经七年了，也就是说，这对颇有心计的小夫妻，在母亲独孤皇后面前整整演了七年的悲情苦戏。

　　隋炀帝觊觎已久的皇位终于到手，再也没有谁能约束他了，因此他就彻底露出贪欢好色的面目来。杨广纵情淫乐而又好大喜功，在位的十几年间，广征天下美女，大肆营建东都洛阳，远征高丽，挖掘运河，大隋王朝腐败横行，官府横征暴敛，民不聊生。在他第三次游玩扬州之时，李渊、李密、窦建德等人纷纷举兵，揭竿而起，天下大乱。杨广无奈之下迁都江都（扬州），隋朝江山摇摇欲坠。

　　扬州明月之夜，身为皇后的萧美娘忧心忡忡，无计可施。隋炀帝大业十四年（618年）春天，时任太原留守的李渊举兵攻下长安，宇文化及与其兄长宇文智及在扬州起兵造反，有人禀告皇后，萧氏摆了摆手，惋叹道："天下事一朝至此，势去已然，无可救也。何用言，徒令帝忧烦耳。"宇文化及率兵入宫，刚满五十岁的隋炀帝在寝殿西阁被缢杀。

　　其实，在隋炀帝终日寻欢作乐的时候，空虚寂寞的萧美娘早已成为右屯卫将军宇文化及的情人。她责备宇文化及恩将仇报，要求他按天子之制为隋炀帝举行葬礼。宇文化及满足了她的要求，同时也把昔日的皇后情人纳为偏房。宇文化及得到了萧皇后之后，竟然忘了政治扩张。这时，在中原一带起兵的窦建德势力快速增长，其兵马长驱直入，节节胜利，直逼江都。宇文化及抵挡不住，连连败退，最后带着萧皇后，率众北走魏县，并急忙自立为许帝，萧皇后被封为淑妃。但很快，魏县又被攻破，他们仓皇退往聊城，窦建德率军紧追，最后攻下聊城，杀死了宇文化及。作为胜利者的窦建德除了收缴宇文化及的金银珠宝外，自然还收缴了魅力不减的萧皇后，他把宇文化及的淑妃变成了自己的王妃，从此纵情于声色，忘记了逐鹿中原的初衷。

　　这时，北方突厥人的势力迅猛地发展起来，大有直取中原的势头。二十年前，因为与突厥和亲，隋文帝杨坚把宗室之女义成公主远嫁给了启明可汗，义成公主是隋炀帝的妹妹、萧皇后的小姑，当她听到李渊已在长安称帝，又打听到萧皇后的下落，就派使者来迎接萧皇后。窦建德不敢与突厥人正面对抗，只好乖乖地把萧皇后交给来使。经历了颠沛流离的生活的萧皇后依然天生丽质难自弃，到了突厥后，自然又被突厥可汗迷恋，于是她再一次华丽转身，变成了番王的爱妃。后来，老番王死了，由颉利可汗继位。按突厥人的风俗，老番王的妻妾——义成公主与萧皇后姑嫂两人又被新任番王接纳，成为他的妻妾。那个在长安城里、江都月下曾经光彩照人的绝色美人，不知在草原牧场、大漠寒风中，该有怎样的命运感慨？！

一晃十年过去了。唐太宗贞观四年（630年），唐朝大将李靖大破突厥，义成公主死了，颉利可汗遭擒，萧皇后再次回到了长安。这时萧美娘已是半老徐娘，而唐太宗李世民才三十三岁，但据野史和笔记小说记载，萧美娘入朝时，李世民见她云髻高耸，雾鬓低垂，腰似杨柳，脸似牡丹，美眸流盼，仪态万千，完全没有年事已高之人会有的老态，反而比一般的少女多一分独到的成熟果实般诱人的风韵，才华盖世的李世民不禁为之心旌摇曳；再加上萧美娘饱经离乱而孕育出来的楚楚可怜的情态，更加令人由怜惜而生爱意。

这可爱煞了大唐天子李世民。或许由于娘亲早逝，从小就缺少母爱的缘故，李世民顾不得他与萧美娘年龄的悬殊，更不在乎外人的品评，他在萧美娘身上感受到一种成熟女人的风韵，更感受到一种类似姐姐与母亲的温馨，这使他为繁重国事所累的心得到稍许抚慰。于是，萧美娘被唐太宗封为"昭容"，转了一大圈回来又成了大唐天子的爱姬。

为了避免重蹈隋炀帝的覆辙，李世民勤政廉洁，励精图治，日子过得十分节俭。但为了欢迎萧昭容来到宫中，李世民破格举行了一次盛大的宴会，四处挂着华丽的宫灯，歌女舞姬们献上轻歌曼舞，桌上堆满山珍海味。唐太宗以为这种场面已经够豪奢了，因此问身旁的萧昭容："卿以为眼前场面与隋宫相比如何？"其实，眼下这点排场距离隋宫的豪奢情形还差得远呢！隋宫夜宴时并不点灯，而是在廊下悬挂一百二十颗直径数寸的夜明珠，再在殿前设火焰山数十座，焚烧檀香及香料，这样既可使殿中光耀如白昼，又有异香绕梁，如入仙境，每晚烧掉的檀香就有二百多车。对此，萧昭容不便明说，只是平静地说道："陛下乃开基立业的君王，何必要与亡国之君相比呢？"唐太宗立即明白了她话中的含义，深为她的明晓事理和言语得体折服，对她愈加敬重和疼爱了。就这样，萧美娘在唐宫中度过了十八年平静的岁月，直至寿终正寝。

历史上迷君倾国的红颜女子不计其数，然而能像萧美娘那样数经改朝换代，总伴君王之侧的女人却是寥寥无几。综观萧美娘的一生，虽是享尽了荣华富贵，但也历尽了飘零劫难，时也命也，夫复何言！

最后，不妨留下一个也许是多余的疑问：萧美娘的一生如此沧桑，她的内心又该是怎样的一番情状？

萧美娘：嫁与六位皇帝的乱世红颜

张初尘

慧眼识英雄的风尘女侠

红拂夜奔是和文君夜奔齐名的爱情佳话,说的是隋朝末年风尘女侠张初尘的故事。野史记载,张初尘出身于江南官宦之家,由于南朝战乱,父母被杀,张初尘孤身流落京城长安,被卖入司空杨素府中成为歌伎。因喜手执红色拂尘,故被称作红拂女。张初尘年少时出落得亭亭玉立,光彩照人,加上天资聪颖,有胆有识,在杨府习文练武,表现不俗,遂成为杨素身边的当红歌伎。后来她独具慧眼,在芸芸众生中,辨识了两位英雄人物,一位是她的夫君李靖,另一位是她的结拜兄长虬髯客,三人结为莫逆之交,一同在风尘乱世中施展才华。他们三人被人们敬传为"风尘三侠"。

话说回隋炀帝,他要么沉醉在声色犬马的东都洛阳,要么迷恋于吴侬软语的烟花扬州,于是委托开国功臣司空杨素留守西京长安,负责料理军国大事。杨素权高位尊,日渐骄横,如有宾客前来,杨素总是半躺于椅上接见,两旁必有美艳侍女负责熏香、打扇、捶腿,豪奢尊贵,令人瞠目结舌。

三原地方有一位才子,名叫李靖,通兵法懂谋略,心怀报国大志,意在建功立业。有一日他前往长安,投到杨素门下毛遂自荐。面对半躺在椅中神情傲慢的杨素,李靖直陈胸中不平:"当今天下大乱,英雄竞起。明公为朝廷之重臣,而不收罗豪杰,扶济艰危,而专以倨傲示天下士,实在令人不敢苟同!"

杨素毕竟也非庸俗之辈,他闻言大感吃惊,转怒为喜,起身夸赞李靖的胆识,并请他落座,宾主畅谈天下大事。李靖从天下时势谈到治国安邦之道,侃侃而谈,见解精辟,杨素听了频频点头称是。但他表示自己年老体弱,不再有远大的理想,只想安于现状,这让李靖非常失望。二人谈论之时,红拂女张初尘正侍立一旁,她目睹李靖眉宇英爽,文武兼通,心中不禁暗暗倾慕。

当夜,李靖独坐客栈,想到报国无门,不禁神情沮丧,英雄气短。正郁闷间，忽听敲门之声，他开门一看，只见门外站着一个头戴阔边风帽，身披紫色大氅，肩背绣花布囊的年轻人。在这人生地不熟的长安，竟有客人深夜来访，李靖十分不解，但听来客自我解释说："妾乃杨司空家红拂女，今夜特来相投！"烛影摇动中，张初尘卸下了绣花布囊，摘下阔边风帽，脱去紫色大氅，竟是一个明眸皓齿、眉清目秀的大姑娘。不待询问，红拂女盈盈下拜，并轻声说道："妾侍杨司空多年，看到的人物不计其数，但从来不曾见过像李公子这样英伟绝伦的人；妾似丝萝不能独生，一心依托于参天大树，以了平生之愿，因而前来投奔，请公子不要推辞！"

李靖既惊又喜，见红拂女如此理解自己，且有这般胆识，甚是爱怜，遂将她揽入怀中。

司空府中不见了红拂女，也曾派人出来追寻，毕竟杨素亦非庸人，暗自猜得十之八九，也不去穷究。待风声过后，李靖和张初尘乔装打扮成行商模样，买来两匹骏马悄悄离开了隋都长安，前往太原投奔招揽四方豪杰、待成大业的李渊父子。

经数日奔波，两人来到了灵石县，找了一家小店住下，准备歇息一天再行赶路。第二天清早，他们买来大块羊肉，向店家借来炉具锅瓢，亲自烹煮，改善伙食。忽然，有一个中年汉子骑着一头壮实的毛驴，来到客店门前，只见这人满脸虬髯，衣服邋遢，一副大咧咧的神态。他在店前跳下毛驴，手提一硕大皮囊，腰插匕首，大踏步地走进店来。这时候，锅里的羊肉已是香味四溢，他循着肉香闯进房来，把皮囊顺手扔在桌上，径自往床上一坐，斜睨着眼睛，火辣辣地看着正在梳头的红拂女，始终没说一句话。

面对好没礼貌的不速之客，李靖不禁怒从中来。他正要发作，红拂女却向他眨眼，示意他暂且沉住气，因为她见来客貌似粗鄙，但气宇不凡，穿着和举止又与众不同，料想此人定非庸俗之辈。红拂女一面挽好秀发，一面和颜悦色地向来客行了见面礼，并与之交谈起来。原来此人也姓张，胸有大志，江湖上人称虬髯客。他见红拂女不但不责怪自己行为粗鲁，反而如此尊重自己，心中十分敬服，于是拜为兄妹。

三人志向相投，相见恨晚，于是结伴而行，一同拜访李渊父子。不久，长安传来杨素老死的消息，李世民请他们三人一同到府中商议兴兵大计,李靖与红拂女前往李府,虬髯客却一反常态拒绝进府,说要转回长安,并在长安等候李靖与红拂女。

后来李靖与红拂女到长安找到虬髯客时,发现他竟是一个非常富有的人,更不可思议的是,虬髯客非要把全部家产送给他们,自己仅带一个行囊远走他方。虬髯客始终没有说明自己的身份,李靖夫妇也不便详问。二人目送虬髯客远去,回去以后,检点他家中之物,竟发现价值连城的金银珠宝不计其数,并有兵书数筐,记载着各种神奇的用兵之道和一些久已失传的占算之法,李靖仔细翻阅,如获至宝。

有了虬髯客留下的家产,李靖与红拂女一夜之间成了长安的富贵人士,也有了可用以鼎力资助李渊父子打天下的财力。很快,李渊父子在太原起兵,顺利地攻克了隋都长安,建立了大唐王朝。后来,李靖又辅助李渊父子统一黄河流域,奠定立国的基础;打败突厥,安抚塞外游牧民族;安定长江流域及南疆,掌握鱼米之乡,从此大唐威名远震。李靖被封为卫国公,红拂女也被封为一品夫人。

然而就在此时,御史大夫萧瑀上书弹劾李靖,说他在破敌之后,没有能够妥善搜集突厥的珍宝,从而使战果失散。唐太宗为此责备了李靖,李靖一时负气,索性托病隐居在长安城西四十里外风光明媚的羡陂山麓,与红拂女栽竹种花,闲谈品茶。这样的日子不知不觉过了五年,到了贞观九年(635年),盘踞在青海一带的游牧民族吐谷浑兴兵侵犯大唐边境,唐太宗决定派遣大军前往征剿,选将时他又想到了李靖。李靖此时已经六十五岁高龄了,而且红拂女正在病中,李靖不忍心撇下爱妻远征,因此有推托之心。明晓事理的红拂女强撑着病体力劝丈夫以国事为重。就这样,李靖又担任起西海道行军大总管之职,带领大军直驱边境,生擒了吐谷浑可汗。班师回朝之后,几经命运起伏的李靖早已不贪恋功名,仍然要求回到羡陂山。从此他们夫妇二人封闭在自己的小天地内,不涉尘世,连亲戚故旧也很少来往。红拂女的病情一直未见好转,李靖每日亲自煎熬汤药,细心照顾。贞观十四年(640年),红拂女撒手人寰。为了表彰红拂女佐夫之功,唐太宗下令在她的墓前筑起突厥境内的铁山和吐谷浑境内的积石山模型,并命魏徵撰写墓志铭,自己亲手题下"大唐特进兵部尚书中书门下省开府仪同三司卫国公李夫人张氏之碑"的碑文。

红拂女从歌伎侍女到一品夫人，跟着李靖南征北战，一生跌宕起伏，她的慧眼独具、侠肝义胆的传奇一生，历史是不会忘记的。

　　这里必须缀上一笔。当年风尘三侠之一的虬髯客，原是当时扬州首富张季龄之子，出生时父嫌其丑欲杀之；后获救从师于昆仑奴，艺成后欲起兵图天下；见红拂女后心生爱意，见李靖后自愧不如；见李世民后认定天下将归李世民。再后来，传说他入扶余国，杀其主自立，有海船千艘、甲兵十万。

吴绛仙

秀色可餐的女相如

"秀色可餐"出自晋陆机的《日出东南隅行》:"鲜肤一何润,秀色若可餐。"这句话到了隋朝,被善学习、好诗文却荒淫无度的隋炀帝借用,来夸奖他最珍爱的贵妃,也就是本文要写的一代美女吴绛仙。当时隋炀帝对吴绛仙宠爱有加,每天倚着蔽日帘欣赏吴绛仙的美,时间久了也舍不得这美色离去。隋炀帝说秀色若可餐,像吴绛仙这样的秀色真可以治疗饥饿病啊。吴绛仙之美可见一斑。

吴绛仙何许人也?话题还是要从扬州城说起。扬州地处长江中下游之北,得天独厚的地理条件使这座城市成为中国历史上一个特殊的文化符号。两千多年前,吴王夫差于此开凿邗沟通水运,扬州从此进入建城纪元。一千四百多年前,那位诗文盖世、才情满纸、对地理水利有着优异禀赋却选错了职业的大才子杨广,又集南北之利开凿大运河,扬州被很幸运地选中,成为两水交汇处的一块美玉。

客观地评价,杨广开凿大运河功在当时,利被后世。当年他谋刺六十三岁卧病在床的隋文帝,夺取了皇位。四个月之后,就下令迁都洛阳。当时隋炀帝征发了几十万民工,挖长堑、建西苑、修五湖、造神山,在全国各地搜求嘉木异草、奇材怪石,以供自己寻欢作乐。为了控制全国,并使江南的物资能较方便地运到北方,隋炀帝修筑了贯通南北的大运河,加强了都城和富饶的河北、江南的联系,对我国经济、文化的发展和国家的统一起了重要的作用。至于大运河提供了游玩天下的便利,对隋炀帝来说,绝非开启浩大工程的初衷。

无论怎样,大运河自从通航以来,汩汩的水流从此不再纯净。隋炀帝在位十四年,四处巡游的时间就达十一年。其中隋炀帝下扬州是天下皆知的故事。隋炀帝庞大的船队自洛阳出发,在运河里排开,前后绵延二百余里。八万多个民工,专门为船队拉纤。船队在运河里行驶,岸边有骑兵护送;船队停下时,当地的州县官员就逼着百姓办酒席"献食"。大批拉纤的民夫有男有女,这些人统称"殿脚",而牵挽龙舟的女子称为"殿脚女"。

吴绛仙就是最著名的"殿脚女"。当时隋炀帝正在龙舟之上凭栏举杯，突然在眼花缭乱的殿脚女中定住了眼神，他发现了体态袅娜、容貌照人的吴绛仙，于是将其传召过来，意欲纳为己有。怎知此时吴绛仙已嫁与名叫万群的玉工，隋炀帝颇为扫兴，只好把她提到龙舟执首楫。又过了几天，龙舟执首楫也不用了，隋炀帝将她封为"崆峒夫人"，让她始终陪伴自己左右。再后来便将她据为己有，倍加宠幸。

吴绛仙能在中国历史上留下芳名，主要归功于她的画眉技艺。因为擅画眉毛，她被称为画眉圣手，传世有《绛仙画眉图》。

美女的眉，可以说是东方审美的重要元素。"妆罢低头问夫婿，画眉深浅入时无？"女子们发明了许多办法，让眉毛生动起来，女性的面容便因之熠熠生辉。今天网络上的热词美眉，势不可当地成了美女的代名词。中国古代女子历来有画眉的传统，按照妆形画态，可以分几十种之多，唐明皇曾令画工专题画十眉图。因此关于眉，又产生了许多美丽的词汇。从古代文学作品的描写来看，出现较多的如蛾眉、远山眉、柳叶眉等。吴绛仙画的则是蛾眉的一种，即长蛾眉。

擅画眉毛的吴绛仙领一代眉风，她喜欢把眉毛画成长蛾状，后宫佳丽争先恐后地效仿，于是隋朝盛行长蛾眉，隋朝也因此掀起了中国画眉史上的高潮，隋炀帝重金从波斯进口大批螺子黛，以供后宫女子画眉之用。隋炀帝喜欢看宠妃吴绛仙画眉，每"倚帘顾之，移时不去"地痴看。他还对别人说："古人言秀色若可餐，如绛仙真可疗饥矣。"吴绛仙的蛾眉让隋炀帝魂不守舍，隋炀帝将其立为贵妃。后来内宫佳人群起仿效，最后螺子黛竟供不应求。司宫吏每日发放螺子黛五斛，叫作"蛾绿"。螺子黛产自波斯国，每颗价值十金，后来由于征集的赋税不够用，就混杂着铜黛发放，唯独吴绛仙得到赏赐的螺子黛不断。后有史家将吴绛仙蛾眉列为隋炀帝丢掉天下的原因之一，这恐怕有点小题大做了。

其实，吴绛仙并非只爱浓妆艳抹的寻常女子，她重情重义，也有一手好文采，曾差点被隋炀帝封为婕妤。波斯国进献螺子黛，隋炀帝吩咐宫女送给吴绛仙梳妆画眉，并强调说这螺子黛是波斯宝物，用于画眉最有光彩，独赐予她，画成之后大家共赏。当时吴绛仙初得皇上恩宠，又听宫女传话，兴奋不已，信笔写小诗一首，让宫女呈谢隋炀帝。隋炀帝看那首诗写道:"承恩赐螺黛,画出春山形。岂是黛痕绿,良由圣眼青。"没想到小小殿脚女竟有如此诗文才艺,岂不是班婕妤再生?隋炀帝一时欣喜非常,意欲将吴绛仙封为婕妤,后因萧后嫉妒阻拦而未能如愿。

吴绛仙被隋炀帝赞为女相如,也有佳话为证。话说李世民军威日重,隋炀帝同萧后无计可施,仍迷醉江都。一日,隋炀帝独步宫楼,见四围春山如画,恍如吴绛仙的蛾眉,多日未见,很是怀想。正徘徊间,忽有人献合欢水果一双。那水果乃时新果品,层层垒成,上边俱是玲珑花草,中间却制成连环之状,故名合欢水果,十分工巧。炀帝看了大喜道:"此果名色甚佳,可赐与吴绛仙,以见不忘合欢之意。"吴绛仙闻知后愁颜变喜,暗想自从遭贬,只道秋风纨扇,再无温暖之时,不意皇爷尚垂恩盼,于是惟排香案,拜谢圣恩。待将合欢水果连盘接来一看,不期因走马太急,内中合欢巧妙之处,俱已摇散。吴绛仙看了大惊道:"名为合欢,实不合矣。皇爷以此赐妾,是明明弃妾也。"说罢,吴绛仙嘤嘤哭着,流下泪来。来人忙解劝道:"贵人不必疑心,此果在御前赐来时,原来丝毫无伤。只因旨意催促太急,走马慌张,以致摇散。"吴绛仙道:"好好赐来,到此忽散,纵非皇爷情解,亦乃天意如此,妾之命也。"来人再三劝慰,吴绛仙终有几分惆怅不喜,欲待不传一语,又恐逆了圣意,因此拿出一幅红笺小简,饱染霜毫,尽将满怀心事,题诗一首。隋炀帝收到信展开一看,只见上面题诗四句道:"驿骑传双果,君王宠念深。宁知辞帝里,无复合欢心。"

炀帝看了大惊道:"细观此诗,忧怀百种,离恨千端。朕一团好意赐她双果,绛仙来辞,何悲怨之深也?"待问明缘由,隋炀帝嗟咨叹息不已:"绛仙可谓深于情矣。"复将诗句颠倒细看,忽又赞叹道:"绛仙不独美貌绝世,只此诗句,意切词工,亦何愧于左贵嫔乎?真可称女中相如也!"

隋朝灭亡后,吴绛仙自杀离世。关于她,史书上只有这些隐隐约约的信息。在历史长河里,一个美女,也就是一朵转瞬即逝的浪花而已。

陈 贞

与夫破镜重圆的帝女

广东省有一个乐昌市，乐昌市的名字来自一个古代女子，她就是本文的主人公——南陈乐昌公主陈贞。

乐昌公主陈贞是陈宣帝的女儿、南朝末代皇帝陈叔宝的妹妹。陈后主是一位风流天子，整日醉生梦死，不理朝政。但妹妹乐昌公主陈贞却完全不同，她清新脱俗，能诗善文，虽是金枝玉叶，却温婉敦厚，丝毫没有皇家贵族的骄横。成年后，她选择夫婿也自有眼光，不恋侯门贵族，独重诗文才识，由自己做主下嫁给太子舍人徐德言为妻。徐德言学富五车，文采一流，乃当年江南才俊。夫妻二人相敬如宾，佳偶天成。

隋文帝杨坚取代了北周静帝，建立隋朝，举兵南下，意欲一统江山。徐德言和乐昌公主自知南朝气数已尽，预感到将来国破城陷之时，夫妻必被冲散，倘若日后情缘未绝还能相见，应有一信物作凭为好。于是两人便将铜镜一劈为二，各握一半，相约每年正月十五去街市卖镜，以便以此破镜为凭取得联系，镜子重圆之日，便是夫妻团圆之时。

以镜子作为爱人之间的信物，在中国古代早已有之。生前相互赠送镜子作为纪念，死后随葬。我国古代的婚姻讲究"父母之命，媒妁之言"，经双方家长同意后，即下聘礼，聘礼中就有铜镜和镜台，且有夫妻双镜成对使用的习俗。西汉东方朔的《神异经》载，从前有一对夫妇相别，把一面镜子一分为二，各执一半。后来妻子与人私奔，那半面镜子变为一只乌鹊，飞到丈夫面前。

隋文帝开皇九年（589年），隋文帝派遣次子杨广和大将杨素率军攻破南陈都城建康，南朝灭亡。民众亲离四散，乐昌公主和徐德言果然在战乱中失散。按照当时惯例，为防止亡国后的残余势力纠集，亡国之君及其亲族都不准许住在原籍地。因此，亡国后的陈后主及皇族都要被掳往隋都长安，乐昌公主自然也在被掳之列。到长安后，陈后主及其若干爱妃被幽禁起来，陈后主的叔伯兄弟被放逐到遥远的边陲地区，宫女及女眷或被收入宫廷充当宫女，或被分配给南征有功的将士及大臣。作为亡国公主，乐昌公主就这样被分派到了隋朝开国功臣杨素府中，成了一名侍女。

杨素是隋朝一位功勋显赫的大臣，他祖上曾历任北魏及北周的领兵大将。杨素少有大志，文武兼通，不但善于调兵遣将，武功彪炳于世，而且工于草隶，善作诗文。隋兵南征时，杨素是统军主帅。杨素攻下建康班师回朝后，隋文帝封其为尚书右仆射，也就是右丞相。他得到乐昌公主以后，对这位容貌秀丽、才情横溢的南国佳人十分钟情，轻怜重惜，视若瑰宝，欲纳为妾，无奈公主坚决不从。杨素不是粗暴之人，他没有为难乐昌公主，而是将其留在府中，只待她日后回心转意。

乐昌公主虽然过得衣食无忧，备受恩宠，但她身在北方丞相府中，心却仍然留在故国江南，留在丈夫徐德言身边，无数次梦回旧时家园，与徐德言鸳梦重温。可是，心中的徐郎究竟在哪里呢？

乐昌公主没有忘记临别前的约定，于是在每年正月十五日，她都会依约派侍女执半镜叫卖于街头。再说徐德言，他这时候也循讯追踪，并不畏艰苦赶至长安，依约执半镜早早在街上寻找公主踪迹。皇天不负有心人，徐德言终于在街上见到了叫卖半镜的女仆，他心中暗知妻子已有下落，赶忙将仆人引到偏僻之处，向她展示自己的另一半铜镜，并迫不及待地将其拼对，正好相合，徐德言顿时悲喜交加。徐德言对仆人细说来历，并当场以手帕题诗一首，交与仆人转送给乐昌公主。待公主展开手帕读时，不禁涕泪交流，只见手帕上写道："镜与人俱去，镜归人未归。无复嫦娥影，空留明月辉。"等待的人终于出现了，可是如今自己身锁相府，只恨近在咫尺却若天涯。想到这里，乐昌公主更是愁容满面，食无味，寝不安，脸上整天挂着泪水。

杨素见乐昌公主神情不同往常，觉得非常奇怪，便询问缘故。乐昌公主将夫妻情事据实以告。杨素虽位居高官，却还是一个细心体贴的性情中人。虽然心中颇有些醋意，但也深为这对结发夫妻的真挚情意感动，不禁赞叹："其心之美，胜于其人，其心在其夫，其人不可得也。"杨素传令召见徐德言，并在府上设宴款待他。这对饱受离乱之苦而忠贞不渝的患难夫妻终于重聚，二人恍入梦境。此时的徐德言已是鬓生白发，憔悴落魄。乐昌公主望着已显苍老的旧日丈夫不知说什么好，于是默默无言地写下了一首诗："今日何迁次，新官对旧官。笑啼俱不敢，方验作人难。"

诗句把乐昌公主当时同对新旧丈夫，左右为难的心情表现得淋漓尽致。杨素眼睁睁地看着这一对夫妻悲悲切切的情景，不由得动了恻隐之心，索性好人做到底，于是他当场宣布："念你们两人旧情至深，老夫决意把乐昌公主送还给徐公子。"他还好意请他们留在长安，并答应为徐德言安排一个官职。这真是一个天外飞来的喜讯，徐德言和乐昌公主简直不敢相信这是真的，他们赶紧双双离席叩拜，感谢杨丞相的成全之恩。但徐德言不愿在异朝为官，情愿以一介平民的身份带着妻子返回江南。杨素不勉强他们，还设法帮助他们离开长安返回故土。

徐德言与乐昌公主回到江南以后，在杨素的授意下，隋廷命令当地地方官发还了徐家的房产，让他们夫妻得以安居下来。然而，因为他们特殊的身份和曲折离奇的经历，这时他们的名气早已传遍了大江南北，本来想静下心来过平淡的日常生活，但江南各地的文人雅士不停地前往拜访，北方的游客也以面见他们夫妇为荣，地方官吏更是争相邀宴，使他们无法得到安宁。早已厌倦这种被人包围的生活的他们，为了回避，就迁到姑苏城内的绿杨深居隐居起来。

不久之后，他们的隐居生活又受到了热情人士的干扰。隋文帝开皇十七年（597年），徐德言与乐昌公主离开姑苏南下。夫妻乘船途经梁化县九泷十八滩时，被两岸旖旎神妙的自然景象吸引，更为这里纯朴勤劳的民风陶醉。两人本有隐居他乡之意，故而隐姓埋名于此。

却说杨素自设宴送别徐德言夫妻后，仍十分怀念公主。隋文帝开皇十八年（598年），隋文帝派韦洸入粤，对岭南进行招抚，亦托其寻访公主。年底，当杨素获知徐德言和乐昌公主双双隐居于大隋粤境第一县——梁化县时，即奏准皇上用乐昌公主之名取代带有前朝色彩的"梁化"二字。由此，梁化县被更名为乐昌县。

再后来，隋文帝病逝，隋炀帝继位，杨素寿终正寝以后不久全家被斩，李渊攻下长安灭了隋朝，建立了大唐。这一幕幕的世事变化，仿佛走马灯似的在徐德言与乐昌公主眼前晃过，人世的盛衰荣枯，恍若一梦，荣华富贵也只不过是过眼云烟。这对历尽繁华又最终归于平淡的夫妇，对这一切都付以淡淡的一笑。经历了陈、隋、唐三代，这对夫妇终于走入了暮年。唐太宗贞观十年（636年），夫妇二人同时死去，夫妻合葬于一墓，陪葬品就是那面历尽沧桑的破铜镜。

武则天

任尔评说的一代女皇

想必授意制作无字碑的时候,武则天已经做好了心理准备:一生功罪是非,留待后人说去吧!

也许把武则天推到历史最前沿的人物有很多,比如与太宗结交颇深的父亲武士彟,比如体质欠佳、性格懦弱、治国不济的高宗李治,比如后宫争宠的萧王二皇后,等等,但无可否认的是,武则天的成功主要还是应归结于她本身,归功于她非凡的智慧与才能。作为真正意义上的女皇帝,武则天是中国历史上的唯一。其实,从唐高宗永徽六年(655年)当皇后参决政事到唐中宗神龙元年(705年)退位,武则天掌控天下长达半个世纪之久。

自从以皇后的身份辅佐高宗参与朝政,"通文史,多权谋"的武则天终于有了施展才华的舞台。"百司奏事,时时令后决之",而她处理政务有章有法,也甚为群臣敬服。同时,她亦一步步清除了自己的政敌,"黜陟生杀,决于其口,天子拱手而已"。后来,高宗患上"风疾",目不能视,遂下诏委托武后协理政事。武则天虽人在幕后,但却遥控了朝廷实权。这时高宗有些后悔,图谋收回大权,便密令中书侍郎上官仪草诏废后。不料武后眼线众多,很快得知此事,于是,"谋泄不果",上官仪也白白搭上了性命。

虽然高宗看不惯武则天的独行独断,可许多国家大事又不能不倚重于她,这样就使武后逐渐从幕后走向前台,一直到后来武后与高宗同临紫殿,一起接受群臣朝拜。上元元年(674年),高宗号天皇,皇后号天后,天下人谓之"二圣"。高宗形同虚设,"唐代"权柄,尽在武则天掌握之中。史载:"自此内辅国政数十年,威势与帝无异。"

武则天是一位治国理政高手。高宗在位时,她就曾上疏建言十二事,其中有劝农桑、薄赋敛、息干戈、禁淫巧、省力役等进步的主张,高宗皆略施行之。后来,武则天亲撰《臣轨》一书,作为天下臣民的政治读本。另外,她曾亲自主编了一部农书,名曰《兆人本业记》。书中,她强调

"建国之本，必在务农"，"务农则田垦，田垦则粟多，粟多则人富"。同时还规定能使"田畴垦辟，家有余粮"的地方官升任，"为政苛滥，户口流移"的"轻者贬官，甚至非时解替"。正因为抓住了庞大农业帝国的经济根本，武则天才把唐帝国玩得风生水起，社会得到了繁荣、稳定地发展。据当时统计，武则天当政之初，全国户数为三百八十万户，而到了她临终的神龙元年（705年），全国户数已经增长到了六百一十五万户，几乎翻了一番。耕地面积也不断扩大，史载当时高山深谷中，也有耕种的人群。而米价便宜的地方，一斗只要五钱，百姓生活殷实，大唐从而出现了"海内富庶"的局面。由此看来，史家赞扬武则天是上承"贞观之治"，下启"开元盛世"的皇帝，应是比较公允的。

辅佐高宗治国并不能满足武则天的征服欲，她运用政治家的智慧，开始为自己当女皇帝做准备。她的侄子武承嗣伪造瑞石，上面刻着："圣母临人，永昌帝业。"此举是利用"天意"，为武则天登基大造社会舆论。后来又有沙门十人伪撰《大云经》，先是说"汝于尔时实为菩萨，为化众生，现受女身"，后来甚至露骨地宣称："尔时诸臣即奉此女以继王嗣。女既承正，威伏天下。"再后来，又有六万臣民上表劝进，请改国号的壮举。老天的意愿、菩萨的暗示、群众的呼声，都是武则天为登基称帝一手导演的连台大戏。不久，她便在"上尊天示""顺从众议"的"万岁"声中，"革唐命，改国号为周"，改元为"天授"，当上了自己梦寐以求的"圣神"皇帝。

平心而论，武则天是一个好皇帝。在她执政的十五年里，她能够上承"贞观之治"，下启"开元盛世"，实在是一件了不得的事情。这都得益于她成熟的施政手段和深远的政治眼光。武则天施政上颇有建树。一方面，她在宫城南面的南衙，照例任用三省的宰相处理国务；另一方面又在宫城的北门内，招集一批文学之士（史称"北门学士"）做国家元首的顾问团，以便集思广益，参议国事。同时，她还别出心裁地在皇宫前设置意见箱（即"铜匦"），广开言路，"由是人间善恶事多所知悉"。

在人才的选拔和任用上，武则天一直非常重视，她推出了一系列人才新政。为了网罗人才，她开创性地设立"自举"制度，凡是内外九品以上的官员都可以自己举荐请求升官或做官。在她正式当皇帝的那一年，她第一次设立了"殿试"制度，选拔"天子门生"，培养国家人才。晚年，武则天在文举之外增设武举，选拔将帅之才。如中唐名将郭子仪，便是"自武举异等出"。值得一提的是，为了加强边远的五岭及贵州一带的文化教育，武周时期还特地出台了"扶持政策"，史称"南选"。武周时期大崇文章之选，破格用人，才使得朝廷的人才真正来自"五湖四海"。因此，"武周之代李唐，不仅为政治之变迁，实亦社会之革命"，由此可见，武则天对科举制度的规范和完善，对后来唐朝的繁荣有着极其重要的意义。

在人才的考用方面，武则天自有知人之明，"不肖者旋黜，才能者骤升"。而对真正的贤人君子，她则深心爱惜，敬礼有加。当时著名的宰相狄仁杰常常直言不讳，武则天都虚心采纳其建议，还亲自在他的袍子上题字，以示勉励。后来宋太祖赵匡胤不禁赞曰："武则天，一女主耳，虽刑罚枉滥，而终不杀狄仁杰，所以能享国者，良由此也。"

《资治通鉴》里还记载，当年骆宾王写《为徐敬业讨武曌檄》，骂武则天"入门见嫉，蛾眉不肯让人；掩袖工谗，狐媚偏能惑主"，又骂她"杀姊屠兄，弑君鸩母。人神之所同嫉，天地之所不容"，可谓尖刻至极。可武则天看了不恼不躁，反而赞赏骆宾王的文才，还感叹说，人有如此才华，不用可真是朝廷的过错。胸怀如此宽广，实为不易！

虽然武则天一再主张"息兵，以道德化天下"，可若有外来入侵，她也绝不手软。譬如，安西四镇（即碎叶、龟兹、于阗、疏勒）自唐武则天垂拱二年（686年）起便为吐蕃所占。武则天不甘心失土，便于周武则天长寿元年（692年）遣王孝杰等大破吐蕃，收复安西四镇，复置安西都护府于龟兹。随后，又在庭州设置北庭都护府，巩固西北边防，打通了一度中断的通向中亚地区的"丝绸之路"。另外，在她施政时期，她一直坚持边军屯田的政策。史书记载，天授年间，娄师德检校丰州都督"屯田积谷数百万，兵以饶给"；周武则天大足元年（701年），郭元振任凉州都督，坚持屯田五年，"军粮可支数十年"。这种长期大范围的屯田，不但对边区开发、减轻人民转输之劳有益，而且对巩固边防、加强军备有着非常积极的作用。

当然，作为一个政治家，武则天也有冷酷和残忍的一面。譬如，为了扫清她做皇帝的道路，她"敢于肆毒与罗织诛杀宗室大臣几尽者"，这样做，也就是"欲以箝天下之口，而使之不敢违异也"。她任用索元礼、周兴及来俊臣等一班酷吏，采取严刑峻法，大肆诛杀异己，相继诛杀唐宗室数百人、文武大臣数百家、地方将吏几千人。其中,有许多人都是无辜的受害者。

  身为一个女帝,她面对的最大难题,便是皇权的继承问题。她最终没有冲破男性社会的藩篱,在人生的最后关头,去了帝号,改称皇后,放弃了女性的独立。她又迎还庐陵王李显,将其复立为太子。八十二岁那一年,风烛残年的武则天已经无法控制朝政,久已酝酿的宫廷政变不可避免地到来。她宠爱的男妾被杀,中宗复立,她也无可奈何地退位,并在那一年的冬天孤寂死去。

文成公主

永远的绿度母

度母是观音的悲泪的化身。大悲观世音菩萨因为悲悯苍生而不由得悄然落泪，左眼的泪化现为白度母，右眼的泪化现为绿度母，它们合掌恭敬地向观音菩萨同声说道："菩萨，您不要担心，我等誓度一切流转生死苦海的众生，为菩萨分担悲愿。"在青藏高原上一直流传着度母的故事，来自尼泊尔的赤尊公主是白度母，而来自大唐的文成公主是绿度母。

青藏高原东南部的玉树，有"三江之源"之称，是闻名于世的藏族歌舞之乡。这里有一个风景幽静的大峡谷名叫贝纳沟，紧贴百丈悬崖处有一个金顶熠熠的藏式建筑，名叫文成公主庙。这儿一年四季香火不断，酥油灯昼夜常明。一千三百多年前，大唐浩荡的送亲队伍溯渭水西上，穿甘肃，入青海，翻越巴颜喀拉山，横渡通天河，然后在此作过途中最长时间的一次停留。

唐太宗贞观八年（634年），松赞干布遣使长安，希望与大唐和亲，借此与中原加强往来，从而获取政治、贸易等多方面的利益。正值气盛的唐太宗压根儿瞧不起吐蕃这个蛮夷之国，断然拒绝。松赞干布勃然大怒，出兵痛打大唐的藩属吐谷浑。因路途遥远，又有国事扰心，大唐一时无力庇护，只好装聋作哑不予回应。松赞干布仍不解气，四年后又挥师攻入大唐本土，扬言如果唐朝不送出公主，就要强掳。唐太宗依然没有妥协之意，而是紧急集结大军前去应敌，结果没能抵挡住吐蕃军队的彪悍攻势，一败涂地。此后，松赞干布一直不断袭扰唐朝边境，大唐军队屡战屡败。

唐太宗贞观十四年（640年）十月，执意求亲的松赞干布再次遣使前往长安，并借机主动与大唐议和。正值文治武功的盛世，唐太宗尽管心里对此次和亲非常抵触，但综合考量之下，最终做出退让，将文成公主送出。文成公主生于唐高祖武德八年（625年），是唐太宗的宗室养女，从小聪明伶俐，才貌双全。美丽的文成公主从入藏那一天开始，她的情感就深深地在雪域高原上扎了根。刚到吐蕃时，由于语言不通、风俗迥异等方面的原因，文成公主和松赞干布的生活并不顺意，两人曾一度分开。文成公主搬到远离拉萨的林芝地区居住，今天的第穆遗址的第穆石刻记载着这段往事。在林芝旅行，如果你是有心人，可以寻找到文成公主当年用过的梳妆台。那时候，在松赞干布心里，来自尼泊尔的尺尊公主的分量似乎更重，他耗费巨资修建大昭寺，将尺尊公主带来的释迦牟尼八岁等身像供奉其中；文成公主虽然也带着佛家至宝——释迦牟尼十二岁等身像，松赞干布却只为它修了一座规模远逊于大昭寺的小昭寺来安置，二人的地位差距由此可见一斑。直到六十年后，又一名大唐宗室女子金城公主入藏为吐蕃国主正妻，才将两座佛像互换，一直持续至今。

在林芝三年，文成公主逐渐适应了吐蕃的风俗民情，她的知书达理、温柔善良为自己赢得了民间盛传的美誉，也触动了英雄赞普的深情爱意。松赞干布专门精心安排，将文成公主接回拉萨。临行前，两人在雅鲁藏布江江边栽下一棵桑树，象征他们的爱情百年相守、忠贞不渝。后来，人们又在桑树旁种下一棵桃树，祝福他们甜甜蜜蜜、白头偕老。风风雨雨千百年来，而今两棵树依然还在，满树沧桑，越发葱郁。

可惜天不假年，唐高宗永徽元年（650年），仅有三十三岁的藏王松赞干布英年早逝，他被安葬在西藏山南的木惹山上。美丽多情的文成公主移居于此，一个人继续演绎雪域高原的爱情故事。在这里，她为松赞干布守灵三十年之久，直至过世。

文成公主进藏时，为显示大唐气度，唐太宗为文成公主准备的陪嫁十分丰厚。进藏的队伍非常庞大，带有释迦佛像、珍宝、金玉书橱、三百六十卷经典、各种金玉饰物等，文成公主还带去了谷物、菜籽、药材、茶叶等，教藏族人民耕种，同时她带去的能工巧匠还给藏族人民传授碾磨、陶器、织布、造纸、酿造技术，促进了当地经济、文化的发展。在这些之外，文成公主还珍藏着母亲折给她的柳枝。今天大昭寺门前有一棵古柳的树桩，像一头卧狮那样静静地蹲伏在那里，棱角峥嵘。西藏的人们都知道，那是一棵唐柳，又叫公主柳，是一千三百多年前远嫁吐蕃的文成公主从几千里外的大唐带去并亲自种下的。拉萨的"唐柳"，公主的乡愁。千百年来，这棵"唐柳"就成为藏汉缔结姻缘和民族统一的历史见证，象征着自古以来藏汉人民血肉相连的关系。

几十年的吐蕃生活，在高远的蓝天下，在世界上阳光最多的地方，文成公主情融雪域，倾心于民，爱上了这里的绯红脸颊和膻香气味，为藏族人民留下了许多美丽动人的故事，至今世代相传。比如推广莨茶的故事。藏族群众为了防止紫外线的辐射，从生到死都会在脸上涂一层黄泥。文成公主进藏后，发现山上有种叫莨茶的植物，经过加工，用它的汁液涂面后，能够润肤养颜，起到防止紫外线辐射的作用。于是，文成公主积极组织生产，并说服藏王下令在藏区废除用黄泥涂面的陋习，并让藏族人民以莨茶汁涂面，此举深受藏族人民的一致好评。

在藏族民歌中，有许多关于文成公主的歌曲，其中有一首唱道："汉地的公主与众不同，文成公主更加非凡！"藏族人民认为松赞干布是吐蕃最伟大的赞普，而他的汉妃文成公主同样被广大藏族同胞敬仰，甚至被神化为度母的化身。他们两个人在西藏的地位可以从藏王墓群中寻到答案。墓群是从六世纪起建造，九世纪末建造结束的，埋葬着自吐蕃王朝第二十九代赞普赤年松赞至末代朗达玛等历代赞普。松赞干布和文成公主墓为这里的主墓，有着悠久的历史和重要的考古价值。

十六岁的文成公主离开国都长安，跋涉六千多里的雪域天路，十九岁踏入逻些。她把生命和智慧都献给了热情好客的藏族人民，她把美丽和爱情都洒在了这片热土上，她把思念和眷恋都倾注在能征善战的藏王松赞干布身上。如果仅从个人的角度来感受，她的一生或许是不幸的，离乡背井四十余年，入藏九年后，便独守空房三十余载。一个中原女人的青春，就这样消散于遥远的雪域。但从历史的长河再看文成公主，她的历史意义无疑深重而辽远，千百年来，她作为青藏高原先进文明的开荒者、汉藏友谊的传递者，早已成为西藏历史上不可磨灭的人物。

上官婉儿

风华绝代的巾帼宰相

上官婉儿是唐朝乃至整个中国历史上少有的集美貌、才情和智慧于一身的女性。上官婉儿的祖父是唐高宗时期的宰相上官仪，上官仪因为参与抵抗武则天的活动被赐死，全家受牵连，尚在襁褓之中的上官婉儿与母亲郑氏被迫蜗居于掖庭为奴。这一人生遭遇几乎暗示着她未来的命运轨迹。

上官婉儿自幼熟读诗书，不仅能吟诗著文，而且聪敏明达，又生得貌美如花，端庄秀雅，渐渐在宫中小有名气。凭借聪慧过人的才识和出众的政治能力，十四岁幼小年纪的她就以罪人之身成为武后宠臣。武则天让她掌管宫中诏命，逐渐参与处理百司奏表、决策政务。作为武则天的贴身女官，上官婉儿活跃在大唐政坛达二十八年之久。最难能可贵的是，神龙政变中武则天被迫退位，唐中宗李显即位，作为武则天的近臣，上官婉儿不仅未受到打击，而且被重用，封为婕妤，官至三品，不久又进拜为九嫔之一的昭容，代中宗掌管诏命，实属不易。

上官婉儿深得中宗信任，大权在握，比武则天在位时更加风生水起。在她的运作下，祖父上官仪一案也获平反。她还在宫外置办府邸，风雅盛极一时，常引大臣宴乐其中。她与韦后、安乐公主往来密切，交情笃厚，并把自己的情夫武三思引荐给韦后。在韦后和上官婉儿的支持下，武三思成为司空，位列三公，武氏家族再次专权于朝堂。这种情形引起太子李重俊的强烈不满。景龙元年（707年）七月，李重俊发动兵变，杀死武三思父子，并要攻入宫中索拿上官婉儿等人。上官婉儿请求中宗登上玄武门，占据有利地形闭门自守等待援兵，最终李重俊兵败被杀。

中宗暴亡后，朝政大权尽落韦后之手。对政治敏感的上官婉儿立刻联络了举足轻重的太平公主，二人连夜起草了一份遗诏，遗诏的内容是立李重茂为皇太子，李旦辅政，韦后为皇太后摄政，以此平衡各方势力。然而弄权已久的韦后已经野心勃勃，强行更改了诏书，意欲效仿武则天登基称帝。这一消息不胫而走，胸怀韬略的临淄王李隆基拍案而起，李唐江山岂能再次旁落他家？他与太平公主商议，决定先下手为强。李隆基带兵攻入宫中，杀死韦后、安乐公主及所有韦后一党，拥立其父李旦。上官婉儿执烛率宫人迎接，并拿出她与太平公主所拟遗诏，以证明自己是李唐宗室一派。但是，聪明反被聪明误。李隆基深知上官婉儿左右摇摆，不足信赖，此时若放过她，将来定会后悔莫及，便果断将上官婉儿斩于剑下。

盖棺论定，上官婉儿无疑是中国古代著名的才女。她政治才能突出，八面玲珑，足智多谋，操纵江山，控制朝纲，对大唐朝政的影响力不容小觑。身处宫廷三十余年，上官婉儿几乎取悦了所有的"重量级人物"，她不仅赢得了两朝皇帝的宠信，还尽力协调好与李姓、武姓子女的关系。她的才华与为人，令朝中许多大臣敬重有加，她一度被尊为"内宰相"。可以说，上官婉儿虽无丞相之名，却有丞相之实。她最要命的短板在于政治上无立场、无节操，没有底线地不断变节，没有道德地不断堕落，甚至参与争权，祸乱朝政，这样的政治手腕既帮助她逞强得势，也成了悬在她头顶上的一把利剑，不能不令人叹惋。

上官婉儿的文学才华也光彩夺目，她是唐朝宫廷文学的代表人物。她向中宗提议设立修文馆，广召博学之臣赋诗唱和。才子们写作的诗赋，都由上官婉儿亲手评定。上官婉儿自己也写出了许多独具匠心、文辞优美的诗篇。一时间，朝廷内外吟诗作赋蔚然成风，宫廷诗歌俨然脱离了歌功颂德、绮错婉媚的审美趣味，开始朝着盛唐诗歌"神来、气来、情来"的审美追求迈出了重要的一步。李隆基虽剑杀了上官婉儿，但是他仍然追慕上官婉儿的文学造诣，即位后特命人收集其诗文，编辑成册，以示怀念。《唐昭容上官氏文集》共二十卷，可惜今已散佚。《全唐诗》中现存上官婉儿的诗三十二首。

如此才华横溢的绝代美女，自然是时人痴迷和倾慕的焦点人物。在李唐宗室中，她就有章怀太子李贤、唐中宗李显和取她性命的临淄王李隆基三大铁杆粉丝。上官婉儿刚进宫时，与当时的太子李贤相识，做过李贤的侍读，两人相互倾慕，有过一段感情。然而，这段感情即使存在过，也很快就被现实粉碎。太子李贤与武则天不合，不久被废。而这份废掉太子的诏书正是上官婉儿一字一句亲笔拟写的。中宗李显自少年时代就喜欢上官婉儿。李显被立为太子后，上官婉儿蓄意与李显亲近，使李显对她更加痴心。李隆基自幼对上官婉儿也很仰慕，只因发现上官婉儿与武三思以及韦后之间的错乱关系，李隆基才由爱生恨。当朝才子文人为上官婉儿倾倒的更是不计其数。上官婉儿和修文馆的大才子崔湜还发生过才子佳人的浪漫故事。情到深处，上官婉儿特向中宗请求搬到宫外居住，以方便和崔湜幽会。真不知美人的魅力究竟有多大，中宗竟然答应了她，还为她建了一座豪宅。崔湜真的有天上掉馅饼的好运，不但享受了情深深雨蒙蒙的男欢女爱，而且在上官婉儿的极力帮助下，顺利步入仕途，一路春风得意，飞黄腾达，直至坐到了宰相的高位。

上官婉儿受重用不是因其美貌，而是因其才干。但上官婉儿一定是个姿色美艳的女子，有史为证。作为武则天身边的近侍女官，上官婉儿和武则天的宠臣张昌宗发生了关系。私情很快就被武则天发现，武则天不舍得处置张昌宗，于是上官婉儿就成为她发泄的目标，但斟酌再三，女皇终究没舍得下手处死上官婉儿。虽然逃过一死，上官婉儿仍然被处以黥刑，也就是在脸上刺青。后来，为遮掩伤疤，上官婉儿以金银箔制成梅花贴在面额上。因为这朵梅花的点缀，上官婉儿越发娇俏迷人，宫廷内外竞相模仿，这就是香透史册的梅花妆。

江采苹

清雅的唐宫一枝梅

江采苹是福建莆田人，父亲江仲逊是当地一位颇有名望的儒医，饱读诗书，性情乐观，思想开明，精通医道，喜欢治病救人。江家家境富足，只生有江采苹一个孩子，父亲并不因为江采苹是个女孩而不悦，反而倍加珍爱，视之为掌上明珠。江采苹初解人事时，不知因为什么契机而爱梅如狂，深解女儿性情的江仲逊不惜重金，寻到各种梅树，种满了自家的房前屋后。深冬临春的时节，满院的梅花竞相开放，玉蕊琼花缀满枝丫，暗香浮动，冷艳袭人，这个院落仿佛一个冰清玉洁、超脱凡尘的神仙世界。幼小的江采苹徜徉在梅花丛中，时而出神凝视，时而闭目闻香，日日夜夜陶醉在梅花的天地中，不知寒冷，不知疲倦。在梅花的熏染下渐渐长大的江采苹，品性中深深烙下了梅的气节，气度高雅娴静，性格坚贞不屈，刚中有柔，美中有善。配上她渐渐出落得秀丽雅致的容貌、苗条颀长的身段，江采苹仿佛就是一株亭亭玉立的梅树。

江采苹天资聪慧，很得父亲赏识，在书香门第的熏陶下，她自小就读书识字、吟诵诗文，九岁时就能诵读《诗经》中的《周南》《召南》等诗篇，并对父亲说："我虽女子，期以此为志。"江仲逊便以《诗经·国风·召南》里《采苹》一诗的题目作为女儿的名字，表示对女儿的期望。及笄之年，江采苹已能写一手清丽俊逸的好文章，写有《萧兰》《梨园》《梅亭》《丛桂》《凤笛》《破杯》《剪刀》《绮窗》八篇赋文，在当地广为人们传诵和称道。除诗文外，江采苹对琴、棋、书、画无所不通，是一位才貌双全的绝世女子。因此，远近的年轻人都感叹道："不知谁家儿郎有此福气，能够娶得江采苹为妻！"

最终这三生有幸的人不是别人，正是风流豪迈一世的当朝皇帝唐玄宗。

太监高力士出使到福建、广东一带，先是听闻江采苹大名，后又见到江采苹本人淡妆雅服、姿态明秀、丰神楚楚、秀骨姗姗，便毫不犹豫推荐她入宫。初入宫廷的江采苹凭借其清新脱俗的气质、淡雅婉约的性情获得了唐玄宗的爱怜，之后她清越动人的玉笛声、轻盈灵捷的惊鸿舞，更让唐玄宗龙颜大悦。江采苹爱梅花，唐玄宗便传旨各地寻找各类梅树，遍植于宫苑前后，又亲笔挥毫，为其居处题名"梅阁"，为花间小亭题名"梅亭"，并赐封江采苹为梅妃。每当梅花盛开时，唐玄宗必与梅妃携手赏花，把酒赋诗，流连忘返。自得江采苹，唐玄宗恨不得朝夕将其捧在手心，对她宠幸至极，心中再无其他粉黛。被一个男人尤其是位尊天子的皇帝如此倾心宠爱，任何一个女子都会芳心荡漾，何况那时的江采苹正值十五六岁的妙龄，情窦初开。于是，这个纯情少女不知不觉地深深爱上了唐玄宗。

光阴荏苒，十余年后，杨贵妃闪亮登场，《长恨歌》的故事开始了，梅妃的专宠生涯也宣告结束。杨贵妃似牡丹，丰腴娇艳，热情如火。江梅妃似梅花，清雅高洁，孤傲润静。一肥一瘦，一媚一雅，一动一静，这完全不同的两人形成了鲜明的对比。而这时的唐玄宗已过花甲之年，面对已经看了十几年的淡雅梅花，生性风流的唐玄宗也产生了审美疲劳，艳丽的牡丹如一团炽热的火焰，再次燃起了已近暮年的老皇帝的春心欲火，为此他不惜名声，将自己的儿媳妇变成了自己的女人，并封其为贵妃。至于那淡雅的梅花，早已被他忘到脑后。

柔和善良的梅妃在和杨贵妃的明争暗斗中节节败退，渐渐失宠，最终被贬入上阳东宫。江采苹毕竟不是一般女流，虽已不是杨贵妃那般年轻鲜活，但也依旧清雅隽永，魅力不减。更何况十余年的耳鬓厮磨，恋梅情结岂能轻易解开？闻腻了浓烈香艳的唐玄宗，内心也常有清气氤氲。有一天，唐玄宗思念梅妃，便派人悄悄送给梅妃贡珠一斛。但岂知爱梅嗜梅的梅妃早已将梅品融入自己的灵魂，其清雅高洁，不是俗人所能比拟，怎容负心之人玷污？你是皇帝又能如何？爱之越深，恨之自然也越深。她不需要怜悯和补偿，所以她毫不犹豫地拒绝了唐玄宗的赏赐。梅妃题诗辞谢："柳叶双眉久不描，残妆和泪污红绡。长门自是无梳洗，何必珍珠慰寂寥。"唐玄宗读后，深知梅妃幽怨深深，于是怅然不乐，令乐府为其诗谱上乐曲，在宫中演唱，曲名叫《一斛珠》。

且说《一斛珠》的歌声传入上阳宫，梅妃闻听，也不由得怦然心动，对唐玄宗的一腔爱恨，只能化作泪水，默默打湿慵懒的宫妆。梅花开了又谢，谢了又开，上阳宫中寒来暑往，春去秋来。寂寞的岁月静静流淌，梅妃的心绪也渐渐平息，青春不再来，心头了无事。于是她终日读书作画，也算清闲自在。一日，梅妃才情偶发，于是她研墨挥毫，将心中块垒一吐为快，写成宫中哀怨名篇《楼东赋》：

> 玉鉴尘生，凤奁香殄。懒蝉鬓之巧梳，闲缕衣之轻绿。苦寂寞于蕙宫，但凝思乎兰殿。信摽落之梅花，隔长门而不见。况乃花心飐恨，柳眼弄愁。暖风习习，春鸟啾啾。楼上黄昏兮，听风吹而回首；碧云日暮兮，对素月而凝眸。温泉不到，忆拾翠之旧游；长门深闭，嗟青鸾之信修。
>
> 忆昔太液清波，水光荡浮，笙歌赏宴，陪从宸旒。奏舞鸾之妙曲，乘画鹢之仙舟。君情缱绻，深叙绸缪。誓山海而常在，似日月而亡休。
>
> 奈何妖色庸庸，妒气冲冲。夺我之爱幸，斥我乎幽宫。思旧欢之莫得，想梦著乎朦胧。度花朝与月夕，羞懒对乎春风。欲相如之奏赋，奈世才之不工。属愁吟之未尽，已响动乎疏钟。空长叹而掩袂，踌躇步于楼东。

文中责怨唐玄宗耳根子软，常对杨玉环"言听计从"。江采苹虽满腹委屈，但并未说杨玉环的坏话，而是将自己和杨玉环归为一类——都是苦命的女人。既然如此，就应该惺惺相惜，何必争风吃醋呢？哀怨情怀可见高致。此文后被收入《全唐文》。钱钟书先生曾评价："宫怨诗赋多写待临望幸之怀，如司马相如《长门赋》、江妃《楼东赋》等，其尤著者。"

后来安史之乱爆发，安禄山叛乱，长安城沦陷，唐玄宗携杨玉环西逃。留在宫内的梅妃为了不被叛贼污辱，跳下古井自尽身亡，也有说她是上吊自尽的，还有记载说她死于乱兵之手，更有民间传说，唐玄宗自蜀归长安后，在温泉池畔梅树下发现梅妃的尸体，遂以妃礼厚葬，可谓众说纷纭。真实归处，已无所考。

历史上有万紫千红，江采苹并不是最吸引眼球的那一种，但她从闽南到长安，从才女到皇妃，从乐舞到诗文，从受宠到失宠，无论怎么变幻，似乎有一种似梅的品格始终未移，那就是刚中有柔、美中有善、慧中有爱、雅中有洁，她一生都与梅紧紧联系在一起，荣辱进退、是非成败似乎都关乎浸透骨髓的傲雪气质，也因此，尘封的历史，总也掩不住梅花那一缕幽幽的清香。

杨玉环

被宠坏的王朝美人

无须解释，杨玉环就是大名鼎鼎的大唐杨贵妃，这可是一位颜值指数五星的大美女，享有中国古代四大美女之一的盛誉。妇孺皆知的"沉鱼落雁之容，闭月羞花之貌"，其中的"羞花"就是用来形容杨玉环的绝代容颜。大文豪白居易曾在他的名篇《长恨歌》中这样形容过杨贵妃的美貌："回眸一笑百媚生，六宫粉黛无颜色。"

杨贵妃长得究竟有多美？根据古人的一些画像和文献中的零星记载，有人大致勾画出以下形象轮廓：柳叶眉，丹凤眼，蒜头鼻，樱桃口，贴脑耳，鬓发腻理，花肤雪艳；身高约一米六五，体重在六十公斤左右，有着女性黄金比例的身材。这般容貌、肤色、身材结合起来，难怪唐玄宗这个风流皇帝也不禁为之神魂颠倒，从此君王不早朝！

真正吸引唐玄宗的，也许并不是杨贵妃的美，而是两个人因为志趣相投成了艺术知音和精神伴侣。杨贵妃天生丽质，加上宦门世家优越的教育环境，她自幼饱受艺术熏陶，文化修养深厚，精通音律，擅长歌舞。唐玄宗恰恰也是钟情乐舞的帝王，并且颇有造诣，不少贵族子弟都曾在梨园受过他的训练。他曾组建过"宫廷乐队"，选拔子弟三百人、宫女数百人，亲为指导。对于这样才情俱佳的"艺术"帝王，精通音律的杨玉环自然显得格外有魅力。两人恰如一对神仙眷属，携手嬉戏人间，鱼水和谐、琴瑟相调。有一次，唐玄宗倡议用内地乐器配合西域乐器开一场演奏会，杨贵妃积极应和。当时玄宗手持羯鼓，贵妃怀抱琵琶，轻歌曼舞，昼夜不息。杨贵妃还是个击磬高手，她演奏时"拊搏之音泠泠然，多新声，虽梨园弟子，莫能及之"。为讨得美人欢心，玄宗特意令人将蓝田绿玉精琢为磬，并饰以金钿珠翠，珍贵无比。

两个人乐舞和谐的顶峰之作是霓裳羽衣。相传唐玄宗创作《霓裳羽衣曲》后，杨玉环很快就编配出《霓裳羽衣舞》，然后依韵而舞，身段飘摇，翻跃如风，非常漂亮。杨贵妃不仅编导《霓裳羽衣舞》，有时还亲自参加演出。唐玄宗宴会诸王于木兰殿时，杨贵妃曾醉舞霓裳羽衣，广袖舒展，婀娜多姿，唐玄宗龙颜大悦，方知可以回雪流风，可以回天转地，真不知那该是多么浪漫而唯美。杨贵妃很自信地对唐玄宗说："一曲霓裳羽衣，足压千古。"天宝年间，两人把大量精力放在了轻歌曼舞上面，充分享受着他们的歌舞人生，也把大唐乐舞推向了一个新的高潮。

唐玄宗把杨玉环一朝选在君王侧的故事，要从咸宜公主的洛阳婚礼讲起。杨玉环出自世代官宦门庭，祖父一辈仕途不顺，家道中落。父亲杨玄琰官至蜀州司户参军，杨玉环的童年是在蜀州度过的。在她十岁时，父亲以罪下狱而死，杨玉环便被寄养在洛阳的叔父（杨玄珪，河南府士曹）家生活。咸宜公主婚礼，杨玉环应邀参加，公主的胞弟寿王李瑁对青春年少的杨玉环一见钟情，当年杨玉环就被册立为寿王妃。五年之后，第一次见到杨玉环的唐玄宗也对她一见钟情，并且被其姿色深深迷住。唐玄宗做了一番表面文章，先是打着为母亲窦太后荐福的旗号，下诏令杨玉环出家做道士，并赐道号"太真"，命令杨玉环搬出了寿王府，住进了太真宫。然后，他将大臣韦昭训的女儿许配给寿王李瑁，并立为妃，以此来安抚寿王。又过了五年，杨玉环守戒期满，唐玄宗便下诏让杨玉环还俗，并将她接入宫中，正式册封其为贵妃，自此再未立皇后，因此杨贵妃虽无后名，实居后位。玄宗说："朕得杨贵妃，如得至宝也。"

杨玉环不是一个政治人物，她没有政治城府，也没有政治欲望，她只是一个爱好唱歌跳舞、爱好享乐的单纯女子。自入宫以后，她从不过问朝廷政治，不插手权力之争，只是以自己的妩媚温顺及过人的音乐才华赢得玄宗的百般宠爱。得宠日久，自然恃宠骄纵。云想衣裳花想容的是她，三千宠爱在一身的是她，一骑红尘妃子笑的是她，醉酒浇愁放浪形骸的是她，触怒龙颜被贬出宫的还是她。她撒娇，她胡闹，她任性，她扮痴，她不忌规矩，她不需心机，她简单、纯粹地享受着青春，痛快淋漓地做着被宠坏的女人，整个大唐，似乎都在欣赏唐玄宗和杨贵妃轰轰烈烈的爱情。

"姊妹弟兄皆列土，可怜光彩生门户。遂令天下父母心，不重生男重生女。"这是白居易描述杨家得势时的境况。由于杨贵妃得到隆宠，杨家满门均获赠高官，甚至原为市井无赖的远房兄弟杨钊，因善计筹，在玄宗与杨氏诸姐妹赌博时，被下令计算赌账，后来更被赐名国忠，身兼度支员外郎等十余职，操纵朝政。也是这个杨国忠，导致了群臣不满、朝纲不稳，大唐江山差点毁于一旦。

杨贵妃一生没有生育。唐玄宗专宠她十几年时间，她也没有给唐玄宗生下一儿半女。但她有一个"养子"，那就是安禄山。番将安禄山因边功备受玄宗恩宠。安禄山为求恩固宠，竟然恬不知耻地向唐玄宗提出请求，那就是"请为贵妃儿"。当时安禄山年已四十五岁，而杨贵妃仅二十九岁，安禄山比杨贵妃大了整整十六岁。安禄山为了成为唐玄宗的宠臣，唐玄宗则为了笼络安禄山，两人联袂上演了一出荒唐的"养子"闹剧。杨贵妃宠冠六宫，安禄山每次进见，总是先拜贵妃。玄宗不解，问为什么如此。安禄山回答说："蕃人先母而后父。"玄宗听了，心里非常喜欢。"养儿"风俗在唐朝是非常流行的。杨贵妃奉唐玄宗之命，收安禄山为养子，原本没有什么可指责的。问题在于安禄山利用这种习俗，却是别有用心。

唐玄宗曾是一个雄才大略、开启开元盛世的明君，但随着岁数增长，治国之志渐衰，淫逸之心膨胀。在倦怠政事的帝王面前，李林甫逐渐专权，杨国忠再乱朝纲，帝国的灾难不可避免地发生了。唐玄宗天宝十四年（755年），安禄山以讨伐杨国忠为名，行夺取皇权之实，起兵叛乱，直指长安。次年，唐玄宗带着杨贵妃逃往蜀中，途经马嵬驿时，突发兵变，以陈玄礼为首的随驾禁军军士，乱刀杀死杨国忠，并一致要求处死杨贵妃。唐玄宗言国忠乱朝当诛，然贵妃无罪。他本欲进行赦免，无奈禁军士兵皆认为贵妃乃祸国红颜，安史之乱因贵妃而起，不诛之难慰军心、难振士气，然后继续将玄宗的行宫团团围住。"六军不发无奈何"，唐玄宗接受高力士的劝言，赐杨贵妃白绫一条，杨贵妃缢死在佛堂的梨树下。一个无意于政治的简单女人，最后却被政治的旋涡裹挟、吞没。

杨贵妃陪伴玄宗前后共十六年，始终把服侍君王作为她唯一的职责。直至最后时刻，她又以自己的生命换取了老皇帝的平安，以自己的花钿委地换取了大唐的重生。我们并不否认唐玄宗对杨贵妃的真情付出，但面对马嵬驿血腥的心灵拷问，他只能君王掩面救不得，一败涂地。爱江山更爱美人，那是男人挂在嘴上的美丽谎言，清代袁枚说得最直白："到底君王负旧盟，江山情重美人轻。玉环领略夫妻味，从此人间不再生。"

李 冶

写诗写掉脑袋的女冠诗人

谈唐朝必谈唐诗，谈唐诗必谈李冶。作为我国古典诗歌的全盛时代，唐朝诗人群星璀璨，数不胜数。在庞大的诗人方阵里，仅女诗人就出现了二百零七位，其中最为著名的是李冶、薛涛、鱼玄机，她们被称为"唐代三大女冠诗人"。这三人才情过人，诗文不让须眉，但天妒红颜，三人都是命运多舛。这里单说李冶。

李冶生于浙江吴兴，禀受江南灵秀之气，生得妩媚可人，眉目如画，机敏灵巧。《唐才子传》记载，李冶"幼聪慧，及长姿容美艳，神情潇洒，专心翰墨，善弹琴，尤工格律，诗风豪爽，时人称自鲍令晖以下，罕有其伦"。可见，除长相靓丽外，李冶是个不折不扣的才女。六岁那年，正是阳春三月，百花盛开，父亲带着小李冶外出游玩。看到蔷薇曼柔的枝条四处伸张，小李冶吟出"经时未架却，心绪乱纵横"的句子，意思是说，蔷薇花枝该架不架，长得乱蓬蓬的，就像人心烦意乱时的心绪。父亲惊叹女儿文才卓然，又觉得她小小年纪，居然性情不宁，担心她长大后成为"失行妇人"，便在她十一岁时将她送到玉真观中做道士，希冀借助青灯黄冠的清修，来消弭她心中滋生的孽障。

唐代女道士是一种十分奇特的角色。因为唐代是李家江山，与老子李耳同姓，所以尊奉老子为太上玄元皇帝，于是道教盛极一时。道士的地位比较高，他们享受供养，衣食无忧，也没有劳役之苦。女道士装束特别，头戴黄缎道冠，故又被称为"女冠"。她们远离礼教羁绊，生活无拘无束。在清幽道观中，李冶改名李季兰，诵经悟道，吟诗弹琴，不知不觉中，这个穿着灰色道袍的少女渐渐出落得冰肌玉肤，亭亭玉立。她悟性又甚高，在翰墨及音律上都达到了很深的造诣。

随着渐渐长大，加上交际自由，才貌出众的李季兰迅速成为人们争相结识的社会名流。作为女冠诗人的她，与当时的许多文人雅士多有交集，名士朱放是与她交情颇深的一个。两人经常游山玩水，饮酒品茗，抚琴赋诗。后来，朱放奉诏前往江西为官，两人常有书信来往。李季兰寄给朱放的一首诗写道："离人无语月无声,明月有光人有情。别后相思人似月,云间水上到层城。"

李季兰像一个独守空闺盼夫归的妻子那样等待着朱放,"相思无晓夕,相望经年月",凄寂的情怀换成了一首又一首幽怨缠绵的诗。在她的感情空窗期,风流倜傥的"茶圣"陆羽适时出现。陆羽相貌清秀,神情俊逸,在龙盖寺中饱读经书,也是博学多才的世外高人。在一个暮秋的午后,陆羽慕名前往玉真观拜访李季兰,两人谈得十分投机。后来,两人往来甚密,从谈诗论文的朋友,慢慢地成为心意相通的挚友,最终成为心心相印的情侣。一次,李季兰身染重病,迁到燕子湖畔调养,陆羽闻讯后,急忙赶往病榻边殷勤相伴,煎药煮饭,悉心护理。李季兰病愈后特作了一首《湖上卧病喜陆鸿渐至》的诗作答谢,其诗云:"昔去繁霜月,今来苦雾时。相逢仍卧病,欲语泪先垂。强劝陶家酒,还吟谢客诗。偶然成一醉,此外更何之?"

李季兰交往广泛,写下了大批互相酬赠的诗作。和她交往的著名男人包括诗僧皎然以及写了著名诗句"日暮苍山远,天寒白屋贫。柴门闻犬吠,风雪夜归人"的诗人刘长卿等人。诗僧皎然俗家姓谢,是大诗人谢灵运的十世孙,出家到梯山寺为僧,善写文章,诗画尤为出色。李季兰被皎然出色的才华、闲定的气度深深吸引,常常借诗向他暗示柔情。可惜作为僧人的皎然早已看破红尘、心如止水,任李季兰如何抛媚眼,也不能让皎然春心萌动。皎然写下一首《答李季兰》的诗表达自己的心意:"天女来相试,将花欲染衣。禅心竟不起,还捧旧花归。"对皎然的沉定之性,李季兰慨叹:"禅心已如沾泥絮,不随东风任意飞。"做不成情人做朋友,李季兰对皎然愈加尊敬。

三十岁过后的李季兰,性格更加开放,交友也越来越多,时常与远近诗友会集于乌程开元寺中,举行文酒之会,即席赋诗,谈笑风生,一时传为美谈。她和刘长卿的斗诗趣事,就发生在乌程诗会。话说刘长卿诗风健朗,身体却不大健朗,患有"疝气"(病象是肠子下垂,使阴囊胀大),于是刘长卿为了减少痛苦,便经常用布兜托起阴囊。谁知风流大胆、毫无禁忌的李季兰,立马套用了田园诗鼻祖陶渊明的诗句"山气(和'疝气'谐音)日夕佳"打趣刘长卿。当然,作为著名诗人的刘长卿也不遑多让,即刻用陶渊明的另一句诗"众(和'重'谐音)鸟欣有托"回敬。关于这一

李冶:写诗写掉脑袋的女冠诗人

段,唐朝高仲武《中兴间气集》记载:"举座大笑,论者两美之。"

风流皇帝唐玄宗李隆基听闻李季兰大名,下诏命她赴京一见。接到诏命,李季兰踌躇万分,既为这种难得的殊荣而惊喜,又为自己美人迟暮而伤感,毕竟已是不惑之年,如花美貌已衰落大半。西上长安前,李季兰写下一首《恩命追入,留别广陵故人》:"无才多病分龙钟,不料虚名达九重。仰愧弹冠上华发,多惭拂镜理衰容。驰心北阙随芳草,极目南山望归峰。桂树不能留野客,沙鸥出浦漫相峰。"

这一次进京,李季兰展示了八斗诗才和犹存风韵,享受了浩荡皇恩,从此她更是名动天下,影响也举足轻重。世事似有勾连,她晚年再次进京的命运就此埋下了伏笔。且说李季兰晚年时,大将朱泚叛乱篡位,立国号大秦,自称大秦皇帝,从而打碎唐朝百年繁华。为笼络民心,朱泚要久负盛名的诗人李季兰为他写诗。也许出于叛将的逼迫,也许出于对大唐的失望,李季兰应允了。怎知这一写,竟写掉了自己的脑袋。

朱泚叛乱中,唐德宗仓皇逃出京城。在费尽气力平叛之后,德宗皇帝再度回到了京师长安,叛臣朱泚被满门抄斩,株连九族。他发现李季兰居然与朱泚有诗文往来,认为李季兰变节投敌、邀宠献媚。盛怒之下的德宗将李季兰召入宫中,大声斥责道:"汝何不学严巨川有诗曰:手持礼器空垂泪,心忆明君不敢言?"李季兰无言以对。德宗掉过头去,下旨将其乱棍扑杀。就这样,年老体弱的李季兰在酷刑之下一命归西,时年七十五岁。

历史烟云遮不住诗歌艺术的光芒。《全唐诗》收存的十六首李季兰的诗,让我们依稀可见女诗人昔日的才情风流,尤其是那首《八至》诗:"至近至远东西,至深至浅清溪。至高至明日月,至亲至疏夫妻。"这首诗写尽了一个历经多次聚散、体验太多爱恨的女冠诗人对于爱情的深至哲理的感悟。可以作这样的小结:李季兰的一生,在诗歌方面,才华横溢,是光艳夺目的一生;在交友方面,名流荟萃,是潇洒不羁的一生;在爱情方面,却始终情怯,又是笑中含泪的一生。

薛 涛

万里桥边女校书

"万里桥边女校书,枇杷花里闭门居。扫眉才子知多少,管领春风总不如。"唐朝诗人王建饱含赞美、钦佩之意的诗句,也是当年普天下男人共同的心声。万里桥边的这位女校书,就是唐代著名女诗人薛涛。如今,诗人薛涛和诸葛武侯、诗圣杜甫并称成都三大文化名片。

有一段关于薛涛的趣闻佳话。薛涛聪慧过人,八岁能诗,洞晓音律,多才多艺,又姿容美艳,声名倾动一时。父亲薛郧视之为掌上明珠。一年夏天,薛郧在庭院梧桐树下歇凉,微风吹来,梧桐树叶沙沙作响,他忽有所悟,吟诵道"庭除一古桐,耸干入云中",并要小女儿对诗。九岁的薛涛随口应道"枝迎南北鸟,叶送往来风",对答之高妙,让父亲极为惊讶。

薛郧入蜀为官,一家人便从长安迁居成都。薛涛十四岁时,父亲因为出使南诏沾染了瘴疠而离开人世。两年后,为了生计,薛涛凭借"容姿既丽"和"通音律、善辩慧、工诗赋",加入乐籍,成了一名侍酒赋诗、弹唱娱客的营妓。

中书令韦皋时任剑南西川节度使,他既是一位军功卓著的军事家,又是一位儒雅博学的诗人。韦皋很欣赏薛涛才华,经常召她到帅府侍宴赋诗。一次酒宴中,薛涛提笔而就《谒巫山庙》,"朝朝夜夜阳台下,为雨为云楚国亡。惆怅庙前多少柳,春来空斗画眉长",写巫山云雨,却不沾粗俗,境界开阔,直令韦皋拍案叫绝。

在韦皋热捧下,薛涛声名鹊起。韦皋觉得以薛涛的才华,身处乐籍实在委屈,就让她参与案牍政务。后仍感觉她大材小用,便打算向朝廷为薛涛求取校书郎之职。校书郎的主要工作是撰写公文和典校藏书,虽然官阶不高,但门槛不低,按规定,只有进士出身的人才有资格担当此职,大诗人白居易、王昌龄、李商隐、杜牧等都是从这个职位做起的,历史上还从来没有哪一个女子担任过校书郎。韦皋的创新之举遭到了幕僚们的一致反对,说是让妓女为官,既有损名声也不成体统。这事虽然最终作罢,但"女校书"的名字却不胫而走。

薛涛红得发紫，不免有些恃宠而骄。官员为了求见韦皋，多走薛涛的后门，纷纷给她送礼行贿，而薛涛"性亦狂逸"，你敢送我就敢收。不过她并不爱钱，收下之后往往上交。即使如此，影响也是不小。韦皋一怒之下将薛涛发配到松州，以示惩罚。松州就是今四川松潘，地处边陲，人烟稀少，兵荒马乱。"闻道边城苦，而今到始知。却将门下曲，唱与陇头儿。"薛涛开始后悔自己的轻率与张扬，于是将感触诉诸笔端，写下了动人的《罚赴边有怀上韦令公》，细腻地表达了对主人韦皋的依靠之情、懊悔之意，情感哀婉，却很有分寸，毫无摇尾乞怜之态。韦皋读后，情为所动，于是一纸令下，又将薛涛召回成都。这次磨难，让薛涛看清了自己。"但得放儿归舍去，山水屏风永不看。"归来不久，她就脱去乐籍，成了一个自由身，寓居于成都西郊浣花溪畔，在院子里种满了枇杷花。那一年，她不过二十岁。

后来，韦皋因镇边有功受封为南康郡王，离开了成都。刘辟任西川节度使，起兵谋反，并想借薛涛的名人效应来笼络人心，可不管是威胁还是利诱，都遭到了薛涛的断然拒绝。刘辟大怒，将她发配到边地。这次赴边，薛涛全然没有第一次的茫然与惊慌，她从容而行，没有半点求免之意。后来高崇文平叛了刘辟后，派人专程把薛涛迎回。从高崇文开始，西川节度使走马灯似的换，每一任节度使都被薛涛的绝代风华吸引，奉她为座上宾。李德裕镇守西川时，命人在成都建了一座"筹边楼"，楼成之时，他在上面大宴宾客。薛涛应邀前来，即席赋诗，写下了著名的七言绝句《筹边楼》："平临云鸟八窗秋，壮压西川四十州。诸将莫贪羌族马，最高层处见边头。"这首诗诗意豪迈，风格雄浑，意境深远，完全没有一丝脂粉女儿之态。李德裕等人看罢，无不赞叹。

才貌双全的薛涛一时成为主流社会的红人，白居易、张籍、王建、刘禹锡、杜牧、张祜等大腕均在她的朋友圈中。与高官名士交往时，薛涛从来都不卑不亢，甚至还偶露孤傲。但在四十二岁这一年，她突然"径直低到了尘埃里"——她遇到了元稹。

这个为亡妻写下"曾经沧海难为水，除却巫山不是云"的多情、有才、风流倜傥的男人，注定是薛涛命里的劫数。当时正如日中天的诗人元稹，以监察御史的身份，奉命出使蜀地。他久闻薛涛芳名，特地约她在梓州相见。对薛涛而言，这本是一场司空见惯的应酬活动，可是与元稹一见面，薛涛就被这位年仅三十一岁的年轻诗人俊朗的外貌和出色的才情所吸引，比元稹年长十岁的薛涛内心里激起了如同少女般萌动的涟漪。她一首才情毕现的《四友赞》彻底征服了元稹。于是，那个春日，浣花溪畔，桃花漫天，杨柳如烟，一见钟情的他们开始了如胶似漆的缱绻时光。

"双栖绿池上，朝暮共飞还。更忆将雏日，同心莲叶间。"这首《池上双凫》完全失去了薛涛往日大气豪迈的诗风，热恋当中的小女儿态表露无遗。

爱情虽然来得有些迟，但却让薛涛感受到了从未有过的幸福，两个人流连在锦江边上，相伴于蜀山青川。那段时光，是薛涛一生中最快活的日子。然而幸福总是短暂的，缱绻旖旎的生活只过了四个月，元稹便因公调离川地，任职洛阳。薛涛开始了这一生漫长的等待。

等待的日子，每一天都那么漫长、沉重、压抑。"雨暗眉山江水流，离人掩袂立高楼"，是对她落寞心情的真实写照。令她欣慰的是，很快她就收到了元稹寄来的书信，上面同样寄托着一份深情："别后相思隔烟水，菖蒲花发五云高。"劳燕分飞，两情远隔，此时能够寄托她的相思之情的，唯有一首首诗了。

从起初的揪心思念和期待，到后来的音信渐渺和失望，越盼越煎熬，越盼越伤心，虽时有诗词唱和，却不能慰藉相思之苦。为留住渐行渐远的爱情，心思细腻又浪漫的薛涛自制了桃色红笺，一次次写下自己的相思，一遍遍吟唱自己的期盼。"去春零落暮春时，泪湿红笺怨别离……只欲栏边安枕席，夜深闲共说相思。"无以排遣的相思，红笺张张里，相思又一年！

再说元稹。他是个感情不羁的风流才子，他有个初恋情人崔莺莺，但为了求取功名而将其抛弃，为此他写作了《莺莺传》（又名《会真记》），这就是著名的《西厢记》的原型。妻子韦丛去世后，他又先纳妾安仙嫔，续娶裴淑，此后这二人都亡故。再后来，元稹在浙江绍兴任越州刺史兼浙东观察使，已过不惑之年的他忽然旧情萌发，颇有意把十几年未见的薛涛接过来"叙旧"，不巧他这时遇见了浙东名妓刘采春，于是再次将薛涛抛在了脑后，用他的话说"她（指刘采春）诗才虽不如涛，但容貌美丽，非涛所能比也"。

一边是花心男儿频频地换，另一边是痴情女子定定地盼。柔肠百转的相思之苦，汇聚成了流传千古的名诗《春望词》："花开不同赏，花落不同悲。欲问相思处，花开花落时……那堪花满枝，翻作两相思。玉箸垂朝镜，春风知不知。"

绝望的泪水早已湿透桃花笺纸，而负心人却再也没有回来。这场真挚而炽热的爱情，耗尽了薛涛的如海春心。哀莫大于心死。薛涛脱下了极为喜爱的红裙，换上了一袭灰色的道袍。浣花溪畔仍然车马喧嚣，人来人往，然而那个种满菖蒲、枇杷以及木芙蓉的独门小院内，主人却已心如止水。

薛涛一生作诗五百多首，然而大多散失，至今仅存九十余首，十分令人惋惜。薛涛的字也写得漂亮，笔力峻激，行书妙处，颇得右军之法，为世人称道。就是这样一个女子，用一唱三叹的诗情和爱情把自己的名字永远留在了巴山蜀水，留在了中国文学史上。今天，成都有两处可以寻觅芳踪的地方：一个是吟诗楼，距杜甫草堂不远，点缀着锦江秀丽风光，那是薛涛晚年栖息吟咏之地；另一个是望江楼，又名崇丽阁，为清人纪念诗人薛涛所建。薛涛墓就在望江楼公园一隅，那份安静，让人脚步轻轻，不忍打扰。

鱼玄机

从真诗人到假道姑

鱼玄机，这是我最不愿触及的一个名字。

唐宣宗大中十二年（858年），长安城南崇真观。一群新科进士正在观壁上争相题诗留名。在这群意气风发的须眉男子身后，一名十四岁的少女如空谷幽兰般孑然独立。听着那些男人的相互吹捧，她感慨万分，诗情涌动，随手写下一首七绝："云峰满月放春晴，历历银钩指下生。自恨罗衣掩诗句，举头空羡榜中名。"

她就是诗名盛播、才倾长安的神童诗人鱼幼薇。

一首七言绝句实现不了鱼幼薇的鸿鹄之志，却影响甚至改变了她一生的命运。江陵名门之后李亿赴京任职，由大诗人温庭筠牵线，与才貌俱佳的鱼幼薇相识，李亿对鱼幼薇顿生倾慕之情，并如愿以偿抱之人怀。

温庭筠和鱼幼薇又是什么关系？应该说，这一老一少，忘年之交，互相都是对方生命里至关重要的人。鱼幼薇十岁时就失去了父亲，已届不惑之年的温庭筠以老师、父兄、朋友的角色，走进了天才少女的生活。他如一缕耀眼的阳光，给了她亲情的温暖、文学的熏陶和心灵的寄托。那些年，他和她诗文唱和，他陪伴着她快乐成长。日复一日，年复一年，才华横溢的他在她的心里深深扎根。情窦初开的年纪，鱼幼薇痴迷地爱上了温庭筠。温庭筠离开长安，调任襄阳时，鱼幼薇写下一首五言律诗《遥寄飞卿》："阶砌乱蛩鸣，庭柯烟露清。月中邻乐响，楼上远山明。珍簟凉风著，瑶琴寄恨生。稽君懒书礼，底物慰秋情。"借诗吐露了她寂寞相思的心声。也许，她对他的那份感情说不上是男女之爱，而更准确地说是一份依赖，是情窦初开的少女心中那一点点柔情悸动。后来久久不见回音，鱼幼薇又以少女的幽怨情怀，写下了柔肠百结、如泣如诉的《冬夜寄温飞卿》："苦思搜诗灯下吟，不眠长夜怕寒衾。满庭木叶愁风起，透幌纱窗惜月沈。疏散未闻终遂愿，盛衰空见本来心。幽栖莫定梧桐处，暮雀啾啾空绕林。"

年老的大诗人无法正视青春逼人的鱼幼薇，毕竟，她是他心底里绽放的一枝纯净不染的白莲。

于是，温庭筠做起了月老红媒。在他的撮合下，鱼幼薇与端正健壮、性情温和的江陵李亿一见倾心，再见钟情，双双坠入爱河。不久，唢呐声声，花轿颠颠，十六岁的鱼幼薇嫁给了李亿做妾室。

李亿在千里之外的江南老家还有一个正妻裴氏，但鱼幼薇并不在乎，她全身心地投入，沉醉于那一段两情相悦你侬我侬的美好时光。她想好好做一个小妾，将来和那个女人一起侍奉夫君。

命运往往不遂人意。当李亿把裴氏接到长安后，鱼幼薇的如梦佳期风云突变。没想到裴氏原来是个心胸狭窄、凶残至极的人，见面之后对她百般挑剔，天天施暴。为平息正妻之怒，性情软弱的李亿无奈之下以一纸休书将鱼幼薇扫地出门，暗地里却告诉她，要将她安排在曲江附近一处僻静道观——咸宜观，以便日后幽会偷欢。

小小年纪的鱼幼薇，就这样住进了咸宜观，穿上了道服，她的名字从此变成了鱼玄机。虽然被裴氏折磨得遍体鳞伤，但她的心依然鲜活如初。她相信爱情没有结束，她相信李亿还会回来。咸宜观内春花秋月，鱼玄机默默吞咽着相思苦泪，用笔墨抒写思念情怀。一晃三年过去了，她怎么也没有想到，李亿早已携妻前往扬州赴任，离京之前连个招呼也没打。天天盼望的和李亿之间的爱情，和她当年慨叹的女子求功名一模一样，都是镜花水月。

爱之深，恨之切。绝望透顶的鱼玄机决定丢掉冰清玉洁，报复那个辜负自己的男人。她在道观门前贴上了"鱼玄机诗文候教"的告示，期待着以文会友，再遇知音，以诗文和纵欲疗伤，借以排遣岁月的寂寥。

才貌双绝的鱼玄机，长安城里谁人不知？尤其在文人圈里，她几乎是可望而不可即的梦中情人。如今她高张艳帜，众人岂有错过之理？于是，狂蜂浪蝶纷至沓来，几乎挤破咸宜观的大门。她以生动的身体、泼辣的性格和绝世的才貌，迅速使长安城沦为废都。

那些优哉美哉的放荡日子，对鱼玄机来说，是一种安慰，也是一种荼毒。她的痛苦之情日益减轻，可她那曾经高洁的灵魂也在日益委顿。辗转难眠的长夜，鱼玄机写了许多怀念李亿的诗，她想提醒自己，心底某个角落还有一份灵魂的干净。令人遗憾的是，这种以诗文拯救灵魂的努力是徒劳的，并不足以抵消她心中的焦虑不安，拦阻她脾气的日益暴躁。

事情终于发生了。

有一天鱼玄机因事外出，恰巧她的伴侣陈韪来访，陈韪相貌堂堂，是鱼玄机一向最为亲近的男诗友。她怀疑侍女绿翘很有可能趁自己不在道观的机会主动勾引了陈韪。为了验证自己的想法，当天夜里，点灯关门之后，鱼玄机就把绿翘叫到自己的卧室进行审问。绿翘告诉鱼玄机，当时来客骑马立在门外，而自己是关着门跟他对话的，最后来客没有说话就骑马走了。她还表示，自己多年来只知道拿巾端水侍候主人，并且每时每刻都注意检点言行，根本不曾有过杂思邪念。没想到，鱼玄机听完更加愤怒。因为在她看来，侍女绿翘话中有话。一怒之下，鱼玄机拿着竹板狠狠地拷打起绿翘来。面对主人的暴行，绿翘非常气愤。所以，她决定进行道理上的抗争。她指责主人鱼玄机不能忘掉男女私情的欢乐，自己这样做也就罢了，现在反而怀疑起别人来，诬陷自己这个严守贞操的人。没想到这句话深深刺中了鱼玄机的软肋。她发狠再打，竟然失手将绿翘打死在地上。惊慌之下，鱼玄机连夜在道观的后院挖了个坑，偷偷地把绿翘的尸体给埋了。

在之后的很多日子里，每当有人问起绿翘，鱼玄机就说自己的这个侍女耐不住寂寞和人私奔了。但这个人命大案不久就真相大白了。到了夏天，由于尸体埋得不深，尸臭味散发出来，引起了人们的怀疑。鱼玄机对自己杖杀侍女绿翘一事供认不讳，京兆府衙门主审官员执法如铁，不久鱼玄机就被处决。年仅二十六岁的惊世才女鱼玄机，就这样匆匆告别了人间。

"羞日遮罗袖，愁春懒起妆。易求无价宝，难得有心郎。枕上潜垂泪，花间暗断肠。自能窥宋玉，何必恨王昌？"

这首《赠邻女》是鱼玄机的代表作，其中"易求无价宝，难得有心郎"二句更是千古传诵。这是她留给世人的经典名句，也是她命运脉络的精准释义。

公孙大娘

开元盛世第一舞者

公孙大娘，名字虽然叫大娘，人却是个青春美少女。唐代的称呼，常常来自兄弟姐妹中的排行，即"以行第系于名者"。翻开唐代诗文集，随处可见人名中的数字。如李白叫李十二，王维叫王十三，韩愈叫韩十八，不光男的称行第，女的也以行第称呼，被称为"某几娘"，如黄四娘、李十二娘等，公孙大娘显然在家中排行老大。因为非官非宦，正史、野史都未记载，她的身世和生卒年月都无据可考，倒是《全唐诗》有不少诗文提及，她是一位极富传奇色彩的女人，唐代开元年间极负盛名的舞蹈家。

盛唐时期是中国舞蹈发展史上的黄金时代，也是乐伎舞蹈的全盛时期，能歌善舞的乐伎遍及社会的各个阶层。当时的舞蹈有健舞、软舞之分，健舞矫健刚劲，软舞柔婉有致。著名舞者公孙大娘是健舞中的翘楚，她在民间献艺，观者如山，应邀到宫廷表演，无人能比。她在继承传统剑舞的基础上，大胆创新，把汉族传统的剑舞和西域传来的风俗性舞蹈融合在一起，产生了一种崭新奇特的艺术效果，一时风靡整个大唐。

公孙大娘最为擅长的剑舞，是《裴将军满堂势》。裴将军名裴旻，玄宗时任金吾将军（掌管京师治安的官员），开元前期曾随信安王西征吐蕃，北伐林胡，屡建军功，以剑术著称于世。画家吴道子在洛阳天宫寺观看裴将军舞剑后激动不已，拿起画笔涂墨于壁，飒然风起，"有若神助"，成就了"道子平生绘事，得意无出于此"的杰作。

公孙大娘和裴将军有没有师徒关系，不得而知，至少她擅长的《裴将军满堂势》，应该有裴将军剑舞之风。所谓"满堂势"，可能是一种地位调度很大，动作豪迈、矫健、灵活，技巧艰深的舞蹈。表演时满场飞舞，惊心动魄，动作很大，在视觉形象上更为壮观。

唐代大诗人杜甫曾作《观公孙大娘弟子舞剑器行》一诗，形象地描写了公孙大娘精湛的舞蹈技艺。我们不妨根据杜甫的诗句来想象一下公孙大娘表演时的情景。

在全场黑压压的观众注视下，公孙大娘手持一柄青光耀目的太阿剑，悄然上场；此时全场寂静，骤然，乐起，她腾身飞跃，剑尖撩起；乐疾，急管繁弦，鼓声点点，如雨打浮萍，公孙大娘身姿旋转，矫若游龙，只见银光熠熠，剑影闪过，不见人影，稍倾，云卷雨息，"一舞剑器动四方"；她箭步跃起，将剑连续刺击青天；她双腿飞腾，又像神仙驾着蟠龙翱翔于云端，"霍如羿射九日落，矫如群帝骖龙翔"；舞至高潮，天地倾斜，雷霆万钧滚滚而来，山河为之变色，"观者如山色沮丧，天地为之久低昂"；倏然之间，舞毕，风平雷息，如同波涛汹涌的江海渐渐恢复了平静，只有那把宝剑还在发射出耀眼的清光，"来如雷霆收震怒，罢如江海凝清光"。

杜甫是在看了公孙大娘的徒弟李十二娘的表演后有感成诗的，写作时距他幼年亲眼见公孙大娘的表演已隔五十年。

公孙大娘虽然再没有浮出水面，但她的影响力着实了得。据说当时的著名书法家张旭，在一次观赏了公孙大娘的舞姿剑影后，待在现场陷入久久的沉思，他从中窥察到了放纵飘逸、若疾乍徐、缓急轻重的节奏和倏聚倏散、景断意连、跌宕欹侧的结构，并将其运用在书法创作上，从此"挥毫落纸如云烟"。杜甫说他"见公孙大娘舞西河剑器，自此草书长进"。张旭自己谈到他的草书创作长进时，也感称："见公孙大娘舞剑器，而得其神"。不但张旭，和尚怀素的书法创作也深受公孙大娘的剑器舞影响，《乐府杂录》记载："开元中有公孙大娘善舞剑器，僧怀素见之，草书遂长，盖准其顿挫之势也。"怀素的书法作品，藏锋内转；笔势狂怪怒张，神采飞舞，似骤雨旋风，声势满堂，又如剑气凌云，神惊鬼泣。《续书断》列其书为妙品，称"如壮士拔剑，神采动人"，与公孙大娘的舞姿有异曲同工之妙。

世事浮云，虽有盛唐第一的剑舞技艺，但公孙娘子最终的结局却是行迹杳然。史家普遍推测，公孙大娘遭遇了把大唐帝国闹得山河破碎的安史之乱，很可能在战乱中流落江湖，不知去向。相对于生前身后名，她的模糊身世也许并不重要，人们谈起公孙大娘，更多的话题是关注她的盖世技艺对诗书二圣的影响。正是因为她，我们才有幸看到了草圣张旭的一卷绝妙丹青，才有幸读到了诗圣杜甫的一首慷慨悲凉的《剑器行》，有不朽的艺术作品留世纪念她，这位绝代佳人当不再寂寞。

回首遥望历史迷蒙处，我们依稀看得见公孙大娘的锦衣玉貌，依稀看得见她那人剑合一的飒爽英姿！

关盼盼

被白居易逼死的痴情才女

关盼盼，出身于书香门第，貌美如花，精通诗文，能歌善舞，后来家道中落，沦入青楼，成为徐泗一带的著名歌妓。时任徐州守帅的张愔，性喜儒雅，颇通文墨，格外赏识关盼盼的诗文歌舞，不惜重金将关盼盼接出青楼，纳为家妾。虽然张府妻妾成群，张愔却对关盼盼情有独钟，偏爱有加，关盼盼感动之余，也把内心全部柔情倾注于这个蓝颜知己，二人两情相悦，如胶似漆，十分恩爱。

名满天下的大诗人白居易当时官居校书郎，有一次远游来到徐州，素来敬慕白居易诗才的张愔设盛宴殷勤款待。酒酣之余，张愔让盼盼为客人表演歌舞，想借机展露一番自己爱妾的才艺。关盼盼对这位大诗人也心仪已久，欣然领命，倾情献艺，表演了自己拿手的"长恨歌"和"霓裳羽衣舞"。白居易惊喜之余，当即写下一首赞美关盼盼的诗，诗中的"醉娇胜不得，风嫋牡丹花"，意思是说关盼盼的娇艳情态无与伦比，只有花中之王的牡丹才堪与她媲美。这样的盛赞，又是出自白居易这样一位颇具影响的大诗人之口，使关盼盼的艳名更加香溢四方了。

两年之后，张愔病逝徐州，葬于老家洛阳北邙山下。张府中的妻妾家眷很快风消云散，各奔前程而去。独有关盼盼无法割舍与张愔的点滴恩爱，矢志为张愔守节。张府易主后，关盼盼便移居到徐州西郊的一处别墅。

这处别墅就是张愔生前特地为关盼盼兴建的燕子楼，这里依山面水，垂柳依依，风景绝佳，雅致宜人。春夏季节，常有双双对对的燕子穿柳而过，翩然飞至楼头，给这里幽静的环境增添几分生机，因此得名燕子楼，这是关盼盼和张愔一同议定的楼名。昔日关盼盼与张愔常常双双在燕子楼上看夕阳暮色，在溪畔柳堤上缓缓漫步，多少个月明之夜喁喁低语，数不清的晓雾朦胧中相偎相依。如今燕子依旧双双飞，人却形单影只对长夜。日复一日，关盼盼独居燕子楼，以写诗伤春打发时光，不再歌舞，也懒于梳洗理妆。忠于旧情、守节不移的关盼盼，赢得了远近许多人的怜惜和赞叹。

春去春又来,燕子飞又回,不知不觉十年过去了。

一天,曾在张愔手下任职多年的司勋员外郎张仲素前往拜访白居易,他对关盼盼的生活十分了解,并且深为盼盼的重情而感动,因关盼盼曾与白居易有一面之交,又倾慕白居易的诗才,所以张仲素带了关盼盼近来所写的《燕子楼新咏》诗三首,让白居易观阅。白居易展开诗笺,见上面写着这样的诗句:

> 楼上残灯伴晓霜,独眠人起合欢床。
> 相思一夜情多少,地角天涯未是长!
> 北邙松柏锁愁烟,燕子楼中思悄然。
> 自埋剑履歌尘绝,红袖香消一十年。
> 适看鸿雁岳阳回,又睹玄禽逼社来。
> 瑶琴玉箫无愁绪,任从蛛网任从灰。

诗中展示了关盼盼在燕子楼中凄清孤苦、相思无望、万念俱灰的心境,真切感人。白居易读后,回忆起在徐州受到关盼盼与张愔热情相待的情景,那时夫妻恩爱相随,这时却只留下一个美丽的少妇独守空楼,怎不是人世间的一大憾事!繁华过后,世事沧桑,白居易不由得为关盼盼黯然神伤,于是依韵和诗三首:

> 满窗明月满帘霜,被冷灯残拂卧床。
> 燕子楼中寒月夜,秋来只为一人长。
> 钿带罗衫色似烟,几回欲起即潸然。
> 自从不舞霓裳曲,叠在空箱一十年。
> 今春有客洛阳回,曾到尚书坟上来。
> 见说白杨堪作柱,争教红粉不成灰。

白居易设想西郊的燕子楼上,秋来西风送寒,月明如水,更显得凄冷与孤寂。独居楼上的关盼盼想必受尽了相思的煎熬。张愔离去后,她脂粉不施,琴瑟不调,往日的舞衣也叠放箱中,根本再也没有机会穿戴上身了。忽然笔锋一转,说到张愔(尚书)墓上的白杨已可作柱,而生前宠爱的红粉佳人还孤孤单单地独守空帏,倘若真的情真义挚,为何不甘愿化作灰尘，追随夫君到九泉之下呢？为了更明朗地表达他的意思，白居易又补上一首七言绝句：

　　黄金不惜买蛾眉，拣得如花三四枝。
　　歌舞教成心力尽，一朝身去不相随。

张仲素回到徐州，把白居易为关盼盼所写的四首诗带给了她。关盼盼接到诗笺，先是有一丝欣慰，认为能得到大诗人的关注和题诗，是一种难得的殊荣。待她展开细细品读，领会出诗人的心意所在，不禁感到强烈的震撼，心想诗中寓意也太过于逼人，用语尖刻，实欠公平。我为张愔守节十年，他不对我报以关怀和同情，反而以诗劝我去死，为何这般残酷？她泪流满面地对张仲素说："自从张公离世，妾并非没想到一死随之，又恐若干年之后，人们议论我夫重色，竟让爱妾殉身，岂不玷污了我夫的清名，因而为妾含恨偷生至今！"毕竟在古代妾的地位并不高，殉情的角色一般是妻子或者皇室妃子，如若是民间官员身上发生了这种事，后人基本会认为这人重色，死了都还要让年轻貌美的妾陪葬。泪眼模糊中，关盼盼依白居易的诗韵奉和七言绝句一首：

　　自守空楼敛恨眉，形同春后牡丹枝。
　　舍人不会人深意，讶道泉台不相随。

关盼盼的诗中有自白，有幽怨，更有愤怒。诗中所言的"形同春后牡丹枝"，是承袭当年欢宴时白居易夸赞她"醉娇胜不得，风嫋牡丹花"之句而来，那时花开正艳，如今却如同春残花将谢；"舍人不会人深意"是痛惜白居易不能了解她真正的心态，在她花开时捧赞她，当她即将凋落时竟然雪上加霜。事到如今，她早已了无生趣，既然有人逼她一死，她就别无选择了。张仲素离开燕子楼以后，关盼盼就开始绝食，十天之后，这位如花似玉、能歌善舞的一代丽人，终于香消玉殒于燕子楼上。弥留之际，她勉强支撑着虚弱的身体，提笔写道：

　　儿童不识冲天物，漫把青泥污雪毫。

你白居易稚若幼童，怎识得我冰清玉洁？凄苦独居了十年的关盼盼，以死全节，回敬了她素来崇拜的偶像。对她来说，其实殉情并不是一件难事；但她只恨自己的一片痴心却不被白居易理解，被认为自己不愿为张愔付出生命，反而拿一个局外人的身份逼自己走向绝路。显然，临死之际的关盼盼对白居易的指责愤愤不平，无法释怀。

关盼盼的死讯传到洛阳，白居易愕然无语，诗作本是有感而发，实在没有逼人之意，哪曾料到自己的一首诗竟然成了催命符？感念关盼盼的节烈之余，白居易深深内疚起来。他托多方相助，使关盼盼的遗体安葬到张愔的墓侧，算是为关盼盼最后做一点事，弥补一下自己的愧疚之情。

白居易六十六岁以后隐居在洛阳香山。自知来日不多，就把心爱的骏马送给他人，并打发两个宠爱的侍姬樊素与小蛮离开自己，使其各奔前程，以免自己百年之后，两位妙龄佳人重演关盼盼的悲剧。

细细想来，白居易虽然一诗铸成大错，但也似有可谅之处。按当时人们的道德标准，以死殉夫，也许是女人的一种崇高无上的美德。诗人孟郊写过一首《烈女操》，直接鼓动女子殉夫："梧桐相待老，鸳鸯会双死。贞妇贵殉夫，舍生亦如此。波澜誓不起，妾心井中水。"看来在诗人的心目中，节操比生命更重要。

白居易的逼，实则误逼，似是可恨；关盼盼的痴，却为真痴，更是可叹。

花蕊夫人

美女诗人两帝妃

文章标题由三个关键词组成,即美女、诗人、两帝妃。这是我对花蕊夫人的个人点评。

先说美女。花蕊夫人是绝对意义上的美女。"花蕊"一词是形容女子生得很美,像花蕊般鲜艳娇嫩。在古代中国,有把最顶尖的美女称为"花蕊"的习惯。五代十国历史上名叫花蕊夫人的至少有三位。第一位花蕊夫人是前蜀开国皇帝王建的妃子,姓徐,美丽非常,且会吟诗作词;因其姐也为王建的妃子,故亦称小徐妃。另一位花蕊夫人,是南唐李煜的妃子,闽人之女,雅好赋诗。她于南唐亡后,被俘入宋宫,后为晋王所杀,人称小花蕊。这里要说的花蕊夫人,按照出场的历史顺序属于第二位,她是后蜀后主孟昶的妃子,青城(今都江堰市东南)人,据说姓费,聪明贤淑,冰肌玉骨,如空谷幽兰,气质脱俗。"花不足以拟其色,蕊差堪状其容"描述的就是这位花蕊夫人的绝世姿色。

再说诗人。花蕊夫人是典型的才女,在古代十大著名女诗人中,花蕊夫人占有一席之地。世传《花蕊夫人宫词》一百多篇,其中确实可考者九十多首,《全唐诗》收集归属于孟昶妃。因为长期生活在宫廷,花蕊夫人的作品长于宫词,其宫词描写的生活场景极为丰富,用语以浓艳为主,但也偶有清新朴实之作,如"三月樱桃乍熟时,内人相引看红枝。回头索取黄金弹,绕树藏身打雀儿"这一首,就写得十分生动活泼,富有生活情趣。孟昶治国无能,但很有文学才华,艳词写得不错,一肚子风花雪月。他还是春联的发明者,"新年纳余庆,嘉节号长春"这第一幅对联就是他写的。孟昶非常欣赏花蕊夫人的诗词,把她的作品结集成书,大量派发,使花蕊夫人的名声远播至中原,这也为以后埋下了祸根。花蕊夫人较有影响的作品,是两首悼亡题材的诗词。一是半阕《采桑子》。后蜀亡后,花蕊夫人随孟昶北行,投宿葭萌驿。花蕊夫人在馆驿壁上题了半阕词——《采桑子》:"初离蜀道心将碎,离恨绵绵。春日如年,马上时时闻杜鹃。"因军骑催促,词仅写了半阕。后来不知何人续了后半阕:"三千宫女如花貌,妾最婵娟。此去朝天,只恐君王宠爱偏。"世人评价花蕊夫人是个有胸襟的女子,她的半阕《采桑子》,充满了国破家亡之恨,可以说是一字一泪。而他人代续的后半阕,实在庸俗得不堪入目。另一首是应宋太祖赵匡胤之命而作的《国亡》诗。花蕊夫人落入宋太祖赵匡胤的后宫后,有次奉命作诗一首,她当即作了一首《国亡》诗:"君王城上竖降旗,妾在宫中那得知。十四万人齐解甲,更无一个是男儿。"宋太祖之所以喜欢这首诗,不是因为诗中表现出来的花蕊夫人那种大丈夫的豪气,而是花蕊夫人在诗中痛斥了后蜀孟昶的部队的无能。据说当时后蜀军队十四万,而宋军仅一万,这就从反面颂扬了赵匡胤的赫赫战功。

最后说两帝妃。花蕊夫人才貌俱佳,备受两朝帝王的宠爱。古称巴蜀的四川早为天府之国,自秦国李冰父子修都江堰以来,这里的经济更是发达。成都古称益州,诸葛亮在《隆中对》中说:"益州塞险,沃野千里。"由于有着优越的地理环境,一到分裂时期,这里就出现独立政权,五代十国时这里也先后建立了前蜀、后蜀,但青史留名,广为传诵的不是皇帝,也不是文臣武将,而是一代才女花蕊夫人。

后蜀之主孟昶在位三十一年,前期励精图治、征伐、扩土,尽有前蜀之地,成一时之盛。后期坐享富庶繁荣,纵情享乐,极尽骄奢淫逸之能事。他广征蜀地美女以充后宫,其中最宠爱的是花蕊夫人。花蕊夫人最爱牡丹花和芙蓉花,孟昶便命官民人家大量种植牡丹和芙蓉,并说:"洛阳牡丹甲天下,今后必使成都牡丹甲洛阳。"每当芙蓉盛开,全城如铺了锦绣一般,使成都有了锦城的美称。孟昶生活穷奢极欲,连夜壶都由七宝做成,精美绝伦。就在孟昶与花蕊夫人不道流年挟弹骑射,游宴寻诗的时候,中原地区的后周归德军节度使赵匡胤"黄袍加身",取代后周而君临天下,改国号为宋,并南征北伐,目标逐渐指向后蜀。花蕊夫人感觉敏锐,劝孟昶励精图治,加强军备,但后主以为蜀地险峻,不足为虑。宋太祖乾德三年(965年),赵匡胤命忠武节度使王全斌率军六万向蜀地进攻,十四万守卫成都的蜀兵竟不战而溃。孟昶自缚出城请降。传说赵匡胤见到孟昶使用的夜壶,感慨地说:"溺器要用七宝装成,却用什么东西贮食呢?奢靡至此,安得不亡!"

蜀亡之后,孟昶、花蕊夫人被押赴汴梁。孟昶被封为秦国公,封检校太师,兼中书令。宋太祖赵匡胤如此优待孟昶,只因他久闻花蕊夫人艳绝尘寰，又不便特行召见，便想出这个主意，重赏孟昶，连他的侍从和家眷也一一赏赐，赵匡胤料定孟昶必定按礼节携夫人进宫谢恩。待到赵匡胤一见花蕊夫人，顿时惊为天人，遂起了霸占之心。七天后，孟昶暴疾而终，年四十七岁，死得不明不白，史家多认为是太祖毒死的。赵匡胤辍朝五日，素服发丧，将其厚葬，并将其追封为楚王。史传孟昶死后，他的母亲并不哭泣，但举酒酹地，说道："你不能以一死殉社稷，贪生至此，我也因你而苟活在人间，不忍就死，现在你死了，我活着还有什么意思呢？"于是绝食数天而死。

花蕊夫人气节不如婆母，应诏入宫服侍新主。一日，酒宴之上，赵匡胤要花蕊夫人即席吟诗，一试诗才，于是有了花蕊夫人作为才女诗人的经典之作。宋太祖本也是个英雄人物，当年千里送京娘，曾以一条棍棒打遍十八座军州，此时有感于花蕊夫人的故国之思、亡国之痛，竟更加深了对花蕊夫人的爱慕之心，不久将其封为贵妃。

赵匡胤虽能得到花蕊夫人的身体，却得不到她的心。花蕊夫人本与孟昶十分恩爱，自从孟昶暴病身亡，她被太祖威逼入宫，勉承雨露，虽承蒙太祖宠爱，但心里总抛不下孟昶昔日的恩情。她自画了一幅孟昶肖像，每天偷偷拿出来上香叩拜，不料有一天被赵匡胤撞见，花蕊夫人撒谎说这是送子的张仙。可怜那些宫里的妃嫔，听说供奉张仙可以得子，便纷纷效仿，都供起了张仙像，希望生个皇子，从此富贵。这张仙送子的画像，竟从宫中传出，连民间妇女要想生儿抱子的，也画一轴张仙，香花顶礼，至今不衰。后来有人咏此事："供灵诡说是神灵，一点痴情总不泯。千古艰难惟一死，伤心岂独息夫人。"

关于花蕊夫人的结局，史料无翔实记载，有多种版本，供文人骚客演绎。多数人认可的是，当时宋太祖与其弟赵光义不和，花蕊夫人本想利用自己的美色挑起他们兄弟之间的斗争，以报丈夫孟昶被毒死之仇，但是后来不幸被赵光义发觉，在一次打猎时，花蕊夫人被赵光义从背后一箭射死。宋太祖虽然英明，也无从追究。

大小周后

南唐李后主的红颜知己

谈大小周后，必须先谈南唐李后主李煜，李煜是南唐中主李璟的第六子，按说与王位差之甚远，但他前面的几个哥哥相继夭折后，李煜也就成了次子，与皇太子之位仅一步之遥。当时的太子李弘冀颇具野心，他在一次政治斗争中派人将其叔父毒死，但一个月后东窗事发，他自己的人生就此终结。史书上并没有具体说明李弘冀的死因，但"暴卒"的背后显然隐含着不可告人的内幕。据猜想，中主李璟在发现了李弘冀的阴谋后对其痛下杀手，于是李煜（时名李从嘉）捡了个大便宜，随后他迁入太子东宫并成为皇位的第一继承人。

在中主李璟死后，二十五岁的李煜在金陵继位，时为宋太祖建隆二年（961年）。当初李煜也曾忌惮太子李弘冀的猜忌，但他精于自保，寄情于声色犬马，甚至参禅向佛。待到他登上宝座时，南唐早已如风雨中飘摇的一叶小舟。"非不想回天，实无力回天矣。"在强邻的威势下，李煜即位后就派出使节前往宋廷，向大宋皇帝赵匡胤献上贡品，以换取对自己继承父位的认可。南唐的实力终究不能与大宋相提并论，每当宋使驾临金陵之时，李煜都要脱下龙衣改换紫袍，因而他这个皇帝做得很是尴尬，并不怎么开心。

对时时面临亡国压力的李煜来说，唯一的宽慰是自己的皇后周娥皇。周娥皇比李煜大一岁，出身南唐世家，其父周宗是南唐元勋功臣。周娥皇嫁给李煜时十九岁，他们的婚事系中主李璟亲自所定。据记载，李璟曾听过周娥皇弹奏琵琶，他对这个儿媳妇十分满意，并将国宝"焦桐琵琶"作为礼物赐给了她。陆游在《南唐书》中说，周娥皇"精通书史，善音律，尤工琵琶""采戏弈棋靡不妙绝"，是一位风华绝代的江南女子，而当时的皇子李煜更是多情才子，被公认为"才识清瞻，书画兼精，远过常流，高出意外"。两人可谓典型的"才子佳人"组合，婚后彼此恩爱投慕，羡煞世人。

> 红日已高三丈透，金炉次第添香兽。红锦地衣随步皱。佳人舞点金钗溜，酒恶时拈花蕊嗅。别殿遥闻箫鼓奏。

这首《浣溪沙》，据说是李煜为周娥皇所做的第一首词，其中隐约透露了两人婚后奢靡的生活。周娥皇喜欢香风薰雾，李煜便为她专设司香宫女一班，其所用的焚香用具多达数十件，均为金玉精制而成。史书中称周娥皇"有国色"，这位绝代佳人不仅深谙香薰美容之类的养颜润姿之道，而且独创了"高髻纤裳""首翘鬓朵"等妆容，新婚后的李煜被迷得神魂颠倒，两人关系如胶似漆，周娥皇遂有专房之宠。

> 晓妆初过，沈檀轻注些儿个。向人微露丁香颗，一曲清歌，暂引樱桃破。罗袖裛残殷色可，杯深旋被香醪涴。绣床斜凭娇无那，烂嚼红茸，笑向檀郎唾。

李煜的这首《一斛珠》，写的是夫妻间的香闺韵事、儿女柔情，特别是"烂嚼红茸，笑向檀郎唾"这句，尤为香艳烂漫。周娥皇才华过人，对上流社会时兴的各种玩艺门道无所不精，夫妻两人经常厮守在一起宴乐歌舞。据说，一次赏雪夜宴后，酒至半酣的周娥皇乘兴邀夫君起舞，李煜故作矜持，说："若要我起舞，除非你能为我新谱一曲。"周娥皇听后当席立就，曲谱果然优美动人，后由此得名《邀醉舞破》。

在温婉恬静的诗风词韵时光里，周娥皇常弹奏起李煜新作的词调，她的多情多艺为李煜提供了无穷的创作原动力。周娥皇的曲、李煜的词，两者都充满着旖旎绮丽的风流韵味，有如天合之作。可以这样说，这位"词中皇帝"留给后人诸多的作品，无论香艳、柔情还是悲哀，都与他迷恋的这位女人有莫大关系。在佳丽三千的幽幽深宫，李煜能做到心无旁骛，这不能不说是人间异数。

"专房之宠"的直接效果，就是周娥皇在十年间为李煜连生了三个儿子，孩子们个个乖巧俊雅，周娥皇在李煜心中的地位也更加不可或缺。在三个孩子中间，最受钟爱的是小儿子仲宣，周娥皇将他放在自己的宫中亲自照料而不肯假手于侍佣，慈母殷殷之心，足可天鉴。

但李煜和周娥皇不曾想到，幸福的离去会如此突然。李煜二十八岁那年，周娥皇偶感风疾，因为怕传染给四岁的小儿子，于是将仲宣从自己的宫中迁往别院。此举原本是母亲的一番好意，但令她万万没有想到的是，仲宣在迁出皇后宫后数日就突发急病而夭亡了。

消息传来后，正在病中的周娥皇当场晕厥，病情急剧恶化。在丧子与病痛的双重打击下，周娥皇认为是自己的贸然之举害死了心爱的儿子，伤心之余时时自责，由此一病不起。在这段时间里，李煜与周娥皇朝夕相伴，李煜甚至亲尝进药，每夜衣不解带，和衣而眠，但他的悉心照料终究未能挽回周娥皇的生命。

一个月后，出现在周娥皇葬礼上的李煜形销骨立，需扶杖方能站立。又一年的春天来了，窗外花开花谢，李煜抚摸着妻子留下的焦桐琵琶，悲痛难以自抑：

> 又见桐花发旧枝，一楼烟雨暮凄凄。凭栏惆怅人谁会，不觉潸然泪眼低。层城亡复见娇姿，佳节缠哀不自持。空有当年旧烟月，芙蓉池上哭蛾眉。

转眼又是夏天，"何处相思苦，纱窗醉梦中"；秋天落叶缤纷，"秋风多，雨相和，帘外芭蕉三两窠。夜长人奈何！"在很长的一段时间里，李煜都无法走出丧妻的痛苦，从前温柔沉醉的词风也开始转而哀婉凄恻，正如他的那首名词：

> 无言独上西楼，月如钩。寂寞梧桐深院锁清秋。剪不断，理还乱，是离愁。别有一番滋味在心头。

国家不幸诗家幸，话到沧桑语始工。家国不幸的李煜，为我们留下了一首首经久不衰的作品。

据史料记载，周娥皇的病情恶化与其妹妹周女英的宫闱秘事有关。周女英是周宗的次女，周娥皇生病后，周女英以探病之名常入宫中。小姑娘色艺不逊其姐，一来二去，多愁善感的李后主春心萌动，两人很快纠缠在一起。娥皇发现后，非常愤恨，面壁而卧，至死不回头看妹妹一眼。关于此事，有人考证分析，李煜的一阕艳词《菩萨蛮》即为描绘两个人的幽会之作：

> 花明月暗笼轻雾，今宵好向郎边去。刬袜步香阶，手提金缕鞋。画堂南畔见，一向偎人颤。奴为出来难，教君恣意怜！

关于周女英与李煜私通的传闻究竟是真是假，目前无从得知，但比姐姐小十四岁的小周氏确实在四年后成了新的皇后，即"小周后"。也有人说，小周氏的入宫是国丈府与李煜的生母钟太后的"杰作"，原因是国丈担心有人取代长女的地位，而钟太后也不愿意看到儿子成天失魂落魄，于是小周氏便成了填补空缺的最佳人选。巧合的是，小周氏也是十九岁那年成为正式皇后的，正如其姐当年嫁给李煜时的桃李年华。

小周后花容月貌，神采端静，警敏有才思，李煜对她百般溺爱，恩宠甚至超过了大周后。小周后生活奢侈，李煜用嵌有金线的红丝罗帐装饰墙壁，以玳瑁为钉，又用绿宝石镶嵌窗格，以红罗朱纱糊在窗上；屋外则广植梅花，于花间设置数处彩画小木亭，仅容二人落座，李煜和小周后在此赏花对饮。每逢春盛花开，小周后就以隔筒为花器插花，置于梁栋、窗户、墙壁和台阶上，号为"锦洞天"。小周后痴迷绿色，她的衾枕帷幄、裙带衣饰，乃至钗环珠宝、清供玩物，均为青碧。宫女们见小周后穿着青碧色的衣服飘然出尘，宛若仙子，十分艳羡，纷纷仿效。一宫女染成一匹绢晒在苑内，夜间遗忘未曾收入房中，绢为露水所沾，第二天一看，其色分外鲜明，李煜与小周后见了一齐称美，于是妃嫔、宫人都收露水，染碧为衣，李煜还为这种碧色丝绢起了一个名字叫"天水碧"。小周后擅音律，好焚香，曾自制焚香器具，又派宫女专门负责焚香之事，称为"主香宫女"。白天时，垂帘焚香，满殿氤氲，小周后端坐其中，如坠云雾；安寝时，就用鹅梨蒸沉香置于帐中，香气散发出来，沁人肺腑，号为"帐中香"。小周后与后主日夕研究，将茶乳做片，制出各种香茗，烹煮起来清芬扑鼻。李煜将外夷所出产的芳香食品汇集起来，或烹为肴馔，或制成饼饵，或煎作羹汤，皆芬芳袭人、入口清香。李煜对于每种肴馔，亲自题名，刊入食谱。他还命御厨将新制食品配合齐全，备下盛筵，召宗室大臣入宫赴筵，名叫"内香筵"。

李煜与小周后的生活美满欢愉而又风流浪漫，可南唐国势却一日不如一日。几年之间，宋家政权又削平了其他几个小国，把下一个目标指向南唐。按宋太祖赵匡胤的说法是："江南何罪，但天下一家，卧榻之旁，岂容他人酣睡。"宋太祖开宝七年（974年），赵匡胤派大将曹彬率领军队攻打南唐。

南唐后主李煜并不是个只懂诗词歌赋不懂江山社稷的君王，他不但没有放任国事，而且心里始终渴望能保住南唐半壁江山，面对宋太祖一次又一次的招降诏书，他始终不愿从命。南唐灭亡后，赵光义曾问南唐旧臣潘慎修："李煜果真是一个暗懦无能之辈吗？"潘答道："假如他真是无能无识之辈，何以能守国十余年？"李煜其实知道，国家已风雨飘摇，他无力回天，奋起卫国除了生灵涂炭，又有何益？于是他采取逃避现实的消极对抗态度。宋太祖开宝八年（975年），李煜看到宋军势如破竹，自知气数已尽，无计可施，便不战而降，南唐历史就此画上句号。

　　四十年来家国，三千里地山河。凤阁龙楼连霄汉，玉树琼枝作烟萝。几曾识干戈？一旦归为臣虏，沈腰潘鬓消磨。最是仓皇辞庙日，教坊犹奏别离歌。垂泪对宫娥。

李煜神情凝重地写完这首《破阵子》，然后与小周后一起被宋人俘到汴京。赵匡胤恩威并施地封李煜为"违命侯"，封小周后为郑国夫人，夫妻双双被软禁于汴梁城中。小周后深深理解当个亡国之君的滋味，于是竭尽智慧，陪伴李煜度过了长吁短叹的日子，为他输送活下去的信心和勇气。

不久，宋太宗即位，改封李煜为"陇西郡公"。表面上看，这似乎意味着李煜身份提高了，然而事实并非如此。宋太宗常常用言语侮辱李煜，使李煜感到十分难堪。尽管李煜在面对宋太宗的羞辱时强颜欢笑，内心却感到无限伤痛。

最使南唐后主李煜痛苦的是，"江南剩得李花开，也被君王强折来"。元宵佳节，小周后循例到宫内去庆贺。不料小周后自元宵入宫，过了数日，还不见回来，李煜急得在家中唉声叹气，来回踱步。一直到正月将尽，小周后才从宫中乘轿而归。

李煜连忙将小周后迎入房中，赔着笑脸，问小周后因何今日方才出宫？小周后却一声不响，只将身体倒在床上，掩面痛哭。李煜悄悄地向小周后细问事由，小周后仍是泣不可抑，指着李煜骂道："你当初只图快乐，不思治国，以致国亡家破，做了降虏，使我受此羞辱。你还要问什么？"

李煜听后一言也不敢出口，低头忍受，转身避去。原来那日小周后进宫朝贺宋太宗，宋太宗见小周后生得花容月貌，便把小周后留在宫内，逼着小周后侍宴侍寝。小周后一个弱女子，哪有反抗的余地？小周后为了丈夫李煜的性命，无可奈何顺从了宋太宗，任由宋太宗胡来。

又是一年七夕夜，李煜迎来了四十二岁生日，也慢慢走向了人生的终点。回想当年在江南，美酒歌舞，群臣庆贺，如今苟活汴梁，情景凄惨，李煜不由愁肠百结，万般滋味涌上心头。于是提笔蘸墨，填了一阕《忆江南》：

多少恨，昨夜梦魂中。还似旧事游上苑，车如流水马如龙。花月正春风。

一阕填罢，悲愤涌起，更是难平，接着李煜写下了人生中最著名的一首词《虞美人》：

春花秋月何时了，往事知多少。小楼昨夜又东风，故国不堪回首月明中。雕栏玉砌应犹在，只是朱颜改。问君还有几多愁？恰似一江春水向东流。

胸中块垒怎能尽释？再填一首《浪淘沙》：

帘外雨潺潺，春意阑珊。罗衾不耐五更寒。梦里不知身是客，一晌贪欢。独自莫凭栏，无限江山。别时容易见时难。流水落花春去也，天上人间。

昔日堂上国君，今朝阶下之囚，一心仍系钱塘故土而从未归附宋朝，才有了这一段段肝肠寸断的文字。有耳目将词作传到宋廷，宋太宗赵光义勃然大怒，他认为李煜既不识抬举又不安分，他的词作颇能煽情，觉得"李煜不去，南唐难平"，随后便派儿子赵元佐以贺寿之名给这位亡国之君送去了一瓶御酒。此酒非酒，实为"牵机药"，有剧毒。李煜喝了宋太宗的赐酒之后，顿时毒发身亡，死时"两手两脚，忽蜷忽曲，那颗头或俯或仰，好似织布梭子牵机一般绝不停止"。一代词人就这样被鸩杀，惨不忍睹地结束了他的人生。事后，宋太宗追封李煜为"吴王"，葬于洛阳邙山。南唐后主李煜死于非命之后，小周后悲不自胜，再不入宫，只在李煜的牌位前守丧。她失魂落魄，整日不理云鬟，不思茶饭，以泪洗面。几个月后，小周后自杀身亡，追随李煜而去。小周后死时，和姐姐大周后死时年龄一样，都是二十九岁。

都说红颜多薄命，怎一声叹息能平？！

谭意歌

把女人做到极致的千古诗妖

谭意歌，小字英奴，是晚唐名士谭从道的女儿。谭意歌虽然也算出身名门，但因其父谭从道客死长沙，谭家家道中落，母亲又在谭意歌八岁时去世，于是她便被寄养在制作竹器谋生的小工张文家里，谭意歌从童年起就开始品尝苦日子的滋味。

两年后，官妓丁婉卿见小意歌貌美如花，便花重金将她收养于门下。十岁的谭意歌虽不谙世事，但对娼门亦有所知，她激烈反抗，但毕竟势力微弱，年龄幼小，无奈更换了主人。丁婉卿"以珠翠饰其首，轻媛披其体，甘鲜足其口，既久益勤，若慈母之待婴儿"，慢慢地，小小少女"心为爱夺，情由利迁"，最终沦入了乐籍。丁婉卿悉心教她诗词歌赋、音律舞蹈，希望培养一个可以给自己赚钱的接班人。性明敏慧的谭意歌潜心苦读，进步神速，又加上她天生丽质、肌清骨秀，十六岁时便崭露头角，成为独步一时的大牌艺妓。丁婉卿经常带着她出堂入室，遍交官宦。

花香蝶自来，慕名登门者络绎不绝，车马骈阗，门馆如市。但是谭意歌只卖艺不卖身，从不越雷池半步，即便自京城远道而来的皇室子孙也没有特权。有几个谭意歌即兴吟诗对句的故事。一次，谭意歌到周公权府做客，遇到了美髯可爱的医博士及有故到府拜访。周公权吟出一句"医士拜时须拂地"，未暇及博士对答，谭意歌主动代对："郡侯宴处幕侵天"。周公权大喜。还有一次，谭意歌小疾既愈，在庭中会见府官，有个名叫蒋田的人指其面曰"冬瓜霜后频添粉"，令其对句，谭意歌执其裳袂，对曰："木枣秋来也著绯。"蒋田且惭且喜，众口嚣然称赏。再有一次，长沙魏谏议太守游岳麓时，约谭意歌伴随对诗。魏谏议曰："朱衣吏，引登青障"。谭意歌对曰："红袖人，扶下白云。"魏谏议欣赏其才，为之立名文婉，字才姬。

卖笑生涯毕竟是生活底层的挣扎，生活上也许衣食无忧甚至锦衣玉食，可哪里有人格的独立？这样的日子久了，内心高洁的谭意歌渐渐对这种生活产生了厌倦,她向往正常人的生活,摆脱束缚的渴望日益强烈。但在当时的环境下,这个看似简单的要求,实际上几乎是一种奢望,她只能谨慎、小心地寻找机遇。

谭意歌的命运转机,就是称她为千古诗妖的刘相的出现。当时镇守长沙的刘相,闲暇常在湖畔召谭意歌做伴纳凉。一日望江外湘渚间,竹屋茅舍旁,有渔翁手擒两条大鱼走入小巷,刘相即云"双鱼入深巷",谭意歌立对"尺素进谁家",刘相击节叹赏。他日,又随从刘相游岳麓山时,谭意歌在抱黄洞望山亭吟诗:"真仙去后已千载,此构危亭四望赊。灵迹几迷三岛路,凭高空想玉云车。清猿啸月千岩晓,古木吟风一径斜。鹤驾何时还古里,江城应少旧人家。"刘相见诗越发惊叹,赞道:"此诗之妖也。"由此,"千古诗妖"名播遐迩。刘相被谭意歌的才气品质和可怜身世所触动,很快帮她脱了乐籍。

恢复自由身的谭意歌成为被人争相聘娶的热门人物,可她不羡豪门,自行择婿嫁给了一个小官员,即汝州人氏张正字。谭意歌看上张正字,不单单因为他长得标致,最关键的是他文采风流、前途无量,可成就一番事业。婚后第二年,张正字果然高升任职他处,临别时,谭意歌心情忐忑,两人有如下对话。

谭意歌:"子木名家,我乃娼类,以贱偶贵,诚非佳婚。况室无主祭之妇,堂有垂白之亲。今之分袂,决无后期。"

张正字:"盟誓之言,皎如日月,苟或背此,神明非欺。"

谭意歌:"我腹有君之息数月矣。此君之体也,君宜念之。"

分别后,谭意歌闭户不出,即便邻居也很难见她一面。思绪绵绵中,谭意歌给张正字写去了一首首情深意长的诗词:

潇湘江上探春回,消尽寒冰落尽梅。愿得儿夫似春色,一年一度一归来。

湘东最是得春先,和气暖如绵。清明过了,残花巷陌,犹见秋千。对景感时情绪乱,这密意,翠羽空传。风前月下,花时永昼,洒泪何言。

旧燕初归,梨花满院,迤逦天气融和。新晴巷陌,是处轻车骏马,褉饮笙歌。旧赏人非,对佳时,一向乐少愁多。远意沉沉,幽闺独自颦蛾。正消黯,无言自感,凭高远意,空寄烟波。从来美事,因甚天教,两处多磨。开怀强笑,向新来,宽却衣罗,似恁他人怪憔悴,甘心总为伊呵。

痴心女儿负心汉,向来如此。这边谭意歌寄情诗词,那边张正字另觅新欢。在张母的怂恿下,张正字与当时的名流孙殿丞之女成婚。张正字也曾对乐成悲,凭高怅望,但他感念养子盼夫的谭意歌,未敢透露再娶的消息。但一年之后,谭意歌还是知道了,她去信劝丈夫迷途知返,未能如愿。谭意歌没有找上门来,也没有悲观绝望,而是以一种难得的理性接受了现实,她这样写道:

> 妾之鄙陋,自知甚明。事由君子,安敢深扣。一入闺帏,克勤妇道,晨昏恭顺,岂敢告劳。自执箕帚,三改岁华。苟有未至,因当垂诲。遽此见弃,致我失图。求之人情,似伤薄恶;揆之天理,亦所不容。业已许君,不可贻咎。有义则合,常风服于前书;无故见离,深自伤于微弱。盟顾可欺,则不复道。稚子今已三岁,方能移步,期于成人,此犹可待。妾囊中尚有数百缗,当售附郭之田亩,日与老农耕耨别穰,卧漏复甃,凿井灌园。教其子知诗书之训,礼义之重。愿其有成,终身体庇妾之此身,如此而已。其他清风馆宇,明月亭轩,赏心乐事,不致如心久矣。今有此言,君固未信,俟在他日,乃知所怀。燕尔方初,宜君子之多喜;拔葵在地,徒向日之有心。自兹弃废,莫敢凭高。思入白云,魂游天末。幽怀蕴积,不能穷极。得官何地,因风寄声。固无他意,贵知动止。饮泣为书,意绪无极。千万自爱。

从此她安心经营朴素宁静的生活,置办良田,耕织自给,亲教其子,读书明志,治家清肃,从无非议。

再说张正字。他接到谭意歌的书信,心有戚戚,日夕叹怅。未料三年后孙氏谢世,张正字打听到谭意歌没有选择再嫁,于是转回长沙求见,表示愿修旧好。谭意歌表示,"我向慕君,忽遽入君之门,则弃之也容易。君若不弃焉,必须明媒正娶"。张正字按照谭意歌的要求,聘请媒妁,择定佳期,隆重地举行了婚礼。婚后谭意歌治家有方,和亲族相处和睦,深得世人赞誉。后来，谭意歌又生一子，此子以进士登科。夫妇偕老，子孙繁茂。

  谭意歌像一枝荷花，出淤泥而不染；谭意歌像一株木棉，作为树的形象自在挺立。少年落了一场难，福祸相依；婚姻拐了一个弯，破镜重圆。人生的风霜雨雪中，美丽的千古诗妖把女人做到了极致，如同争斗苦寒的冬梅，越发纯净高洁。今日回望，在悠远的历史深处，那朵梅，依然散发着醉人的清香。

萧燕燕

文能治国武能安邦的大辽帝后

萧燕燕就是《杨家将》里那位专与大宋为敌的萧太后，这是一个了不起的女人。

萧燕燕名绰，契丹族，她本不姓萧，原姓拔里氏，被契丹的开国皇帝耶律阿保机赐姓萧氏。其父亲是辽国宰相萧思温。萧燕燕从小聪明伶俐，办事利索，对任何事情都有种不达目的不罢休的精神，在一些琐碎的小事上也不例外，这种脾性深深赢得了她的父亲萧思温的宠爱。有一次，萧绰和姐妹们一起干家务活，几个姐妹草草地就收场了，唯有萧燕燕还在继续仔细地打扫，收拾得最为干净整齐，萧思温预言萧燕燕将来一定能主管家事。后来的事实是，萧燕燕不仅能主管家事，而且能主管国事——她很好地诠释了"一屋不扫，何以扫天下"这句名言。

萧思温由于拥立辽景宗有功，被封为北院枢密使、北府宰相、尚书令、魏王，并且辽景宗征召萧燕燕入宫，封其为贵妃，两个月后又封其为皇后。景宗登基之初，志在励精图治，但因其天生体弱多病，处理朝政事务精力不济，所以军政大事经常依赖于萧燕燕的父亲萧思温。权臣最易树敌，萧思温在一次随景宗行猎的时候被人暗杀。突如其来的灾难并没有让萧燕燕倒下，反而让她迅速成熟起来。父亡夫弱，河山待整，年仅十七岁的萧燕燕挺身而出，正式接管国事。她虽然年轻，但虑事周全，辅政有方，深得臣民拥护。渐渐地，景宗将国家大事悉数交予这个贤内助，自己只是听听通告，不再多加干涉。到了后来，景宗甚至传谕史馆学士，此后凡记录皇后之言，"亦称'朕'暨'予'"，并"着为定式"，将萧燕燕的地位提升到与自己等同。

辽景宗病逝之后，按照遗诏，皇位由辽圣宗耶律隆绪继承，萧燕燕摄政。当时的辽圣宗只有十二岁，族内诸王又握有兵权，对耶律隆绪继承皇位构成极大威胁。景宗病危时，萧燕燕即指派大臣韩德让秘密召集亲信侍卫进宫，及时控制住局势，遂使耶律隆绪顺利继承皇位。萧燕燕精于用人，不断巩固朝中势力，特别是在韩德让的辅佐下革除辽国弊政，对辽国的制度和风俗进行了一系列大刀阔斧的改革。这些改革不但将辽国从奴隶制国家进一步向封建制转化，更改善了契丹族与汉族之间的关系，辽国内政呈现一片兴旺景象。

萧燕燕的军事才能主要体现在对宋作战上，她的最大功绩就是两败宋军。第一次是在宋太宗欲收复幽云十六州时击败宋军。宋辽之间的幽云十六州之战，是历史上著名的战役。宋太宗看到辽圣宗年幼而母后摄政，于是大举北伐，以收复石敬瑭献给契丹的幽云十六州。初时，宋军进军顺利，连取辽数州，直抵辽南京（今北京），将南京包围。南京乃辽之南面门户、军事重地，辽景宗速即派军援救。当时，皇后萧燕燕怀抱幼子耶律隆绪，亲临前线，指挥战斗。宋军兵分三路，东路攻幽州，中路攻蔚州，西路攻云州朔州。进攻受挫后，宋太宗下令全线撤退。萧燕燕率军追击，生擒当时让辽军闻风丧胆的北宋名将杨无敌杨业。杨业不降，绝食三天而亡。萧燕燕虽敬重杨业是个英雄，但仍割下他的头，传遍辽营，鼓舞士气。第二次，萧燕燕以索要周世宗收复的关南地为名，领着辽圣宗耶律隆绪、韩德让，率二十万辽国精锐部队南征大宋。辽军势如破竹，两个月的工夫，就一直攻到了澶州（今河南濮阳），距北宋都城开封仅一河之隔。北宋宰相寇准坚持请求宋真宗御驾亲征以激励士气。当宋真宗的车驾出现在澶州前线时，士兵高呼"万岁"连绵不绝，声震数十里，人人同仇敌忾、个个视死如归，很快就集结起数十万之多的援军与辽军对抗。这对萧燕燕的南征大计自然是一个极大的打击。不久又一个打击接踵而来——辽国名将萧挞凛在察看地形督战时被射中头部，当晚死去。辽军未战先丧大将，士气大受影响。萧燕燕审时度势，又加上韩德让的劝告，经权衡，决定利用宋真宗急于求和的心态，进行阵前议和，辽宋达成澶渊之盟。宋辽约为兄弟之国，辽圣宗耶律隆绪称宋真宗赵恒为兄，赵恒则称皇太后为叔母；维持宋辽之间旧有的疆界；宋国每年向辽国提供三十万金帛。双方结束了多年不息的争战，进入了长达百余年的和平时期。澶渊之盟，于宋真宗，是一种耻辱；于萧燕燕，则是其军事政治生涯中的一大胜利。

萧燕燕执掌朝政十七年，叱咤风云，威名远震。有政治才能的女人不在少数，难能可贵的是不贪恋权力。萧燕燕并没有仿效武则天，而是归政给自己的儿子，辽圣宗统和二十七年（1009年）十一月，萧燕燕为耶律隆绪举行了契丹传统的"柴册礼",将皇权交还给耶律隆绪,自己去南京安享晚年。不幸的是,就在南行的途中,萧燕燕染上了疾病。同年十二月十一日,萧燕燕病逝于行宫,享年五十七岁。

萧燕燕治国有道,教子更是有方。她对子女尤其是长子辽圣宗管束甚严。辽圣宗二十七岁时,猎于平地松林,萧燕燕告诫他:"前圣有言:欲不可纵。吾儿为天下主,驰骋田猎,万一有衔橛之变,适遗予忧,其深戒之!"辽圣宗到府库里取东西,萧燕燕皆一一过问,若赏给属下或百姓,则给;若辽圣宗自己所用,超出规格,则不给。辽圣宗所乘御马、所穿御服,均需经过萧燕燕检查,不得超过规格。辽圣宗在位四十九年,是辽国在位时间最长的皇帝。他在位期间,辽国疆域扩张到最大,国势之强盛达到顶峰。他死后,庙号圣宗,是后人眼中的一代圣主,这与萧燕燕的严格教育关系甚大。

萧燕燕有一位最为倚重的汉臣韩德让。据传韩德让和萧燕燕有过一段特殊关系,萧燕燕年少时曾许配给韩德让,但未来得及结婚,就被景宗选为妃子。后来韩德让在景宗殿下称臣,谦恭谨慎,忠心耿耿,为辽重臣。有一天,萧燕燕一反从前在皇宫中宴请皇亲众臣的惯例,在韩德让的帐室中大宴群臣,并且对众人厚加赏赉。这场宴会被后世人认为是萧燕燕与韩德让为自己举办的婚宴,所以才有了关于韩德让娶了萧燕燕的传言出现。

不管下嫁的事是真是假,萧燕燕对韩德让的宠爱和器重是有目共睹的。有一次,萧燕燕观看马球比赛。韩德让出场时,契丹贵族胡里室不小心将韩德让撞下马。萧燕燕勃然大怒,当即将胡里室斩首。后来,萧燕燕赐给汉人韩德让契丹皇族姓氏"耶律",赐名"隆运",并封"晋王",隶属"季父房"。从此,小皇帝圣宗耶律隆绪便不再称呼韩德让臣子,而是改口叫"叔叔"了。一如辽国历代皇帝和摄政太后,韩德让也拥有私人宫帐、属城、万人卫队,享受辽国"太上皇"的优厚待遇。由于韩德让没儿子,萧燕燕规定,皇室的每一代都要贡献一个亲王,作为韩德让的后裔。

因为历史站位的不同,后人评价萧燕燕两极分化:站在辽人的角度,她是带领辽国步入强盛的英明领袖,元版《辽史》评价:"后明达治道,闻善必从,故群臣咸竭其忠。"站在宋人的角度,萧燕燕又是一位侵犯祖国、残害黎民的战争首犯。宋人的《契丹国志》对其多加诟病,叶隆礼在

《景宗萧皇后传》中甚至指责道:"好华仪而性无检束。""后天性忮忍,阴毒嗜杀,神机智略,善驭左右,大臣多得其死力。"

柔肩担江山,裙衩争风流。古今多少事,总在争议中。抛开立场因素,我们必须承认,从少时接触国家朝政,到青年时期掌控国家军事大权,最后在执政期间一手缔造了鼎盛大辽,萧燕燕文能治国,武能安邦,成就如此大业,确实让人钦佩。作为一位女人,她绝对称得上巾帼不让须眉的标志性人物。

李清照

千古第一才女

李清照这个名字,在中国几乎家喻户晓。她是中华女性的骄傲,也是中华民族的骄傲。国际天文学联合会以十五位中国文学艺术家的名字为水星上的环形山命名,其中唯一的女性就是李清照。作为千古第一才女,她的才究竟表现在哪里?

首推文学之才。纵观中国文坛,李清照是一个辉煌的存在,她"词压江南、文盖塞北",在诗、词、文、赋等创作领域都成就斐然,其中词的成就最为卓著,享有"婉约之宗"的美誉。作为一位杰出的词人,李清照留给我们最宝贵的遗产,是她的《漱玉词》。因为遗失的原因,李清照的传世诗词作品总共不过五十多首,但仅这些作品,就足以使之与李白、杜甫、苏轼等人并驾齐驱,名满天下。她独创的"易安体"如出水芙蓉,擅长白描,善用口语,巧夺天工地炼字、炼句、炼意,成为从南宋陆游、辛弃疾到清代诗坛盟主王渔洋等竞相模仿的对象。从古至今,数不清有多少人迷恋过李清照的作品,信手拈来、耳熟能详的名篇佳句,如"常记溪亭日暮,沉醉不知归路。兴尽晚回舟,误入藕花深处。争渡,争渡,惊起一滩鸥鹭。""风住尘香花已尽,日晚倦梳头。物是人非事事休,欲语泪先流。闻说双溪春尚好,也拟泛轻舟。只恐双溪舴艋舟,载不动许多愁。""薄雾浓云愁永昼,瑞脑销金兽。佳节又重阳,玉枕纱橱,半夜凉初透。东篱把酒黄昏后,有暗香盈袖。莫道不消魂,帘卷西风,人比黄花瘦。""红藕香残玉簟秋。轻解罗裳,独上兰舟。云中谁寄锦书来?雁字回时,月满西楼。花自飘零水自流。一种相思,两处闲愁。此情无计可消除,才下眉头,却上心头。""寻寻觅觅,冷冷清清,凄凄惨惨戚戚。""梧桐更兼细雨,到黄昏、点点滴滴。这次第,怎一个愁字了得!"——比比皆是,早已成为文学世界不朽的符号。

李清照文学上的极高建树,除了得益于自身聪慧颖悟的先天禀赋,家庭环境的熏陶也不无关系。书香门第家境优,饱读诗书不知愁,这是李清照的早期生活。李清照的父亲名叫李格非,是"苏门后四学士"之一,时任礼部员外郎。母亲是大宋仁宗时期的科举状元王拱宸的孙女,很有文学修养。李清照出生在这样有着浓厚文学氛围的家庭里,自然是"近水楼台先得月",在文学上得到了不少的指点。"自少年便有诗名,才力华赡,逼近前辈",当时的文坛名家、苏轼的大弟子晁补之十分欣赏李清照的文学才华,大力推介。李清照并没有辜负时人的称赞,她在不到二十岁时就写出了后世广为传诵的著名辞章《如梦令》:"昨夜雨疏风骤,浓睡不消残酒。试问卷帘人,却道海棠依旧。知否,知否?应是绿肥红瘦。"此词一问世,便轰动了整个京师汴梁,当时文士莫不击节称赏。

其次应是哲思之才。李清照思想深刻,见解独到,不是只会推敲平仄音韵的写手。早在待字闺中之时,李清照就以两首令人拍案叫绝的和诗震动了汴梁朝野。文采风流的张耒创作了诗歌《读中兴颂碑》,赞颂大唐郭子仪平定安史之乱的功绩。诗作受到时人好评,在京师广为传诵。李清照提笔唱和,写成不朽名篇《浯溪中兴颂诗和张文潜》。该诗笔势纵横地评议兴废,总结历史教训,挖掘安史之乱背后的原因:朝政腐败,奸雄得志。正因为"五坊供奉斗鸡儿,酒肉堆中不知老",而且"不知负国有奸雄",所以才有了"勤政楼前走胡马,珠翠踏尽香尘埃"。借嘲讽唐明皇,告诫宋朝天子"夏商有鉴当深戒,简策汗青今具在"。一个年少的女孩,思考社稷兴亡,洞察之深,令人刮目相看。

作为一代词宗,李清照不但创作了珠玑璀璨的作品,而且为中国词学批评史贡献了奠基之作《词论》。作为一种文学样式,词最初出身"卑微",有"诗余"之称。到了北宋,词人越来越多,产量越来越高,影响也越来越广,大有压倒唐诗之势。那么,词的地位到底如何?它能不能堂堂正正地和诗歌并列于文学殿堂?李清照从唐代乐府与诗歌的一并发展开始,认真梳理了词的源流演变,强调了词与诗的分野,强调词是独立于诗、有着自己独立地位的文体。同时在系统分析各家优缺点的基础上,明确提出了词的特点及标准,特别是对声律有着严格的要求。这种"别是一家"的理论创新,为宋词赢得了独立地位,使之最终与唐诗一起,成为中国古典文学的双子星座。

当然还有胆识之才。古代历史上有胆有识的女性不多,胆识过人、卓尔不群的女性更是凤毛麟角,李清照却是这种女性最具代表性的一位。她敢于针砭宋朝当权者的苟且偷安,毫不遮掩:"生当作人杰,死亦为鬼雄。至今思项羽，不肯过江东。"手起笔落处，端正凝重，豪气干云，力透人胸臆，直指人脊骨。这不是几个字的精致组合，而是一种气魄的承载，是一种所向无惧的人生姿态。那种凛然风骨、浩然正气，充斥天地之间。

李清照敢于挨个敲打北宋词坛大腕：柳永的词"词语尘下"；张先、"二宋"等人的词"虽时时有妙语而破碎，何足名家"；王安石、曾巩作词则"人必绝倒，不可读也"；晏几道的词"无铺叙"；贺铸的词"少典重"；秦观的词"专主情致而少故实"；黄庭坚的词"尚故实而多疵病"。李清照连泰山北斗级的苏轼、欧阳修、晏殊等人也不放过，照批不误，"皆句读不葺之诗""又往往不协音律"。

李清照敢于再婚和离婚。靖康之难后，李清照和赵明诚避乱江南。五年颠沛流离的南渡途中，她随身携带的十五车书籍、金石器物，引来无数人的觊觎。有官军李将军的强行霸占，有御医王继先的强行购买，有邻居钟复皓的掘壁偷盗，珍贵藏品散失殆尽，赵明诚赴任湖州太守时又病死于建康，流亡到杭州后的李清照心情极度悲痛。金兵依然在步步南侵，宋室依然在仓皇奔逃。当时状况糟糕透顶的李清照，遇到了时任右承奉郎的张汝舟，与之仓促成婚。而张汝舟花言巧语，他接近李清照只不过是盯上了她的最后一点文物藏品。婚后不久，李清照便认清了张汝舟的真面目：张汝舟不仅是一个粗陋不堪、毫无情趣的人，更是一个骗婚骗财的居心叵测之徒。赵明诚视为生命的收藏品，李清照岂能轻易拱手送出？张汝舟私心无法得逞，便对其心生怨恨，时有暴打李清照的举动。"猥以桑榆之晚景，配兹驵侩之下材。"敢爱敢恨的李清照决不屈辱苟活，毅然决然地进行了反击，报官告发了张汝舟科考营私舞弊，同时提出与张汝舟离婚。最终，张汝舟被革职流放。按照宋朝法律规定，妻子状告丈夫，即便赢了官司，也要坐牢两年。吉人自有天相，李清照离婚得到了好心人的帮助，在翰林学士綦崇礼的大力协助下，李清照在监狱中待了九天就出狱了。关于她的再婚和离婚之举，宋人的态度是极端的，讥讽和非议铺天盖地。作为封建女性，她敢于冲破礼教的束缚，敢于接受社会的嘲笑。年届半百的李清照，何其不幸，又何其可敬！

经历了失败的再婚后，李清照困居杭州。作为才华横溢的文人，她不甘寂寞，开始了又一轮创作。生活的波折、内心的隐痛，使得她的作品一改前期清新婉曲的品格，多了沉郁悲怆的家国情怀。其中的《金石录后序》，既有与赵明诚情投意合、夫唱妇随生活的回忆，又有丈夫猝然离世后艰辛保护珍藏的慨叹，同时也书写了她的病痛、困惑、不幸遭遇、再嫁的无奈。那份孤独，谁能与共？

宋高宗绍兴二十五年（1155年），一代才女在远离故乡的江南，在凄苦无助的境况下，悄然辞世，享年七十二岁。

朱淑真

独行在精神世界里的断肠词人

我们应该感谢一个名叫魏仲恭的人,是他遍访市井街巷,搜集断简残篇,用心整理辑录,才有了《断肠诗集·断肠词》,历史才记住了一个名号幽栖居士的断肠词人。

这个幽栖居士,就是与李清照并称宋代词坛双姝的朱淑真。

也许是李清照的光环过于炫目,人们忽略了朱淑真。但朱淑真确实不应该被忽略,她的作品堪与李清照的作品媲美,她是一个真正意义上的纯情诗人,她创作量大,仅"断简残篇"就有三百多篇,被誉为明朝以前最丰产的女诗人,她的作品真、纯、美,在中国古代文学史上熠熠生辉。

优越的家庭环境使朱淑真从小就饱读诗书,她聪颖好学,才情出众,在诗词、绘画、音律等方面都造诣颇深。尤其是文学艺术的无限风光熏染了她的少女情怀,吟诗填词的生活,使她变得纯真而浪漫、简单而快乐。这样的女子最易怀春。春心萌动的时候,她自然开始勾画白马王子的模样:他应该眉清目秀,他应该温文尔雅,他应该才华横溢,他应该和自己情趣相投,诗词唱和……"初合双鬟学画眉,未知心事属阿谁?待将满抱中秋月,盼咐萧郎万首诗。"她憧憬的爱情生活诗情画意,不食人间烟火;她构思的未来人生,是一片理想的桃花源。

那个白马王子真的来了,他们携手并肩,同赏元夜的花市,同望柳梢的明月,同戏懵懂的青春。纯洁的初恋、初恋的甜蜜、甜蜜的悸动,那是一生割舍不去的情结。

遗憾的是,那是宋代,婚姻不会让爱做主。到了婚嫁年龄的朱淑真,被父母许配给一个官吏为妻。这个官吏,当然是父母、媒妁为她选择的良配,但并非朱淑真想要的那位情投意合、心灵相惜的"萧郎"。一场春思成旧梦,泪满春衫袖的朱淑真,内心有无尽的失落与感伤。

但她试图改变婚姻的无趣。她作诗勉励丈夫:"美璞莫辞雕作器,涓流终见积成渊。……鸿鹄羽仪当养就,飞腾早晚看冲天。"希望他心怀大志,早日功成名就。然而,丈夫只是个俗吏,他辗转在吴越荆楚等地为官,早已满口官腔、浑身铜臭,置朱淑真的劝勉于不管不顾。夫妻小别,朱淑真作"圈儿词"寄给丈夫以解相思之情。信上无字,都是圈圈点点。丈夫不解其意,于书脊夹缝见蝇头小楷的《相思词》,顿悟失笑:

> 相思欲寄无从寄,画个圈儿替。话在圈儿外,心在圈儿里。单圈儿是我,双圈儿是你。你心中有我,我心中有你。月缺了会圆,月圆了会缺。整圆是团圆,半圈儿是别离。我密密加圈儿,你须密密知我意。还有数不尽的相思情,我一路圈儿圈到底。

一封家书,你侬我侬,情意绵绵。幽默风趣的小女儿娇态,触动了丈夫心底的柔软,丈夫翌日便雇船回家与娇妻相聚。

对多情细腻的朱淑真来说,也许她的精神世界里除了诗词歌赋,便只有风花雪月的唯美爱情,再无他事。然而婚姻和爱情毕竟是两回事。你可以任性地在自己的世界里游走,可别人不能,何况丈夫身处官场,他又怎会始终与朱淑真青春做伴,携手同行?

"吟笺漫有千篇苦,心事全无一点通",婚姻失意的朱淑真,开始在笔下埋怨。丈夫无暇理她,保持沉默。得不到回应的朱淑真苦闷压抑、愁肠百结。琴瑟和谐的爱情生活近在眼前,怎奈又遥不可及。与这个不解风情的丈夫长此下去,岂是我朱淑真所能忍受?看着镜子里人比黄花瘦的自己,朱淑真不禁自问:"鸥鹭鸳鸯作一池,须知羽翼不相依。东君不与花为主,何似休生连理枝?"情绪无处发泄时,她开始责骂自己:"女子弄文诚可罪,那堪咏月更吟风。磨穿铁砚非吾事,绣折金针却有功。闷无消遣只看诗,不见诗中话别离。添得情怀转萧索,始知伶俐不如痴。"

"元宵三五,不如初六",在朱淑真看来,圆不如缺,与其要志趣不同的两个人互相折磨,不如一个人逍遥快活。对婚姻绝望的她"宁可抱香枝头老,不随黄叶舞秋风",于是主动与丈夫分居,开始了独居的生活。

分居后不久,本就喜好女色的丈夫便更加肆无忌惮地另觅新欢,甚至娶了小妾进门。朱淑真更是悲从中来,一种强烈的孤独与落寞袭上心头。她连续使用五个"独"字,填出了一阕愁煞人心的《减字木兰花·春怨》:"独行独坐,独唱独酬还独卧。伫立伤神,无奈春寒著摸人。此情谁见,泪洗残妆无一半。愁病相仍,剔尽寒灯梦不成。"

文字里流淌着浓浓的忧伤,那种百无聊赖、形单影只的凄凉油然而生,似乎这世上所有的孤单都加诸一个柔弱女子的心上。夜深人静时的朱淑真,泪已干,妆已残,相思无所寄,只在一盏孤灯下顾影自怜。

金兵攻破东京汴梁,徽钦二帝被掳,为避战乱,朱淑真只身回到了浙江钱塘的娘家。

闺中生活的一切景物,陌生而又熟悉。回家后的朱淑真,似乎如释重负,对那个无趣的丈夫,那个乏味的婚姻,轻轻地挥一挥手,道声再见。多年以来的苦闷消失了,少女情怀像庭院里的花儿重新绽放:

恼烟撩露,留我须臾住。携手藕花湖上路,一霎黄梅细雨。娇痴不怕人猜,和衣睡倒人怀。最是分携时候,归来懒傍妆台。

不知道婚外恋是不是那时候最逆天的举动,反正朱淑真如飞蛾扑火般扑向了又一场爱情,她甘冒天下之大不韪,想要冲破尘世的束缚与罗网,向命运抗争,向理想挑战。在甘于世俗与个人追求之间,她毅然决然地选择后者。"妇人虽软眼,泪不等闲流。我因无好况,挥断五湖秋。"她渴望琴瑟和谐,坚信自己一定会拥有一个能够读懂她、欣赏她、支持她的人。

再一次踏入红尘,在礼教重重的宋代真正是离经叛道,最后的结局注定是失败的。众人指指点点,流言蜚语四起。情郎承受不了严酷的舆论压力,弃她而去,更何况还有家人的强烈反对。单纯如一张白纸的朱淑真根本不知道,生活不只有诗和远方,还有眼前的苟且。因为她不懂,所以她迷茫,因为她的眼睛只注视高远的蓝天,所以在现实的大地上她再也迈不动脚步。

"春已半。触目此情无限。十二阑干闲倚遍。愁来天不管。好是风和日暖。输与莺莺燕燕。满院落花帘不卷。断肠芳草远。"一阕《谒金门·春已半》诉不尽愁苦,断肠人,断肠词。于是,心灰意冷的她,在一个暴雨如注的日子,追逐着浪花顺河而下,不再回来。

朱淑真过世后,父母觉得女儿尽写这些艳词,未能好好过日子,便流着泪将其生前文稿付之一炬。

魏仲恭在《断肠集序》中说:"其死也,不能葬骨于地下,如青冢之可吊,并其诗为父母一火焚之,今所传者百不一存,是重不幸也,呜呼冤哉!"

朱淑真的这位铁杆粉丝说得太到位了!呜呼冤哉!

梁红玉

擂鼓战金山的女英雄

韩世忠和梁红玉的抗金故事,稍有历史知识的人都知一二。大丈夫如韩世忠者,史上不乏其类;但像梁红玉这样的巾帼女杰,在五千年的中国史上,屈指可数。

史书中不见梁红玉的名字,只称梁氏,"红玉"是她在野史和话本里的名字。梁红玉生于尚武门第,祖父与父亲都是武将,梁红玉自幼随父兄练就了一身功夫,生有神力,能挽强弓。

梁红玉第一次崭露头角,是智解"余杭之难"。宋高宗赵构登基,江山未稳,金兵继续南下,接连攻占楚州、扬州,朝廷上下一片惊慌。高宗往浙江一带仓皇逃跑,外忧引起内患,御营统制苗傅与威州刺史刘正彦拥众作乱,袭杀了执掌枢密的王渊,分头捕杀了宦官,强迫高宗让出帝位,内禅皇太子,由隆祐太后垂帘听政。由于畏惧在秀州拥有重兵的韩世忠前来讨伐,苗刘便将梁红玉及其儿子韩亮作为人质扣押起来,且"防守严密"。事变发生之后,宰相朱胜非深知梁红玉的为人,便假意向苗傅献计:考虑到韩世忠拥有重兵,不可为敌,应当速派梁红玉劝和才是上策。苗傅深信不疑,便向梁红玉屈膝礼拜,奉以兄嫂之礼,请梁红玉出面。梁红玉假意应允,飞马出城,一昼夜赶到秀州。韩梁二人以国事为重,商讨对策,约集了四方兵马,里应外合,一举平定了苗刘之乱。因勤王救驾有功,高宗亲书"忠勇"二字赐予韩世忠并将其擢升为检校少保、武胜昭庆军节度使,称梁红玉"智略之优,无愧前史,给内中俸以示报正"。给功臣之妻俸禄,这在以前从未有过,立下殊勋的梁红玉成为历史上的第一人。

真正使梁红玉名震天下的,是击鼓战金山的黄天荡一役。南宋内乱,给了金军可乘之机。金兵统帅金兀术率领精兵十万、战船百艘,长驱直入,攻入江浙,企图消灭南宋。宋高宗逃为上策,先从杭州逃到宁波,再从宁波逃到海上。这时金军已经孤军深入五个多月,江南各地到处爆发了汉人的反抗。无奈之下,金军在大肆掳掠之后北返。奉命镇守京口的韩世忠听说金军北撤，便率水军八千人截击。在敌我力量悬殊的情况下，梁红玉认为敌军声势浩大，只宜智取，不可力敌。韩世忠听取梁红玉的计策，率领小队宋兵诱金兵深入苇荡，再命大队宋兵埋伏，以梁红玉的鼓声为命，以灯为引，用火箭石矢焚烧敌船。会战那天，夫妻二人合演了历史上壮美的一幕：韩世忠亲率战船，诱敌深入，梁红玉身先士卒，冒矢擂鼓，在金山之巅的妙高台上指挥作战。金兀术被堵截在黄天荡里整整四十八天，情愿尽还所掠，贡献名马，以求借道渡江，被韩梁严词拒绝。梁红玉还提醒主帅乘机进击，逼敌就范。韩世忠却自信地说："金兀术已入死地插翅难飞，岂有生理？待其粮尽技穷，必授首于我。"未料金兀术于绝望之中，察知黄天荡西端有一老鹳河，稍加疏浚，即可连接长江。一个漆黑的夜晚，金兵一夜之间将老鹳河疏通，逃之夭夭。

黄天荡大战使金军丧胆，再也不敢过江南侵。南宋举朝庆贺，对韩梁夫妻大加封赏。但梁红玉认为，韩世忠没听她关于乘胜进击、逼敌就范的意见，麻痹大意，使得金兵在唾手可歼的情况下凿河遁去，功亏一篑，无功可言。她亲拟奏本，弹劾主帅"世忠失机纵敌"，致使金兀术逃脱，并"乞加罪责"。宋高宗看了梁红玉的奏章，当廷宣读，满朝文武无不为之动色。群臣都为梁红玉不徇私情、以社稷为重的精神所感动。这一义举，使举国上下人人感佩，传为美谈。

梁红玉的名将风范不仅在打仗，而且在爱民。韩梁屯兵楚州时期，经过长期战乱浩劫的楚州遍地荆榛，军民食无粮、居无屋。梁红玉亲自用芦苇"织蒲为屋"。在寻找野菜充饥时，发现马吃蒲茎，便亲自尝食，并发动军民采蒲茎充饥。淮人食用"蒲儿菜"，相传即从梁红玉始。蒲儿菜因此称作"抗金菜"。由于韩世忠、梁红玉与士卒同劳役，共甘苦，士卒都乐于效命。经过苦心经营，楚州恢复了生机，又成为一方重镇。梁红玉和韩世忠驻守楚州十多年，率领将士以淮水为界，旧城之外又筑新城，以抗击金兵。"兵仅三万，而金人不敢犯。"后来，以宋高宗和宰相秦桧为首的投降派，害怕抗金获胜对己不利，便向金国求和，命岳飞由朱仙镇班师，接着解除了岳飞、韩世忠、张俊三位大将的兵权。岳飞被以"莫须有"罪名诬陷入狱，惨遭杀害。韩世忠被召至临安封枢密使，实际已无实权。韩世忠病逝后被追封通义郡王。宋孝宗下诏竖碑建祠，又追封蕲王，谥忠武，配飨高宗庙庭。

与丈夫韩世忠不同，梁红玉的人生结局，至今尚无定论。流传有两种版本。一说是抑郁而终。岳飞被害之后，一生戎马、刚正不阿的韩世忠曾当面质问秦桧："'莫须有'三字，何以服天下？"可是，不服又能怎么样？于是韩世忠愤然辞官，归隐于临安西部马塍梅园，自号清凉居士，闭门谢客，养花种瓜，诵佛自娱，以度晚年。梁红玉则将全部精力都放在教育儿子身上。她的儿子韩彦直也是一代名臣。宋高宗绍兴二十一年（1151年），韩世忠与世长辞，不到两年梁红玉也撒手而去，终年五十一岁，死后与韩世忠合葬在苏州灵岩山下。另一说是遭袭战死。韩梁镇守楚州时，长年和金军周旋，有一次突然遭到金军围攻，在激烈的肉搏战里，梁红玉小腹重创。据说，肠子都流出来了，梁氏依然咬牙奋战。她撕下汗巾，紧紧地裹住鲜血淋漓的小腹。"敌矢如雨，猬集甲上。梁氏血透重甲，入敌阵复斩十数人，力尽落马而死。金人相踩践争其首级，裂其五体……"《英烈夫人祠记》的记述明显掺进了文学色彩，但战争之惨烈可见一斑。金国上下也被梁红玉的忠勇不屈深深震撼，恭敬地将遗体返还宋营。"拼合之际，验梁氏全尸。创伤数十，致命者七，皆在身前也。"韩世忠禁不住老泪纵横，失声痛哭！

　　如今在梁红玉的家乡江苏淮安，有一尊女英雄的戎装佩剑塑像，神采飘逸，英姿飒爽。塑像两侧配一副对联：也是红装翠袖，然而青史丹心。对一个古代女子而言，这样的评价实非寻常，得之不易！

严 蕊

中国古代文人的梅花清梦

宋孝宗淳熙九年（1182年），浙江台州发生了一件不大不小的事。

时任浙东常平使的朱熹巡行台州，连上六道奏折严词弹劾台州知府唐仲友，列举其违法收税、贪污官钱、贪赃枉法、培植爪牙、纵容亲属、败坏政事、伪造会子等二十四条罪状，从残民、贪污、结党、淫恶四个方面全力讨伐。

这个台州知府唐仲友真的十恶不赦吗？

唐仲友乃少年才子，为学不拘一格，且重学以致用，是永康学派的代表人物，与理学大儒朱熹向不合拍。他当然不服指控，上书自辩，称朱熹"嫉恶太严，所谓偏隘也"。

此事一出，朝野议论，可谓众说纷纭。孝宗皇帝未能洞察究竟，也不知如何决断。唐仲友的同乡——丞相王淮淡然以对：此秀才争闲气耳！一个"闲"字，可谓四两拨千斤，巧妙地转移了矛盾焦点，让孝宗皇帝一笑释之。

究竟孰是孰非，直到今天，朱唐之争还是一桩历史公案。单说朱熹参唐仲友二十四条罪状中"与营妓有染"这一宗，这里提到的营妓，就是本文重点介绍的宋代中期著名女诗人严蕊。

严蕊原姓周，字幼芳，出身低微，沦为台州营妓，改艺名为严蕊。严蕊自小习乐礼诗书，善操琴、弈棋、歌舞、丝竹、书画，学识通晓古今，诗词语意清新，又兼明眸皓齿，貌美如花，一时艳名远播四方，常有不远千里者慕名相访。

台州太守唐仲友，自然对严蕊的才华品貌极为欣赏，每有应酬，必定招严蕊来陪酒助兴。一个学仕兼优，一个色艺双绝，诗酒唱和，往来亲密，自是人间风流雅事。

据说一场酒宴上，唐仲友指红白桃花为题，严蕊应声口占了一阕《如梦令》："道是梨花不是，道是杏花不是。白白与红红，别是东风情味。曾记，曾记，人在武陵微醉。"

语言自然平实，却又新颖脱俗，一枝桃花，一位晋贤，宴席别色花，武陵淡泊人，严蕊机敏地将唐仲友和陶渊明联进词句，可谓妙手偶得，唐仲友激动不已，"赏之双缣"。

一曲新歌一束绫是宋代官场的风流，名臣寇准、"宋末三杰"之一的文天祥等在这方面都留下了许多故事。但歌舞浪漫可以，却不能以官妓私侍枕席，这是宋代官场的一条底线。

你唐仲友和严蕊貌似没有遵守这条规则吧？！在大儒眼里，料定二人有"逾滥"之罪！朱熹参唐仲友与营妓有染，就是参的这一本。

朱熹将严蕊下狱后，严刑拷问，希望能够通过严蕊的口供来坐实唐仲友的罪名。

不料严蕊拒不承认，她说"循份供唱，吟诗侑酒"是有的，但别的事儿实在是什么也没有。

朱熹得不到口供很生气，便令人继续施刑，可严蕊却坚持不改口。朱熹于是将严蕊押送到绍兴，让部下继续审问，严蕊再次遭受到酷刑。"两月之间，一再杖，几死。"严蕊宁死不从，明确表示："身为贱妓，纵合与太守有滥，科亦不至死；然是非真伪，岂可妄言以污士大夫，虽死不可诬也。"

不久朱熹调任离开，其职位转由岳飞后人岳霖接任。

按照规矩，新官上任，当地的营妓们都要前来拜谒。严蕊虽然刑伤未愈，也得随众前来。眼见风华绝代的美女被折磨得容颜憔悴，岳霖充满了怜惜，便对她说："闻你长于词翰，你把自家心事，做成一词诉我，我自有主意。"

经过多番折磨，严蕊早已厌倦了这风尘岁月，她感怀身世，当即口占一首，这便是名动词坛的《卜算子》：

> 不是爱风尘，似被前缘误。花落花开自有时，总赖东君主。去也终须去，住也如何住。若得山花插满头，莫问奴归处。

自卑中饱含自尊，无奈中透着倔强。岳霖大受感染，当即大笔一挥，这个如花才情的苦命女子终于"落籍"，可以自由离开这个充满屈辱与伤感的地方了。

因为这段经历，严蕊名声大噪，脱籍后有无数人争相来求。后来她嫁给一个丧偶的南宋宗室，与之相爱终老，终于过上了她所期待的"山花插满头"的生活。

严蕊的故事,最早出自南宋人洪迈的笔记《夷坚志》。他的记述很简略:

> 又台州官妓严蕊,尤有才思而通书,究达今古。唐与正(唐仲友)为守,颇属目。朱元晦(朱熹)提举浙东,按部发其事,捕蕊下狱,杖其背,犹以为伍佰行杖轻。复押至会稽,再论决。蕊堕酷刑,而系乐籍如故。岳商卿霖提点刑狱,因疏决至台,蕊陈状乞自便。岳令作词,应声口占云:'不是爱风尘,似被前身误。花落花开自在时,总赖东君主。去也终须去,住也如何住。若得山花插满头,莫问奴归处。'岳即判从良。

将严蕊的故事写得最生动、流传最广的,是明末凌濛初《二刻拍案惊奇》中卷十二"硬勘案大儒争闲气,甘受刑侠女著芳名"。

凌濛初的小说情节曲折,情感动人,严蕊的故事因此广为流传,当然这也成了理学大家朱熹的"黑料"。那么朱熹究竟是不是捏造?关于弹劾唐仲友的奏章,朱熹文集这样记述:他并不是因为跟唐仲友争闲气才弹劾他,而是因为唐仲友确有失职行为,并不无辜。不仅如此,营妓严蕊也没什么节操,该发生的都发生了,严刑之下,严蕊承认与唐仲友有私情,还曾依仗唐仲友的权势收受贿赂、帮人办事等等。

有趣的是,宁宗庆元二年(1196年)年底,发生了历史上著名的"庆元党案"。监察御史沈继祖弹劾朱熹十大罪状,其中包括"诱引尼姑二人以为宠妾""家妇不夫而孕"……主张将朱熹斩首,定朱学为"伪学"。朱熹却上表谢罪,亲口招认了"纳其尼女""私故人财"几项,表示要"深省昨非,细寻今是"。

以道学自任的大宗师表里不一、愚弄天下,面对指控时居然谢罪招认,这让百姓情何以堪?

真相已经不重要。作为营妓的严蕊,我们更愿意承认她是词人;作为词人的严蕊,她给我们留下的更多的又是营妓的故事。这其实哪里是一个故事,本来就应该是一段历史,更是红尘中的岁月人心。寻常的世人需要严蕊,一个身份卑贱却不畏强权、坚持正义的女子,她承载了无数没有话语权的普通人的愿望,她代表了一种世俗文化的诉求。自然,其中也饱含了古代文人对气节、对知己、对侠义的渴望,当这种渴望寄托在一个美丽才女身上的时候,那便是中国古代文人的梅花清梦。

唐　婉

痴情无情悲情小才女

两阕《钗头凤》，凄婉天下知。

虽然出自两人之手，却含着一样的哀怨和无奈。陆游和唐婉令人窒息的爱情故事，伴着字字滴泪的千古绝唱，经久流传，滋润着天下男女的心灵。

陆游和唐婉爱得有多深？

一个端庄厚道，一个文静灵秀；一个是郎骑竹马来，一个是绕床弄青梅；一个是才华横溢的大才子，一个是文采斐然的小才女。从不谙世事的少年到心事朦胧的青年，共同成长的经历、共同追求的爱好，注定了两人深深的情缘，于是陆唐两家就以一只精美无比的凤钗作信物，订下了这门天作之合的婚事。婚后的小夫妻更是伉俪情深，形影不离。如此一对神仙眷侣被生生拆散之后，两人收拾起满腔的幽怨，劳燕分飞，但心里始终没能真正将对方放下。陆游经营仕途风生水起，诗词创作蔚为大观，借以隐藏与唐婉分手的痛。二十七岁在沈园里挥笔题下《钗头凤》，四十六岁入蜀作《重阳》，六十三岁作《余年二十时》，六十八岁作《禹迹寺南有沈氏小园》，七十五岁作《沈园》，七十七岁作《禹寺》，八十二岁作《城南》，八十三岁作《禹词》，八十四岁作《春游》。读一读"梦断香消四十年，沈园柳老不吹绵。此身行作稽山土，犹吊遗踪一泫然"，读一读"城上斜阳画角哀，沈园非复旧池台。伤心桥下春波绿，疑是惊鸿照影来"，读一读"路近城南已怕行，沈家园里更伤情。香穿客袖梅花在，绿蘸寺桥春水生"，读一读"城南小陌又逢春，只见梅花不见人。玉骨久成泉下土，墨痕犹锁壁间尘"，每一首诗里，都流露着陆游对唐婉深深的眷恋。尤其是八十五岁高龄那年春天，陆游满怀深情地写下了最后一首沈园情诗："沈家园里花如锦，半是当年识放翁。也信美人终作土，不堪幽梦太匆匆。"此后不久，陆游便溘然长逝。白发老翁的心里，装着的还是你侬我侬的那段时光、那些事、那个人。而唐婉自离开陆家后便将那份爱深埋在心底，任时光煎熬，独自默默承受。直到沈园梦回，再读陆游一字一顿的词句,才知十年未曾褪去一点点旧日的恩爱。问世间情为何物,直教人生死相许!

可谁理解千古伤心人赵士程?

风流两宋,赵士程是一个史料记载少之又少的人。他有两个身份,一是皇家后裔,宋太祖赵匡胤的第五世孙;二是唐婉含恨被休后无奈从父兄之命改嫁的新夫。这两个身份放在一起,格外不容。毕竟在男尊女卑的古代,被休的妇人谈不上有丝毫的尊严,门庭显赫、官职加身的赵士程,却愿将弃妇唐婉娶进家门,实非一般人所能为也。他有多么宽广的胸襟,承受了多么大的世俗压力?而且,赵士程一生只娶了唐婉一人,唐婉病故后他终身没有续弦。细细想来,唯一的答案是,宽厚重情的赵士程爱唐婉爱得实在太深了!

陆游和唐婉结婚不久,作为文友的赵士程曾到陆游家做客,唐婉光鲜靓丽的形象从此便在赵士程的脑子里永远挥之不去了。唐婉被休之初,陆游另筑爱巢安置唐婉,有空便去和唐婉幽会。赵士程得知此消息大为不满。他打算直接到陆家求情,请陆家把唐婉接回去。但事与愿违,陆游不久就娶了王氏为妻。缘分似乎都是命中注定,被休的唐婉偏偏遇到了不在乎身份的赵士程,他不在乎唐婉的过去,甚至不在乎唐婉的心里还住着另一个人,于是"冒天下之大不韪",明媒正娶了唐婉。尽管赵士程待唐琬极佳,但始终没能得到唐婉的心。赵士程对唐婉千般抚慰,万般疼爱。唐婉却是怕人寻问,咽泪装欢。沈园东墙上的那一阕,分明表示虽嫁赵门,又思陆不已!人生自是有情痴,唐婉多情复无情,赵士程以对唐婉的真情挚爱,使自己成了千年爱情悲剧里真正悲情的配角!着实令人唏嘘!

陆母究竟为什么非要棒打鸳鸯?唐婉并不是平常女子,论出身,她是大户人家的女儿;论容貌,她"玉姝眉黛翠连娟",典型的江南佳丽;论性情,她自幼文静灵秀,不善言语却善解人意;论才学,"林下风标许谁比,真须江左谢夫人",能和出那阕凄美的《钗头凤》,便不是一般才华。何况她与陆游年龄相仿、志趣相投、琴瑟相和,这么好的一个儿媳竟为陆母所不容,原因有二:其一,唐婉婚后不孕,不能为陆家传宗接代,这在古代是"七出"之首的严重罪过;其二,唐婉让陆游倦于科举,影响了陆游的仕途。陆游在结婚之前两度参加科举都铩羽而归。正因为科举落第,父母以为,陆游年岁不小了,不如先成家,成家之后,陆游自然应该安心读书。可是，婚后陆游整天和唐婉吟诗作画，把科举完全抛在脑后。陆家世代重视科举，陆游如此"不务正业"，让父母焦虑不安。陆母多番找到唐婉训话，但单纯任性的唐婉对婆婆的警告不放在心上。一来二去，陆母渐渐不满，最后干脆一休了之。

究竟是谁害死了唐婉？

唐婉在春花明艳的年龄香消玉殒，让人痛惜。千百年来的议论纷争都涉及一个"情"字。究竟谁是害死唐婉的刽子手呢？当然是陆母。女子被夫家所休，对封建社会的一个弱女子来说，不啻一道晴天霹雳，莫大耻辱。自从离开陆家，唐婉便有一口气窝在心里，却又无处诉说。尽管赵士程给了她无微不至的爱和抚慰，但终究不能治愈她情感的伤痕，与陆游的那份刻骨铭心的情缘始终留在她情感世界的最深处。咽泪装欢的时光，本来就是杀人不见血的刀。再有沈园突如其来的相逢，陆游悲伤绝伦的《钗头凤》，等于给了唐婉致命的一击。那是一个明媚的春天，陆唐分手十年后的春天，因礼部会试失利，陆游到故乡禹迹寺东南的沈园去散心，不料竟与前妻唐婉不期而遇。蓦然相逢，伉俪情深仿若昨日。唐婉在征得夫君赵士程的同意后，于沈园宴请了陆游。几杯酒下肚，陆游悔恨绝望，百感交集，于是找来笔墨，在沈园的墙壁上挥毫写下了一首荡气回肠的《钗头凤》。第二年春天，唐婉再一次来到沈园，曲径徘徊间，忽然瞥见陆游的留题，字字句句让她肝肠寸断，未曾愈合的旧伤再次撕裂，她忍不住和了一首。自此，唐婉便日臻憔悴，郁悒成疾，不久便撒手人寰。

今天，绍兴沈园东墙上那两首词还在，绿苔斑驳，字迹依然清晰。走过的游人，都在两阕《钗头凤》前驻足，似乎永远也走不出唐婉的故事。

张玉娘

情钟一人、义风千载的女词人

《四库全书》收有《兰雪集》,就像这个作品集的名字一样,作者是一个清幽如兰皎如雪的女子,她就是与李清照、朱淑真、吴淑姬并称宋代四大女词人的张玉娘。

能摘得宋词创作的顶尖凤冠,张玉娘自然成就不俗。其存世的一百三十三首诗词,几乎篇篇精致,神韵入化,在文学史上,《兰雪集》享有继李清照《漱玉集》后的第一词集之美誉。且看她的怀春之作《山之高三章》:

山之高,月出小。月之小,何皎皎!我有所思在远道。一日不见兮,我心悄悄。

采苦采苦,于山之南。忡忡忧心,其何以堪。

汝心金石坚,我操冰雪洁。拟结百岁盟,忽成一朝别。朝云暮雨心去来,千里相思共明月。

再来读一读她的《塞上曲·横吹曲辞》:

为国劳戎事,迢迢出玉关。虎帐春风远,铠甲清霜寒。落雁行银箭,开弓响镰环。三更豪鼓角,频催乡梦残。勒兵严铁骑,破虏燕然山。宵传前路捷,游马斩楼兰。归书语孀妇,一宵私昵难。

这两首诗词分别是张玉娘两大创作题材的代表作:一是风花雪月;二是金戈铁马。张玉娘出身官宦人家,闺阁绣楼里的生活无忧无虑,天真烂漫,风花雪月的题材唾手可得。她又自幼聪敏,妙想联翩,作品常常别出心裁,新意纷呈。《山之高》描写的是少女热恋中的一往情深,既有《诗经》之风,又有《楚辞》之韵,也有《古诗十九首》之妙笔,还有苏轼《水调歌头》之神采,字字句句有来处,借古而不泥古,委婉含蓄却又淋漓尽致,非聪慧饱学不可得也。元中叶著名诗人、学者虞伯生读到张玉娘的《山之高》时,不禁赞叹:"有三百篇之风,虽《卷耳》《虫草》不能过也。"如果说风花雪月的题材是生活赋予的素材，那么对金戈铁马题材的创作灵感则是凭托一腔家国情怀。那时候的南宋风雨飘摇，四处听得到北国铁骑的马蹄声。身在闺中的张玉娘，表面柔弱的张玉娘，目光却越过了东风小楼、春花秋月，她以文人敏感的内心，关注外面的世界，思考国家和百姓的命运，于是她的笔底流淌出另一种旋律，铿锵有力，掷地有声。

张玉娘的诗词，并没有让她成为那个时代的文学明星。直到张玉娘离开人世三百年后，她才作为一代词人渐渐浮出水面。清代顺治年间，在张玉娘的家乡松阳任训导的著名剧作家孟称舜，偶然得到张玉娘的遗稿，展卷读来，爱不释手，不禁折服于其诗词才情，钦佩其贞洁风范，为她刊印《兰雪集》两卷，并为她募捐修墓建祠。顺治十三年初，孟称舜在南京雨花僧舍，倾情完成三十五折传奇剧本《张玉娘闺房三清鹦鹉墓贞文记》，详细描述了张玉娘的人生全景，从此，张玉娘的事迹和作品才逐渐抖落史尘，流传开来。

善诗工词的张玉娘长期静默于世间，大概有两个原因。一是生前不涉足南宋核心文化圈。而同一个朝代的李清照，父亲李格非是著名的学者，公公赵挺之是当朝宰相，丈夫赵明诚是著名的金石大家，这样的家庭背景使得李清照身居当时的文化中心，光芒万丈。再如朱淑真，她居住在南宋京城临安，出身于官宦世家，来往尽是社会名流，一举一动都会引起上层社会的关注，才华横溢的女子，成名则是小事一桩。而张玉娘身居闺阁，恪守妇道，诗词自乐，不求名利，自然不会引起社会的广泛关注。另一个重要原因是张玉娘芳华早逝，她还没来得及在文学的阵地里扯开大旗，就在二十六岁的蓬勃年岁撒手而去，叫人扼腕痛惜。

张玉娘的早逝大抵因为文人所特有的忧伤气质，这种气质浸染骨髓，成了一个纯情女子的灵魂的全部。当这种忧伤气质遇到让人生死相许的爱情，生命之花便自然凋落。于是，在南宋末年的松阳大地，当年的才女、情女、贞女张玉娘，为我们留下了一出真实的"梁祝"。

当年松阳有张沈两户官宦人家，互为亲戚，关系密切。沈佺和张玉娘同年同月同日出生，可谓一对金童玉女。两人从小在一起玩耍长大，青梅竹马，两小无猜。沈佺言行雅致，风流倜傥，是个忠厚本分的读书郎。张玉娘自幼是一个秀外慧中、冰清玉洁的美丽才女，博览群书，喜文弄墨。受她影响，身边的两个贴身丫鬟霜娥和紫娥，也钟情文字，心灵纯净，非一般世俗女子。张玉娘还在自己的闺房里养了一只鹦鹉，这只会说话的鹦鹉也非常善解人意，后人把这两个丫鬟和鹦鹉合称为"闺房三清"。

长大成人的张玉娘和沈佺，情意笃厚，情趣相投，天生一对。男大当婚，女大当嫁，十五岁时，两家父母商定，为两个人许下终身大事。谁知天有不测之风云，沈佺的父母不幸双双亡故，沈家从此家道中落，张父有了悔婚之意，哪知张玉娘忠贞不渝，非沈佺不嫁，死不相负。无奈之下，张父明确地对沈佺说："你要想做我们张家的女婿，娶玉娘为妻，必须金榜题名。"为了迎娶佳妻，沈佺从此寒窗苦读，一心求取功名。宋度宗咸淳七年（1271年），沈佺进京赶考。临行前，玉娘含泪写下了著名的《古别离》：

> 把酒上河梁，送君灞陵道。去去不复返，古道生秋草。迢虎山河长，缥缈音书杳，愁结雨冥冥，情深天浩浩。人云松菊荒，不信桃李好。澹泊罗衣裳，容颜萎枯槁。不见镜中人，愁向镜中老。

沈佺远行的日子里，玉娘在家里苦苦等待，备受相思的煎熬，她著名的代表作《山之高》三首就作于此时。

后来沈佺赴京赶考，不负张家所望，高中咸淳辛未科榜眼，然而天不佑人，沈佺在回松阳见玉娘的途中不幸染了伤寒，病入膏肓。玉娘闻知，含泪寄书于沈佺："妾不偶于君，愿死以同穴也！"二十二岁那年，沈佺不治而亡。父母急欲为张玉娘另择佳婿，痛不欲生的张玉娘坚决不从，她秉持"丈夫以忠勇自期，妇人则以贞洁自许"，拒绝再觅他人，立誓为沈佺守节，并泣血作诗，以明其志："中路怜长别，无因复见闻。愿将今日意，化作阳台云。"

沈佺一去，天塌一半。此后，张玉娘恹恹独守空楼，终日以泪洗面，神情恍惚。文人向来多情，情牵旧梦的张玉娘，把所有的精力都用来创作诗词和缅怀逝去的爱情，她越陷越深，不能自拔。痛苦而漫长的五年里，一寸寸地香消玉殒，宋端宗景炎二年（1277年），在元宵佳节的晚上，一代才女张玉娘流尽了最后一滴相思血泪，一缕幽魂终于随她的情郎沈佺而去。

遗憾的是，张玉娘的故事和作品都没有广泛流传，至今人们对张玉娘仍知之甚少。现代著名词学家唐圭璋教授曾大声疾呼："一般文学史家，应该留出一点篇幅，叙述这位已经隐埋了六百多年的女作家。"诚如斯言，张玉娘是不应该被忘记的。

吴淑姬

女流中的黠慧者

"女流中的黠慧者",是南宋黄昇在《唐宋诸贤绝妙词选》中对宋代著名词人吴淑姬的点评。"黠慧"二字,生动传神,尽显风流,从此,这位女词人便在中国文学史上留下了风格独具的鲜活形象。究竟如何黠慧,且从故事说起。

吴淑姬出生于山川秀丽的浙江湖州,她的父亲是一个满腹才学未入仕途的秀才,聪慧美丽的吴淑姬从小接受家学熏陶,写得一手绝妙诗词。还在很小的年龄,父母便将她许配给了邻村的一个秀才。这个秀才才华一般,但忠厚老实,知书达理,家境也比较富裕。等到吴淑姬十六岁时,两家便开始张罗婚事。

自古美女易多情。情窦初开的吴淑姬喜欢浓妆淡抹,对镜自赏。看着镜中人儿妩媚俏丽,想到身旁马上将有人为己容而悦,两片红霞便飞上了双颊。她左手绾起秀发,右手拿起玉簪,正要插戴,却没想到手一滑,玉簪落地,断为两截。刚才还沉浸在幸福幻想里的人儿,一种不样之感隐隐袭上心来。不几日,未婚夫家来告,秀才病重,再过不久,秀才竟不治而亡。

第一次婚姻就这样不幸夭折,吴淑姬内心油生一种莫名的惆怅。虽说还没有拜堂成亲,谈不到伉俪情深,可对年轻纯净、憧憬爱情的少女来说,毕竟是一次不小的打击。此后很长一段时间,吴淑姬郁郁寡欢,她填写《祝英台近·春恨》一词,来排解心中忧愁:

> 粉痕销,芳信断,好梦又无据。病酒无聊,敧枕听春雨。断肠曲曲屏山,温温沉水,都是旧、看承人处。
> 久离阻,应念一点芳心,闲愁知几许?偷照菱花,清瘦自羞觑。可堪梅子酸时,扬花飞絮,乱莺闹,催将春去。

题为春恨,意在叹春。待字闺中的吴淑姬,敧枕听雨,偷照菱花,想到山水黯然的暮春景,再看形容清瘦的镜中人,心中渐生无限惆怅,又恰逢这时节杨花飞舞，黄莺乱鸣，令人分外伤心。一旦春光逝去，芳华不再，自己将何以堪？

过了一年，父母又为吴淑姬说了一门亲事，男方是一个富家子弟。谁知过门后，向往幸福的婚姻生活的吴淑姬大失所望，仿佛被猛泼了一盆冷水。她发现丈夫缺乏教养，纨绔做派，成天拈花惹草不说，还对她轻则骂、重则打。想到自己从小随父吟诗作词，以风雅为荣，不料嫁给了这样一个俗不可耐的人，自命不凡的吴淑姬，却在终身大事上糊涂答应，真是追悔莫及。

一天晚上，心事重重的吴淑姬辗转反侧，难以入眠，便悄悄披衣来到院中。微风轻抚，月色如水，吴淑姬顿觉俗气尽消，心旷神怡。突然，酒气熏天的丈夫从外面归来，见吴淑姬独坐赏月，便又破口大骂。婚前的幸福畅想，婚后的灰色生活，巨大反差提醒了不甘失败的吴淑姬。于是吴淑姬鼓起勇气，提出离婚。那时候，被老婆抛弃实在是扬丑天下的事，何况妻子才貌双全，可遇而不可求。于是丈夫软硬兼施，坚决不同意分手。然而吴淑姬心意已决，再不回头。被夫家关了起来后，吴淑姬忍无可忍，在忠仆的帮助下逃跑，却又被夫家抓回。事情越闹越大，夫家看这桩婚姻无望，于是以不守妇道为由，将吴淑姬告上官府。

事已至此，一心要挣脱不幸婚姻的吴淑姬，索性将罪名一概承担。当时主政湖州的太守是王十朋，他是历史上著名的政治家、诗人，也是南宋治世名臣。当他看到吴淑姬眉宇间尽是清雅之气，而那富家子弟却粗俗不堪，便感觉判吴淑姬入狱应是冤案一桩，但又不明就里。于是王太守设一小计，以便将吴淑姬无罪释放。

王十朋安排僚属到牢房里面见吴淑姬，了解实情。狱卒为她打开枷锁，邀与大家一起畅饮。席间自然谈起案情缘由。当时正值冬末春初，积雪未融，梅花正吐，吴淑姬目视窗外，酒意微醺，提笔立成宋词经典名篇《长相思》：

> 烟霏霏，雪霏霏。雪向梅花枝上堆，春从何处回？醉眼开，睡眼开，疏影横斜安在哉？从教塞管催。

第二天，僚属将案情原委如实报告王十朋，并将吴淑姬的词稿递上。王十朋听完来龙去脉，再读词句，不由得击节赞赏。他怎能读不懂吴淑姬的暗喻？恶劣的天气下，无情的雨雪正摧残着不幸的梅花。可她所向往的春天，会在何时到来？这其实就是王十朋在指责自己未曾审理明白，就让女子蒙冤受屈。暗香疏影的梅花在霜雪欺凌下依然傲放，尽管羌笛声声想要将它摧落，可它毫无所惧。梅花有着傲霜斗雪的精神，有着无比高洁的灵魂。绝妙之笔、婉约之情，构成一幅含冤受屈图。王十朋实情在握，为之动容，立刻升堂再审，当机立断，判决离婚。

吴淑姬得脱藩篱，痛定思痛，下决心非如意郎君不再谈婚论嫁。她回家后对父母说："除非断簪复合，否则不再嫁。"父母有愧，不敢相逼。于是她收拾好闺房，邀约旧日好友，琴棋诗画，好不惬意。

转眼又是暮春，一天有个要好的姐妹来访，看到书案上一阕刚写完的新词《小重山》：

> 谢了荼蘼春事休。无多花片子，缀枝头。庭槐影碎被风揉。莺虽老，声尚带娇羞。独自倚妆楼。一川烟草浪，衬云浮。不知归去下帘钩。心儿小，难著许多愁。

荼蘼花谢，春意阑珊。虽为"花片子"，却还"缀枝头"；看那"莺虽老"，但"声尚带娇羞"，将逝未逝的青春，无奈愁思恰如连天草浪，滚滚袭来。《古今词统》眉批云"竹浪、柳浪、麦浪与草浪而四"，吴淑姬所创"草浪"，直可与前人所创"竹浪、柳浪、麦浪"相媲美。南宋黄昇在《唐宋诸贤绝妙词选》中，专门点评吴淑姬自创的新词"花片子""草浪"等，并不惜使用"佳处不减李易安"的词句为之点赞。

几天后再来时，好友手上却多了一叠诗稿，请吴淑姬赏阅。淑姬细阅诗稿，喜出望外，大夸好友诗艺精进。好友大笑，说："非我能也，实为杨公子书。"又告诉她杨公子名子治，是自己的远房表亲。

再一次，好友把所谓的远房表亲带了过来。人如其诗，杨子治确是一个文采风流的儒雅后生。在诗社里，吴淑姬和杨子治谈诗论词，你唱我和，一来二往，爱由心生，便双双暗定了终身。

待时机成熟，吴淑姬便禀告父母，说玉簪已合，想必姻缘将至。父母深知女儿婚事玉成，自然大喜。不久，杨家登门求亲，父母一口应允。

新婚之夜，小夫妻说起玉簪断合之事。杨子治问道："第一次结婚前，玉簪摔断，婚姻未成，这次玉簪竟然为咱们两个再合，岂不是天意吗？"

吴淑姬回答说:"玉簪为我断,难道就不能为我合?"说完,狡黠一笑。杨子治心领神会,开怀大笑。从此夫妇二人鸾凤合鸣,白头偕老。

作为宋代四大女词人之一,吴淑姬留下《阳春白雪集》五卷,作品还算不少。吴淑姬本是一个浪漫多情的精致女子,可惜正史记载得太少,连生卒年月也不知道,我们只能从野史逸闻中,片段式地感知她的性情、她的才识,聆听她妙趣横生的故事。

陈妙常

一失足成千古爱的俊雅女尼

陈妙常这个名字，中国人并不陌生。豫剧、京剧、评剧、昆曲等各大戏剧种类，都有关于陈妙常的故事的剧目，比如《必正与妙常》《秋江》《思凡》《玉簪记》等。

南宋时期，正是佛教盛行的年代，父母常将孩子寄养于寺庙，借以佑护。陈妙常原本是临江官宦之家的女儿，因为自幼身体病弱，经高人批命，被送入临江青石镇郊女贞庵中，削发为尼。空门多暇，陈妙常诵经礼佛，勤学不辍，到了十五六岁的时候，已经成为一位才貌双全的女子。她精通诗词，尤善音律，所弹琴声，往往让庵中客人赞不绝口。尤其是她容颜秀丽，光彩照人，穿着宽袍大袖的袈裟，就像仙女下凡，令人目眩神迷。

对陈妙常的一生产生转折性影响的，是南宋著名词人和书法家张孝祥。他才情卓著，文名显赫，相传他一首《六州歌头》，使得当时正招集山东、两淮忠义之士上书反对议和的抗金名将张浚有感于怀，为之罢席。这位大才子是淮西人，进士出身，当年奉派出任临江县令，一路溯江而上，到达临江县境的青石镇舍舟登陆，夜宿镇外山麓的女贞庵中，准备歇息两天，然后走马上任。那时候，寺庙庵刹遍及全国各地，大多备有洁净雅室，以供远道而来的香客住宿祈梦。

正是初秋季节，入夜月白风清，有琴声玎玎传来，落脚庵中的张孝祥循声走去，果然有人正在月下焚香弹琴，近前端详，竟是一个眉目如画、姿态秀逸的妙龄尼姑。才子最怕遇佳人，张孝祥立即倾倒于陈妙常的田相衣下：

> 误入蓬莱仙洞里，松荫禅房睹婵娟，花样年华最堪怜；瑶琴横几上，妙手拂心弦。云锁洞房归去晚，月华冷气侵高堂，觉来犹自惜余香；有心归洛浦，无计到巫山。

才子只知放荡不羁，卖弄文采，未料这个月下抚琴的尼姑并非等闲之

辈,而是诗词高手,一眼便知这个初遇即以艳句撩人的公子别有用心,轻浮无礼,于是陈妙常冷颜相待,口占一词,拒之千里:

清净堂前不卷帘,景幽然。湖花野草漫连天,莫胡言。独坐黄昏谁是伴,一炉烟。闲来月下理琴弦,小神仙。

饱读诗书、深明礼义的张孝祥尴尬又失落,自己偶来轻佻,便碰了一个软钉子,何况此处又是自己即将主政之地,万一身份败露,岂不是自取其辱,于是急急抽身而去。

张孝祥上任后,女贞庵中的那个妙龄尼姑的身影还是萦绕在他心头,挥之不去。

一日,同窗好友潘法成游学来到临江,故人相见,促膝夜谈。兴致高处,无话不说,张孝祥将惦念空门女子之事吐露出来,大吐"人在官中,身不由己"的酸楚,言语中直夸陈妙常如何貌若天人、如何魅力无限。张孝祥何许人也?毕竟也是文坛名流,能如此艳羡一个空门女子,这不能不让人心生好奇。潘法成听得心旌摇曳,遂暗下决心,一定要亲眼见识一下这位征服了张孝祥的庵中尼姑。

适逢姑母在女贞庵做主持,于是潘法成借居庵中读书,以图来年科考再第。为搞定陈妙常,有备而来的潘发成汲取张孝祥"急攻不下"的教训,定下"缓兵之计",他与陈妙常交流,多是先从诗词歌赋、琴棋书画谈起,表现得温文尔雅,有礼有节。比如,有一次潘法成兴致勃勃地踱往东厢去找妙常,说是夜晚兴来,填词一阕,烦请斧正。陈妙常接过松花笺,只见上面写道:

清风明月女贞庵,方外地;物我两忘好修行,活种仙。绝世容颜琼姬态,倾城国;淡装全无半点俗,荆山玉。

这词用词典雅,字迹秀逸。陈妙常不觉大为欣赏。就这样一来二去,她对借居庵中的潘公子慢慢多了几份好感。这位自幼长于佛门的美女,虽然每日诵读佛经,未曾耳濡目染过情爱,但毕竟到了春心萌动的年纪,想来也对爱情隐隐有一种期望。

一个是青春少女,一个是翩翩少年,两人经常谈诗论文,弈棋品茗,彼此很快熟稔起来,成为亲密无间的好友,潘法成经常登堂入室,进入陈妙常的禅房。一天，他无意间看到了陈妙常夹在经卷中的一阕艳词：

> 松院青灯闪闪，芸窗钟鼓沉沉。黄昏独自展孤衾，欲睡先愁不稳。一念静中思动，遍身欲火难禁。强将津唾咽凡心，怎奈凡心转盛。

潘法成细品，读出一幅勾人魂魄的深宵画面：松风夜静，青灯明灭，空帏孤衾，辗转反侧，那不就是梦寐以求的她吗？于是展纸濡毫，和词一阕：

> 玉貌何傅粉，仙花岂类几品，终朝只去恋黄芽，不顾花前月下。冠上星移北斗，案头经诵南华，未知何日到仙家，曾许彩鸾同跨。

填词结束，潘法成故意置于案头显眼处。陈妙常看后，非常生气，批评潘法成枉读四书五经，竟然填出如此淫词！潘法成趁机反驳道："出家人都'强将津唾咽凡心，怎奈凡心转盛'了，读书人难道就不许问问'未知何日到仙家，曾许彩鸾同跨'吗？"

这边有预谋，那边不设防，没用多久，空门少女暗生情愫，一颗清心便悄悄遗失在爱情的世界里。红尘的烟火气息到底胜过了月夜孤枕的寂寞，清规戒律森严之地，宛若潘陈二人的伊甸园，袅袅梵音、悠悠钟声，变成了爱情故事的背景音乐。

神女下巫山，云情雨意浓，几度春风过后，陈妙常已是珠胎暗结。一日，潘法成接过陈妙常新填的小词：

> 眉似云开初月，纤纤一搦腰肢，与君相识未多时，不知因甚裙带短些儿。见茶饭不飧常似病，终朝如醉如痴，此情尤恐外人知，转将心腹事，报与粉郎知。

看罢彩笺，潘法成不禁大吃一惊；再看陈妙常，正愁容满面，珠泪盈眶。潘法成一时不知如何是好，于是前去请教好友张孝祥。待潘法成一五一十地将来龙去脉和盘托出，张孝祥虽有醋意，却也通情达理，于是积极出谋划策，他指点好友捏词说与陈妙常自幼指腹为婚，后因战乱离散，而今幸得重逢，诉请完婚。潘法成回到女贞庵，向陈妙常说明了一切，陈妙常经过前思后想，别无选择，随同潘郎来到县衙呈递诉状。因为张孝祥身为临江的父母官,所以由他做主,此事顺风顺水,陈妙常脱去袈裟,与潘法成结成神仙眷侣,从此男耕女织,长相厮守。后来有人戏作一诗以记这事:

  短发蓬松缘未匀,袈裟脱却着红裙。
  于今嫁与潘郎去,省得僧敲月下门。

还有另一版本,故事情节如下。

南宋时有一书生名叫潘法成,其父在官时,曾给他和陈某之女娇莲订婚,后来两方消息隔绝。陈家的千金小姐娇莲,本可以像自己的母亲一样,娴习闺训,然后相夫教子,过着安稳的贵族生活。然而一场变故彻底改变了她的人生。金兵南侵,陈父早死,娇莲无奈卸下钗环脂粉,不问俗事,入金陵城外女贞庵为女道士,改名陈妙常。这时,潘法成已是举人,赴京会试落第,羞于回家,就寄居在他姑母主持的女贞庵里,因此得以和妙常见面,互相爱慕。事情被庵主发觉以后,立逼着潘法成赴京都赶考,企图把他们二人隔离开。等潘走后,陈妙常催船追到江心送别,赠物订盟,忍泪而别。后来潘法成考中了进士,荣归故里,才知道他的父亲曾经代他订过婚,对象原来就是自己的意中人陈妙常,"奴家俗名,正是娇莲",于是迎娶过门,结成夫妇。

两个版本,大致合一。无论哪个版本,结局其实都是大团圆,都符合中国老百姓的幸福思维。

管道升

能画能书能诗能持家的管夫人

她浓墨重彩地描绘了中国文化艺术的大美江山，与丈夫赵孟頫一起成了历史苍穹上灿烂夺目的双子星座，成了"天上人间此佳偶"。她就是中国伟大女性之一：管道升。

所有的等待都是为了相遇。那年，赵孟頫三十三岁，管道升二十八岁，两个大龄青年终成眷属。此后的几十年里，他们携手并肩，夫唱妇和，琴瑟相悦，珠联璧合，用各自的温柔和才华滋润了对方多姿多彩的人生。赵孟頫五十岁时心生纳妾之想，心痒难抑，给夫人写了一个小帖子投石问路："我学士，尔夫人。岂不闻陶学士有桃叶桃根，苏学士有朝云暮云。我便娶几个吴姬越女，也无过分，你年纪已过四旬，只管占住玉堂春。"管夫人深知夫意，尽管愤恨至极，但她没有声泪痛斥，而是静静地提起了笔："你侬我侬，忒煞情多，情多处，热似火，把一块泥，捻一个你，塑一个我，将咱两个一齐打破，用水调和。再捻一个你，再塑一个我。我泥中有你，你泥中有我，与你生同一个衾，死同一个椁"。赵孟頫看后，被夫人的深情和智慧所打动，从此不提纳妾之事。管道升这首表达你中有我、我中有你的小诗，写透了夫妻之间的密切命运和家庭责任，成为描写伉俪情深的千古绝唱。

管道升能画。她的绘画钟情竹、梅、兰等清新物象，特别是竹。其笔下之竹，劲挺有骨，兼具秀丽之姿，"笔意清绝，颇有韵味"，名靡时世。管道升不拘泥于传统的墨竹创作，善于创新，尤其是始创晴竹新篁，用笔洒脱熟练，有着较高的艺术底蕴。传世墨竹作品有《墨竹图卷》《水竹图卷》《竹石图》等，娟秀娴熟的画风，洋溢出杰出女画家的逼人灵气。绘画之余，管道升还著有关于墨竹的绘画理论著作《墨竹谱》一卷。清代画家廖云锦曾题诗《题管夫人墨竹》："清姿秀骨脱凡尘，柳絮才高莫与伦。一抹远山数丛竹，绝无脂粉累风神。"管道升在山水画上也成就非凡。清方浚师《蕉轩随录卷一·管夫人画卷》如是评论："管仲姬工绘山水人物，人罕知者。先世父曾藏其《海灵朝龙王》纸本卷子，长一丈余。岛屿苍茫，洪涛汹涌，幅中鼋鼍若者，龟鳖若者，鱼若者，虾若者，蚌蛤螺蜃若者，大而至于巨鳌怒蛟、长蛇封豕，似江豚而圆黑。出没隐现，神气勃勃。复有鬼怪腾踏波浪间，若金银，若珠贝，若珊瑚、木难，或顶于首，或负于背，或捧以玉盘，或裹以素绡，争作供献状。千变万化，不可思议，令观者目夺神骇。而章法细密，傅染雅洁，实为收藏家不可多得之品。……若此卷，则世所仅见也。"可惜的是，此画毁于战火。管道升为人慈善，信奉佛法，常画佛像，抄佛经馈赠高僧、名寺，画观音像，"既有'神'的飘逸气质，又有'人'的世俗情怀"，《鱼篮观音》《长明庵图》《山楼绣佛图》等都是传世名作。

管道升能书。深受赵孟頫影响，她的小楷端庄华贵，清闲自由，行草幽新俊逸，平江游舟。夫妻两人的书法风靡朝野，名满天下，就连皇帝都为之倾动。元仁宗曾命管道升、赵孟頫以及他们的儿子赵雍各书《千字文》，并敕令玉工琢磨玉轴，由秘书监妥善保管收藏。仁宗说："今后世知我朝有善书妇人，且一家皆能书，亦奇事也。"据说，她当年"写璇玑图诗，五色相间，笔法工绝"。现在见到的《和南帖》前六行为楷书，略带行意，至后面逐渐变草，而通观全篇，却笔意连贯，一气呵成，和谐统一，表现出书家绝妙的才华和精湛的技艺。值得一提的是，故宫博物院所藏的行书《秋深帖》册页，是管道升给婶婶问安、馈赠的家信，署名道昇，一说实为赵孟頫代笔所书，信笔写来一时忘情，末款开始竟然署了自己的名字"子昂"，发觉后又急忙改为"道昇"，涂改之迹清晰可辨。因为二人书风浑似，夫妻俩给后世留下了一桩不解公案。关于管道升的书法，董其昌如此评："与欧波公殆不可辨同异，卫夫人后无俦"，意指她的书法既和赵孟頫比翼齐飞，又和王羲之的老师卫铄并称中国"书坛两夫人"。

管道升能诗。湖州管家是春秋管仲一脉，世代相传，贤达不绝。管道升家学渊源颇深，嫁与赵孟頫后，又受丈夫治学影响，诗词文学造诣不俗。《虚斋名画录》载："管夫人不独书画精妙，于诗词无弗工。"由于书画名满天下，诗词之名为其所掩。管道升的名篇有《渔父词》四首及诗《寄子昂君墨竹》《画梅》《题竹》《题画竹》等。她曾在一首《渔父词》中写道："人生贵极是王侯，浮名浮利不自由。争得似，一扁舟，弄月吟风归去休。"还有一首《渔父词》同样写道："南望吴兴路四千，几时回去雪溪边？名与利，付之天，笑把渔竿上钓船。"表达了对世俗名利富贵的不满和对田园江村闲逸生活的憧憬。诗中也有民族情感和亡国感慨，如《题竹》诗中有"宋室山河多少泪，略无半点上林于"之句。她的诗词以物寓志，清丽婉约，借事抒情，情中明理。流传最广的当是那首白话味十足的《我侬词》，让人于妙趣横生中领略那段卫夫战争的千古佳话。

管道升能持家。成婚之后，管道升始终陪在赵孟頫身边，无论入京还是出京，无论得意还是失意，都安分地做一个尽职夫家的女性。赵孟頫在《魏国夫人管氏墓志》中写道："夫人天姿开朗，德言容功，靡一不备。翰墨词章，不学而能。处家事，内外整然。岁时奉祖先祭祀，非有疾必斋明盛服，躬致其严。夫族有失于人者，必赎出之。遇人有不足，必周给之无所吝。至于待宾客、应世事，无不中礼合度。"由此可知，管道升是一个合规中矩的标准的贤妻良母和道德女性。管道升用心栽培后代，是教子有方的典范。她在一首《题画竹》的诗中写道："春晴今日又逢晴，闲与儿曹竹下行。春意近来浓几许，森森稚子日边升。"借以表达母亲对儿女的殷切期望。经她教育的后代，赵雍、赵麟、赵焰、王蒙（管道升外孙）等，都是在中国书画史上熠熠闪光的名字，赵氏一门，书香画艺，流芳百世。教子如此，相夫更益。赵孟頫以宋室后裔的身份入元为官，尽管有皇室崇信，贵倾朝野，但在朝堂上身不由己，赵孟頫并不洒脱，外不得施展抱负，内自惭而郁闷不解。他又是艺术大家，自然渴求心灵的悠游自在，精神上更背负一道枷锁。聪慧明礼的管道升深知丈夫的人生尴尬，默默地站在其背后，生活上成为贤内助，精神上成为并肩携手的战友。管道升常常以填词赋诗的方式暗示丈夫退隐，借用屈原在汨罗江畔遇到的那个唱着"沧浪之水清兮，可以濯吾缨；沧浪之水浊兮，可以濯吾足"的渔父，给丈夫指出一条可望可即的退路：回老家，买条船，你做渔翁，我做渔妇，远离那功名利禄！

小桥流水的故乡湖州，一直是他们温润的梦园。赵孟頫多次请辞归乡，都未能得到皇上恩准。延祐五年，管道升旧疾复发，经赵孟頫多次上书请求，次年四月，方得准送夫人南归。五月中旬，途经山东临清，未料天不假年，管道升遽然病逝于舟中。那年，管道升五十八岁。相濡以沫的夫人撒手西去，不但是对赵孟頫的沉重打击，更使"内外族姻皆为之恸，尝与余游者，莫不流涕"。赵孟頫在墓志铭中深情款款地写着"东衡之原，夫人所择，规为同穴，百世无易，树以青松，铭以贞石"，提出了夫妇合葬、生生世世永结情缘的意愿。三年后，痛犹未定的赵孟𫖯逐妻而去。其子赵雍等将两人合葬于湖州德清县东衡山南麓。

　　管道升嫁赵孟𫖯后封吴兴郡夫人，延祐四年封魏国夫人。赵孟𫖯应选入朝，官至一品，逝后追封魏国公，谥文敏。斯人已去，艺术长存。今日，追慕书画眷侣者众多，前往墓地寻访者不绝，年久褪色的墓碑刻字仍清晰可见："元魏国公赵孟𫖯魏国夫人管仲姬墓"，松风徐来，清气袭人。

黄道婆

身世迷离的纺织科学家

黄道婆的故事，薄于官方而厚于民间，老百姓的世代演绎丰富多彩，在民间流传最为广泛的黄道婆的故事版本是这样的：

在宋末元初，经年累月的民族战争导致社会极度动荡，粮田荒芜，民不聊生，人们流离失所，漂泊不定。出生于松江乌泥泾（今上海华泾镇）的黄道婆与大多数江南百姓一样，为了躲避战乱，不得不背井离乡，南下逃生，她逃到了遥远的海南岛，逃到了烽火烧不到的崖州。这里地处边陲，地理位置特殊，历代都是"中原避难之人，多家于此"的地方。

黄道婆到达崖州后，和当地人客居相处。连她自己都没有想到，历经坎坷劳苦、避难他乡的她，双脚已经踏上了棉纺织事业之路，从此开启了一个中国女性壮丽的人生。

海南崖州自古是黎族人的集居区，在漫长的劳动生活中，黎族人很早就懂得使用树皮制衣，并逐渐积累了利用植物纤维加工纺织的经验。琼南地区相对干旱，气候湿热，土质多沙，宜于棉花生长。岛上原生的棉花，主要有木棉和灌木棉。到了春秋战国时期，黎族妇女的纺织技术日趋成熟。除了使用各类野麻等纤维为原料纺织，黎族妇女还懂得利用海南岛上生长的木棉和野棉，将它们加工成线，用来纺织棉布。在西汉，海南棉纺织技术已得到了很大的发展，所产的棉纺织物广幅布十分精美，也成为上贡的首选。据《后汉书》记载，"武帝末，珠崖太守会稽孙幸调广幅布献之"。对以丝织为主流的中原地区，棉纺广幅布无疑成了弥足珍贵的品种。

从逃生到琼南，至返回故乡，黄道婆在崖州客居了三十七年之久。聪慧好学、勤劳能干的黄道婆，不但很快融入了当地黎族人的生活，而且熟练地掌握了他们的棉纺织技术，成了当地技艺精湛的纺织能手，被崖州当地人敬为巧夺天工的"织女星"。岁月如梭，转眼之间，到了十三世纪末叶，此时南宋王朝已经覆灭了二十多年。元朝统治者慢慢改变以前的屠杀掠夺政策，开始实行一些恢复生产和发展经济的措施，江南社会形势逐渐好转。听说故乡安定了下来，黄道婆思乡之情难以抑制，"有志复赤子"的黄道婆忍痛告别了第二故乡，搭船离开美丽的崖州，重返她阔别已久的长江之滨。

黄道婆回乡之后，钟情于棉纺织方面的研究，她从海南棉纺崖州布出发，推陈出新，围绕纺织工具与技术进行了全面的改革。世间公认黄道婆在棉纺织领域的贡献主要有"四大发明"：一是发明了棉花脱籽机，又称"轧花机"；二是发明了棉花加工机，全称"弓式肩挂手工弹棉机"，简称"弓式弹棉机"；三是发明及改进了纺纱机；四是改进了原有的织布机。其中最伟大的创举，是她发明的当时世界上最先进的纺纱工具——三锭脚踏纺车。这种纺车代替了已沿袭几千年的单手摇纺车，使纺纱效率提高了三倍以上，比英、德等国的此类纺车工具早出现了四五百年。从现有的文献资料来看，三锭脚踏纺车不仅是我国棉纺织史上的一次重大革新，而且对全世界的棉纺纱技术都是一个历史性的重大突破。元初著名的农学家王祯在其《农书》中介绍了这种纺车，其中的《农器图谱》还对木制棉纺车进行了详细的绘图说明。这是我国古代棉纺织技术处于世界领先地位的佐证，同时也显示出，黄道婆不但在中国，而且在国际棉纺织史上也具有崇高的地位。因为黄道婆在棉纺织技术革新上做出的巨大贡献，世界教科文组织称其为"世界级的科学家"。她的家乡上海的人民奉她为先知先觉的"先棉神""棉纺之母""纺织之母"。祭祀黄道婆的庙、堂、祠到处皆是。

黄道婆的技术创新，带动了江南地区的棉纺织业发展。从元朝上半叶起，松江地区乃至整个江南，在短时间内发展成为全国的棉花种植中心和棉纺织手工业中心，明代张所望《梧浔杂佩》记载"吾松以棉布衣被天下"，江南成了当时中国最繁华、最富裕的地区之一。大约自元朝中后期起，江南的农村，渐渐地出现了一个新兴产业，即棉纺织业。这个新兴产业具有一条完整的产业链，其中又形成了许多不同的行业，有棉花种植户，即棉农；有棉纺织手工业的工厂，俗称"作坊"，包括轧花厂、弹花制棉厂、纺纱厂、织布厂、纺织机械（手工）制造厂、修理厂，等等。与此同时，还出现了专业的纺织工人，即所谓的"纺织娘"，简称"织娘"。各个行业里还有各类中间商和经销商。就在此时，脱离农业生产的手工业者诞生了。几乎在棉纺织业产生的同时，自然而然地产生了印染棉布或棉纱的行业，即"染整业"。

每年的清明时节，位于上海松江华泾镇东湾村的黄道婆墓地，前往祭扫的人络绎不绝，偶尔还能听得到一首古老的歌谣："黄婆婆，黄婆婆，教我纱，教我布，两只筒子两匹布。"歌谣在代代传唱中声音越来越小，但它背后的历史和文化记忆，将永远不会褪色。

珠帘秀

风华绝代的大都名伶

中国戏剧自中唐时独立门户以来,已有千余年的发展史,锦绣梨园涌现了一代又一代的戏剧明星。其中最为璀璨夺目的一颗星,应推元代杂剧舞台上的珠帘秀,她就是后辈艺人顶礼膜拜的"朱娘娘"。关于她的艺术魅力,后人向来赞叹有加,称其为我国第一位戏曲表演艺术家,甚至动用了"前无古人,后无来者"这样的极致评语,可见其成就及影响实非一般。

这样一位在戏剧界有着尊贵荣誉和崇高威望的女子,留给我们的却是一个完全空白的身世:生在何年?卒于何月?祖籍何处?祖辈何人?甚至姓甚名谁都是一个谜团。我专门查看过夏庭芝所撰的文学、戏曲史料《青楼集》,里面记述了元代一百一十七名歌妓、艺人的事迹,这些歌妓、艺人的名字耐人寻味,比如梁园秀、小娥秀、顺时秀、赛帘秀、连枝秀、帘前秀等,因此可推断,珠帘秀这三个字,也只是当时一个响当当的艺名而已。

作为元大都杂剧舞台上的皇后级人物,珠帘秀不仅姿容姝丽、貌美如花,而且演技独步天下。当时珠帘秀有个外号叫"四姐儿",这个"四姐儿"得名于她在梨园戏班子里排行老四,按演艺水平,她在当时梨园名角中,绝对是顶尖中的顶尖,驾头、花旦、软末泥等,悉造其妙,塑造了一个又一个感人至深的形象。更与众不同的是,珠帘秀还有一支生花妙笔,写出过《黄浦·黄浦滩头微雨晴》《落梅风·山无数》等诗词、散曲、文章。《全元散曲》中就有她写的小令:"山无数,烟万缕,憔悴煞玉堂人物。倚篷窗一身儿活受苦,恨不得随长江东去。"其曲作语言流转而自然,传情执着而纯真,可见文学修养十分了得。她与一般青楼女子、戏园名伶的香艳俗气迥然不同,她的美丽与多才,自有一种叫人不能忘怀的风骨。

这样魅力四射的才女、美女,尽管出身低贱,却也是吸睛无数。曾把珠帘秀视为红颜知己的人很多,珠帘秀与当时的文化名人关汉卿、卢挚、冯子振、胡祗遹、王秋涧等人都是好朋友,互有词曲唱和。胡祗遹在为珠帘秀的诗集作序时曾说过,"以一女子,众艺兼并。……见一时之教养,乐百年之生平","一片闲云任卷舒,挂尽朝云暮雨",意思是说,此女不但才艺绝佳,而且气度不凡,一颦一笑、举手投足无不显现大家风范,珠帘秀虽然出身青楼,看起来却更像富贵人家的女子,知书达理,且如闲云般从容自如、应对有度。

在珠帘秀的朋友圈中,关汉卿、卢挚两位名流巨擘对珠帘秀的人生影响最大。

先说关汉卿。他是大名鼎鼎的元曲之父,一个以杂剧创作为生命归宿的人。关汉卿的伟大之处在于他理解并同情小人物,努力以作品唤起他们与社会抗争的意识,因此备受底层百姓的拥护与爱戴。那些活跃在舞台上的伶人们,光鲜的外衣下,其实是一批弱女子,她们需要抗争,却不能仅仅凭借才艺和容貌。关汉卿带着良心笔触走进了伶人的世界,由此与珠帘秀结为了人生知己。正因为关汉卿,珠帘秀迎来了人生最辉煌的时刻——她出演了一个至今妇孺皆知的角色:窦娥。

关汉卿和珠帘秀,一个是剧作家,一个是表演家,可谓元代杂剧的双子星座,现代剧作家田汉先生在话剧《关汉卿》中生动演绎了两个人的故事。关汉卿在准备写《窦娥冤》前问珠帘秀:"珠四姐,有一出剧,我敢写,你敢演吗?"她说:"你敢写,我就敢演。"一个侠肝义胆的女子形象跃然纸上。《窦娥冤》一剧,塑造了跟暗无天日的社会抗争到底、情操优美的冤妇形象,珠帘秀认为剧本中窦娥的命运实在太冤屈,含冤临死的最后时刻就不该再保持沉默,而应呐喊一声"冤枉"。她的建议被关汉卿采纳,后来她看到修改后的剧本时喜悦不已,并不由自主地喊唱"冤——啊——",其唱腔一波三折、哀婉凄怆,竟然令自己痴迷入戏,艺术的最高境界莫过于此吧。不朽的剧目往往是在优秀剧作家和优秀演员的联袂创作中完成的,戏剧艺术由此不断丰富、完善和升华。除了《窦娥冤》,关汉卿还不惜笔墨,为珠帘秀打造了《望江亭》《救风尘》等脍炙人口的剧作。今天的戏曲舞台上,每当这些传统剧目上演时,我都会不禁想象,谭记儿、赵盼儿那优美的唱腔和程式,是否仍沿袭于珠帘秀的表演方式?

对珠帘秀的美,关汉卿曾这样赞叹:上了妆登上台的珠四姐儿如琉璃放彩,周围一切事物都会黯然失色,此等绝色容颜怎会不令见者屏息?关汉卿形容珠帘秀时曾用过这样的句子:"富贵似侯家紫帐,风流如谢府红莲。"又有："十里扬州风物妍，出落着神仙。"

再说卢挚。这是一个跟珠帘秀爱得死去活来的人，他是元朝翰林学士，英俊倜傥、文采风流、气质不凡。他第一次见到珠帘秀便坠入爱河，竟一发不可收拾。卢挚每次看到珠帘秀的表演，都说她的音色声动林梢，连夜里啼鸣的黄莺都要对她甘拜下风。讲到她的容貌时，卢挚已经无法用人间的语言来描绘，唯恐会亵渎了她。卢挚曾在离别时赠诗与珠帘秀道："才欢悦，早间别，痛煞煞好难割舍！画船儿载将春去也，空留下半江明月。"表达出二人分别时恋恋难舍的情景，相聚短暂、离别太早的强烈深挚感情，细腻而婉转，具有一种直击人心的艺术魅力。珠帘秀则回赠道："山无数，烟万缕，憔悴煞玉堂人物。倚篷窗一身儿活受苦，恨不得随大江东去。"短短五句话的一首应答小令，竟然写得如此肝肠寸断。隔着江水，一唱一和，彼此的情谊是那么珠联璧合，对望的眼神是那么恋恋不舍，这样的分离怎不令江水发涩！时隔千年之久，一对情侣的绵绵情话仍能感动天下有情人士。可惜的是，卢挚与珠帘秀的爱情却没有开花结果，最终随着迢迢江水流向了缥缈。

珠帘秀既没有嫁给关汉卿，也没有嫁给卢挚，最后委身于钱塘道士洪舟谷。珠帘秀离开元大都后，先下扬州，又下杭州，一路开班献艺。再说钱塘道士洪舟谷。他也是珠帘秀的铁杆粉丝，不问珠帘秀爱不爱他，只甘愿用一生来疼着她、护着她、守着她——他最痴迷的女人。"二十年前我共伊，只因彼此太痴迷。"这是洪舟谷在珠帘秀死前写下的诗句，如今看来，此诗成了催泪弹，越品就越蚀人心魂。

人生就是这么耐人寻味。

郭真顺

中国历史上最长寿的女诗人

中国历史上最长寿的女诗人,是元末明初岭南著名才女郭真顺,她生于元仁宗皇庆元年(1312年),卒于明英宗正统元年(1436年),整整活了一百二十五岁。郭真顺漫长的人生穿越了元明更迭的乱世风雨,这使诗人的一生芬芳而又厚重,其传奇经历数百年来被文史界传为佳话,可以剪辑为以下几个断章故事。

断章1:助夫避祸的故事。

郭真顺的丈夫是广东潮阳县城西处士周瑶,因二人均生性恬淡,不谋仕宦,婚后不久,郭真顺便随周瑶避居于潮阳一个偏僻的村寨——溪头寨,过起了隐居生活。元末天下大乱,匪盗四起,溪头寨恐也难免遭殃,郭真顺早早在家里准备好绳索,远远听到劫匪的动静,周瑶便按郭真顺所示,用绳索绑住妻儿,并自行捆缚,一如被抓状,使盗贼不加注意,然后乘间得脱。当时反元义军各树旗帜,群雄自立山门。郭真顺所居村寨,一班青年人正想以保卫乡村为名啸聚举义。因为周瑶富有学识,见解不俗,大家即推周瑶为首领,主持村寨大事。周瑶开始并未应允,无奈众意难违,推却不过,便答应了下来。回家后周瑶将事情告诉郭真顺,郭真顺冷静分析后说,寨中那班青年人都刚愎自用,其气方盛,势皆不能为人下。如果答应了就会成为"祸首"。她强调说,"矜能炫智者败,轻敌寡谋者亡,不度德量而先于人众者祸",那实际是"外负智勇之名,内收败亡之实"。由于周瑶应允在前,所以郭真顺为他想了个"称疾勿往"之计。几天后,众人果然来找周瑶。周瑶按郭真顺的安排"佯卧不起"。众人颇失所望,但还想等待周瑶病情好转后起来"视事"。郭真顺赶紧"敛衽再拜",说:诸位不知道伯玉无能,"谬推重寄",即使"驽劣不堪,犹思矫首自奋,勉慰众望,不幸福薄灾生",他突然发病,这也是天意。然后郭真顺婉转地劝告众人尽快"更立贤者",以免"致失事机"。众人觉得她说得有道理,遂另立首领。不久因意见不一致,杀了所立之人。周瑶幸免于难,人人皆叹服郭真顺有先见之明。《潮州府志》对郭真顺的记述中有这样一段文字,说她"通经学、旁及子史百家,能为诗,尤长于古,为人有胆识……片言决断,虽老于谋者,无以过也"。以前地方志的编撰者大多学富五车,如果不是郭真顺的才德让他们心服口服,他们绝不会对一个女人发出"通经学""有胆识""老于谋"的赞叹。

断章 2:读书课子的故事。

周瑶、郭真顺成婚后相敬如宾,自耕自乐。自由平静的生活中,他们对孩子的教育非常严格。在其悉心培养下,所生三子皆以科举出仕。长子周磋,字彦敬,为栖霞县令;次子周砺,任增城教谕;三子周矿,举名儒第一,被任命为大理寺评事,因廉洁能干,官至河南布政司参议。周矿赶考时还发生了一件趣事。那是明洪武十六年(1383 年),周矿赴京师(南京)赶考,被点为榜眼。主考官把试卷呈送给皇帝朱元璋时,奏道:"臣观周榜眼文章秀逸,文笔娟丽,似有闺阁妩媚,奇事也!"皇帝即召周矿问道:"卿之文章书艺师承哪位高贤?"周矿答道:"臣幼家贫,未能从师,臣之文章之艺,都是母亲郭氏所教。"皇帝听后赞道:"真贤母也。"朱元璋随即颁旨令周矿回家带母亲到南京面见。郭真顺奉旨进朝堂面见,君臣交谈中,学识丰富、举止清雅、谈吐不凡的郭真顺深得朱元璋赏识,被封四品宜人,赐凤冠珠髻金钗。龙颜大悦的朱元璋颁旨在潮阳棉城城隍前原中贤巷口,建三门四柱式石牌坊亭一座,名曰"乡贤亭",亭子上方由朱元璋亲题"父子乡贤"四字。郭真顺去世后,还被赠封为"郭氏贤母",并立牌坊,以教后人。

断章 3:粿仔脯的故事。

乱世之年,天下战火不断,潮阳虽远离中原,地处海隅,但难保战火不会蔓延至此。若战争波及潮阳,农桑荒废,商贾枯竭,则生计不堪设想,于是寨中都喜欢囤积粮食以防战乱。为保证存粮安全,郭真顺教家人提前把粮食装好,一袋袋砌进墙内,从而使家人免于饥饿。此外,她从长计议,琢磨要制作一种平时可食用,又可久藏的食品。一天,她在吃粥时偶见饭碗中有几小块东西,"挟之即碎,嚼之清香可口",遂将碎块放在盘中细看,仍不知何物。后又到米缸里将米翻到底,也未见有异。这时她想起当日用的米是几天前拜神的米,左思右想,恍然大悟,原来这几小块粿仔是几天前拜神时掉落在米面上被晒干了的粿仔块,和米一起被煮熟后,里面就有这些"挟之即碎,嚼之清香可口"的东西。此后,郭真顺便教人将拜神的粿品切成碎片,晒干储藏。不久,战争果然殃及潮阳并造成饥荒,幸得郭真顺发明"粿仔脯",才使邑民有充饥之物,渡过难关。后来,"粿仔脯"便在潮汕各地流传开来。

断章 4:诗退兵事的故事。

郭真顺六十岁时,做了人生中最漂亮的一件事。明洪武四年(1371年),兵马指挥俞良辅率兵征伐未归顺明朝的乡村,到处残杀。为使村民免遭杀戮,情急之下,郭真顺创作了一首长诗《上指挥俞良辅引》,挡道献诗,马首陈词,恳请改征剿为安抚。老诗人郭真顺极尽颂扬之能事,称赞俞将军是明朝开国重要武将,很早就跟随明太祖四方征战,并一路南下,恩威并至,简直就是把淮河之水洒向江南,化作晴雪。接着诉说了潮阳十年来饱受战乱之苦,幸得俞将军从万里之外带来了天子对远方子民的关怀。将军的威名超过前人,所率五千精兵,军威将猛,但却一如当年的晋将羊祜,轻裘缓带,以德怀人。现已开始在潮阳各地宣威布德,使田园得以复耕,千村夜犬不吠。将军爱民如子,潮民将会纪念将军的勋绩,永世不忘。

俞良辅阅罢情词恳切的"应景"诗作,竟不禁动容:"此贤妇所居,其民必驯。"遂麾兵离去,溪头寨几万人民的性命得以保全。

以一首诗平息了一场屠杀,古今均属罕见。这首诗作当然成为诗人的代表作。诗歌背后的故事扣人心弦。胆识俱佳、临危不惧的女诗人,足以让很多男性诗人为之汗颜。后清朝著名诗歌评论家沈德潜在《说诗语》中评价此诗:"有第一等襟抱,第一等学识,斯有第一等真诗。"

断章 5:一百二十岁写诗的故事。

郭真顺一生所作诗词汇编有《梅花集》,现无传本。今能见到的仅有《归宁自序》二首及《上指挥俞良辅引》《悼冢妇死难》《劝家雍睦》《松竹梅兰四咏》《赣州十八滩》等十八首。她在《归宁自序》中写道:

天甲年来度二周,桑榆暮景雪盈头。五经立业儒家雅,三子成名壮志酬。桥梓有光联俎豆,柏舟无憾泛横流。阶前兰玉森森秀,斑彩扶来到首丘。

这首《归宁自序》诗是她一百二十岁那年写就的。其时,郭真顺的丈夫周瑶和三个儿子都已离开人世,备感孤单的她更加怀念郭陇故乡,便让孙辈陪她一同回故乡探望。尽管已过了一个世纪,人事已全非,但故乡风物依旧:水牛晃着脑袋行走在乡间小路上,远处池塘里传来此起彼伏的蛙鸣,老槐树依然屹立在村口,孩童裸露着黝黑的上身奔跑在暮色之中……看到熟悉的景色,老迈的"超龄诗人"不禁诗意盎然,于是用质朴的笔触描绘出故乡静美的画景。在诗中,她先是回顾过去:她感叹活了两个甲子,目睹元明两个朝代的兴替,亲历三个儿子的功成名就,倍惜眼前的和平生活;展望未来,她希望还能再多活几年,看灿烂的朝霞和明亮的太阳,它们也像她一样充满诗意。这首诗写得超然、达观。果如所言,她又活了五年,以一百二十五岁的高龄辞世。

郭真顺临终遗嘱:"勿修佛用,勿烧纸钱。"不修仙,不修佛,不修鬼,不修神,宁静平淡,不可迷信。她活得明明白白,活出了真性情、真境界。

郑允端

天予才名不予寿的姑苏诗人

近代著名文学史家梁乙真在《中国妇女文学史纲》中谈到元代妇女文学，有如下文字点评："妇女文学至元明又呈复兴之象，元世妇女，管氏姊妹外，郑允端不愧大家。"这个不愧大家的郑允端，就是本文的主人公。

粗略统计，元代有历史记载的女作家，共计六十九人。我从中挑选郑允端作为代表人物，原因有三：其一，她是元代存世诗作最多、创作成就最高的诗人，今天能够读到的她的诗有一百五十多首，题材丰富，幽秀典丽，蔚为大观；其二，她是首开女性自序文集之风的人，她为自己的诗集《肃雍集》所作序言，是中国文学史上第一篇女性所写文集自序，为中国古代女性文学批评提供了崭新的体式；其三，她三十芳华便英年早逝，毕竟令人痛惜。特别是刚刚写完最长寿的女诗人郭真顺，强烈的对比之下，如我抱有怜香惜玉的情怀的人更是不忍弃之不顾。

江南自古多佳丽，郑允端应属佳丽翘楚。吴中平江（今苏州）的郑氏家族，当时是富雄一郡的名门望族。郑家世代以教授经学为业，是典型的儒学世家，当时人称"花桥郑家"。作为"花桥郑家"的一枝花，郑允端近水楼台，"幼承家庭之训，教以读书识字，在后向学，剽窃绪余，粗知义理"，得到了良好的熏陶，加上她自幼聪敏好学，很快成了一个知书达理、能诗善文的才女。待到谈婚论嫁的年龄，便有远近门当户对者纷至沓来，争相以厚礼重金相聘。同郡文献世家施家公子施伯仁，自幼苦读诗书，博通经史，英俊儒雅，气度不凡，在众多求婚者中出类拔萃，深得郑家青睐。才子佳人性情相悦，趣味相投，于是结为秦晋之好。婚后的郑允端和施伯仁志同道合，感情笃厚，"夫贤其妇之才，妇喜其夫之学"，举案齐眉，互敬互爱，可谓天赐良缘、天作之合。二人闲暇之余操弄笔墨，诗文自遣，一时成为文坛佳话。

作为诗人的郑允端就是在这样优越的生活环境下一步一步地走进了文学的殿堂。丰厚的家学积淀为她的诗歌创作提供了肥沃的土壤，卓然不群的才气使她很快独步元代诗坛。可贵的是，她本是名门望族的大家闺秀，诗歌中却没有风花雪月的脂粉气；她本是小桥流水的江南女子，诗歌中却没有吴侬软语的娇弱；她本是上层社会的家庭主妇，诗歌中却没有无忧无虑的浅薄与粉饰。相反，她的作品题材涉猎广泛，诗作中充满了坚忍顽强的英雄浩气，凝聚着豁达明快的人生理想。保留下来的作品中，既有充满对元末时期国家和民族命运忧患思考的大量诗作，也有多篇充满浪漫主义情怀的经典诗歌，字字珠玑，流光溢彩。比如她写《闺思》就非一般闺中柔情："芙蓉帐薄不禁秋，欹枕频听漏转筹。不是夫君相弃去，男儿及壮要封侯。"再比如她写《中庭对月有感》更非一般赏月情怀："中庭夜气凉于水，坐看青天转玉盘。万里清光明海宇，十年杀气暗长安。闺人只忆担心苦，战鬼偏怜白骨寒。我欲排云叫阊阖，琼楼玉宇路漫漫"。她在《肃雍集》中写道："尝怪近世妇人女子作诗，无感发惩创之义，率皆嘲咏风月，陶写情思，纤艳委靡，流连光景而已。余故铲除旧习，脱弃凡近。作为诗歌，缄诸箧笥，以俟宗工斤正，然后出示多人。今抱病弥年，垂亡有日，惧湮没而无闻，用写别楮，诠次成帙，藏于家塾，以示子孙。"虽然时光久远，字里行间仍然跃动着女诗人的睿智才情和雅量胸襟。

苏州生、苏州长、苏州嫁的郑允端，文学灵感自然来自苏州人文与山水的滋养，她的笔下充满了浓郁的吴下地域色彩。水文化是江南水乡的代表性符号，郑允端现存作品有三分之一以上都直接或者间接地写到了水，比如《可喜》："池塘生春草，澄江净如练，好句不须多，令人长相羡。"水网密布的苏州，桥文化应运而生，比如《寄题枫桥寒山寺》："昔年张继题诗处，正是枫桥夜泊时。月落乌啼霜又下，钟声渔火板桥低。"竹文化是江南文人掩饰不住的雅好，比如《水竹居》："修竹不受暑，清泉似可人。闲居少邻并，终日自相亲。"《笋》："竹林春雨过，瘦笋迸苔长。坐待成高节，清标出短墙。"苏绣文化源于太湖流域发达而悠久的桑蚕业，自然成了郑允端反复歌咏的意象，比如《袜》："轻轻小袜制香罗，三寸量来不较多。针缕细匀裁制好，鸦头休诧马嵬坡。"《谢锦组绣》："多谢西邻女，相遗锦绣纹。"渔文化和稻文化自然是鱼米之乡不可或缺的特征，比如《水槛》："近水人家小结庐，轩窗潇洒胜幽居。凭阑忽听鸣榔响，知有小船来卖鱼。"在女诗人有限的诗作中，处处洋溢着浓郁的姑苏味道，毕竟，对于郑允端来说，这是生命中无法割舍的文化情怀。

辜鸿铭曾在《中国妇女》一文中说，"在中国，一个妇女的主要生活目标，就是做一个好女儿、一个好妻子和一个好母亲"。对郑允端来说，除了是一个好诗人，她还是辜鸿铭口中典型的中国妇女。作为好女儿，郑允端自幼听从父兄，心存孝敬。"永怀母圣善，生我多劬劳。平生寸草意，感念空寂寥。"母亲去世后，她曾写"念我已无慈母奉，故人书后不须题"。为表达对逝世的阿婆的思念，她写道，"阿婆逝去已三年，梦里相逢尚宛然。夜半霍然惊觉后，思亲一掬泪如泉"。作为好妻子，她是当之无愧的贤内助，"凡家务之营为与夫，资币谷食储蓄器用，而伯仁折衷于孺人，而后乃以故，多内助焉"。嫁到施家后，"夫妇于家以礼，未尝亵慢，待如宾客，善待舅姑，敦睦宗族，秩姒具序"。作为好母亲，初为人母时她便欣喜万分地挥笔写下《辛卯立春得子》："葭琯潜回今日春，吾家初诞玉麒麟。人生有此万事足，骊酒椎鲜醉比邻。"迫不及待地与左邻右舍分享自己的喜悦。当儿子能够读书识字时，她又喜不自禁地写道："阿龙已知学，阿凤能展书，两子知慰意，营营将如何"，而且"扶教儿子皆具法度"。郑允端如此恪守妇道，"有容有言，有学有识，行乎中闺，可象可则"，难怪宗族人士称其为"女中之贤智者"，甚至私下赠其谥号为"贞懿"。获此殊荣，不能不说跟她饱读诗书、深受班昭影响有关。她在《读曹大家女诫七篇》中这样写道："班氏世文献，由此贤大家，姑音芳名久而著，文采美且都。女篇述训诫，妇道真楷模。敛衽再三读，敬佩毋敢渝。"

命运终归与时共，国家诗家两不幸。恰逢张士诚起兵苏州，许多地方武装趁机作乱，抢劫民财，作为大户人家的郑施两家成为重点目标，均被洗劫一空。本已体弱多病的郑允端突遭重创，身染沉疴，敏感的她自感去日无多。面对即将到来的死亡，郑允端并不畏惧，开始以释然的心态对生命进行思索。她在《病中偶成》中这样写道："自断此生休问天，性命已在鬼录篇，一朝盖棺事始之，便当归葬南山边。"她宽慰自己，"天与才名不与寿，我生安得两兼之"，并作《自拟挽歌辞》，豁达谈生死，"有生必有死，昼夜理之常。考终与命促，奚用较短长"；浓情谈后事，"良人扶我哭，娇儿啼我旁""亲朋尽一哭，设奠罗酒浆"；抱憾谈诗作，"但恨在世时，立善名弗彰。名苟可垂后，愈久愈芬芳"。

三十英年，郑允端像怒放的江南一枝花凋落在元末的凄风苦雨之中。作为女人，也许她是幸福的，生于名门大家，嫁与如意郎君；作为诗人，她的生命长度实在太短了，假之以寿，相信她会为元代文坛乃至中国文学史贡献更加富丽璀璨的诗篇，因为其诗作表现出来的题材之广、艺术之精、格调之高、思想之厚、境界之达，已远非小文人的格调了。只可惜，平凡的世界里没有假设。

黄 娥

尚书的女儿状元的妻

天府之国，人杰地灵，千古风流人物层出不穷。这里曾养育了光彩照人的蜀中四大才女，即汉代的卓文君、唐代的薛涛、五代的花蕊夫人、明代的黄娥，她们的爱情如诗，才情如花，给巴山蜀水增添了无穷魅力。黄娥，她本是尚书的女儿、状元的妻，却以血泪吟成百余首诗篇，成为中国文学史上的灿烂华章！

先说尚书的女儿。

黄娥的父亲黄珂是当年的高官大儒，通经史，工文札。他原籍四川遂宁，三十五岁考上进士，授龙阳知县。由于治理有方，他很快升任监察御史。之后，他接连担任右佥都御史巡抚延绥、户部右侍郎、刑部左侍郎，最后官拜工部尚书。黄娥的母亲聂氏也来自书香门第，知书达礼，深谙家教。在这样的家庭环境里，聪明伶俐的黄娥，从小便饱读诗书，受到良好的文化熏陶与教育，不仅"博通经史，工笔札"，还"能词善诗"。自幼卓然不群的黄娥，在遂宁成了远近闻名的小才女，所作的诗词作品受到时人的交口称赞。

再说状元的妻。

才女黄娥的名气很大，不少权贵之子都登门求亲。在二十一岁的时候，由父母作主，黄娥嫁给了同朝重臣内阁首辅杨廷和的儿子杨慎。杨慎时年三十一岁，原配夫人亡故。这个杨慎非等闲人物，他聪明好学，十一岁就能写诗，十二岁就拟作了《古战场文》《过秦论》，文坛前辈纷纷惊叹于他的年少笔老。礼部尚书李东阳看到杨慎写的《黄叶诗》后，大为赞赏，破格将其收为门生，此事一时传为美谈。杨慎没有辜负前辈们的期望，在二十四岁时，他"殿试第一，授翰林修撰"，成为明武宗时期的状元。杨慎一生记诵之博、著述之富、论古考证之广，在明一代，公认第一，作为文学大家深受后人推崇。如稍晚于他的李贽称他文备众体、诸体皆长，认为李谪仙（李白）、苏坡仙（苏轼）、杨戍仙（杨慎）可谓流光百世的蜀中三杰；清初王夫之称杨慎的诗是"三百年来最上乘"，称杨慎为

"千古第一诗人"。

一个"著述甲士林",一个"才艺冠女班",才子才女两相宜,共同写诗、填词、作曲,过了一段琴瑟和鸣、诗情画意的幸福生活。黄娥写《闺中即事》:"金钗笑刺红窗纸,引入梅花一线香。蝼蚁也怜春色早,倒拖花瓣上东墙。"又写《庭榴》:"移来西域种多奇,槛外绯花掩映时。不为秋深能结实,肯于夏半烂生姿。番嫌桃李开何早,独秉灵根放故迟。朵朵如霞明照眼,晚凉相对更相宜。"在这些诗歌中,黄娥以她高贵的气质、傲然的自信、独特的清高,向杨慎做了殷殷至情的表白。读着娇妻的诗歌,其语句之优美,其用情之专一,让杨慎大为感动,他对妻子的才学叹赏至极,称黄娥为"女洙泗(女孔子),闺邹鲁(女孟子),故毛语(女毛公)"。随后,杨慎亲自和了一首《鹧鸪天》送给妻子:"宝树林中碧玉凉,西风又送木樨黄。开成金粟枝枝重,插上乌云朵朵香。"诗文唱和,相敬如宾,两个人过着幸福而畅快的生活。

人生总是无常。婚后的第六年,一场大祸突如其来,这就是明代朝堂著名的"大礼议"事件。也正是因为嫁作状元妻,黄娥悲壮的人生于是悄悄拉开了序幕。

明武宗朱厚照驾崩,因没有子嗣,其堂弟朱厚熜继位,即明世宗嘉靖皇帝。嘉靖皇帝登基后,追封生父为皇考。按照封建法统,世宗必须拜武宗的父亲为"皇考",也就是改认伯父为父,而自己对亲生父母自称"侄皇帝"。可朱厚熜是个孝顺又倔强的人,硬生生地把自己的父亲奉为"睿宗",排在武宗之前。事实上,这"睿宗"完全是嘉靖皇帝自己杜撰出来的。因违背法统,群臣极力反对。嘉靖皇帝心虚,知道自己有错在先,对他们处处忍让,下令再议。以张璁、桂萼为代表的少数官员主张礼顺人情,站在嘉靖帝一方,使这场争论变得更加激烈。二百多名官员上了八十余道奏疏,抨击张璁揣摩圣意。翰林邹守益等因称"大礼未正",被锦衣卫逮捕下狱。张璁、桂萼被提拔为翰林学士时,朝臣中甚至有人声言要扑杀二人。杨慎等三十六位翰林联名上疏,称耻与张、桂二人同列,以集体辞职表示抗议。

借故告老回乡的杨廷和忧心京中形势,写信劝诫儿子杨慎要"端做闲官,只守闲官"。孰料一身风骨的儿子不畏皇权,甚至撼门哭谏,步步紧逼,这激怒了嘉靖皇帝。嘉靖皇帝认为"杨慎、张原等欺慢君上,震惊阙廷",将张原当场杖毙,将杨慎等杖后"永远充军烟瘴",其余削籍为民。长达四年的"大礼议"之争也算彻底了结。

仕途的打击让杨慎的人生蒙上了一层悲壮的色彩,而他的爱情故事同样令人叹惋。时年三十七岁的杨慎,带着两次杖伤,踏上贬谪之途,黄娥送丈夫到渡口,洒泪而别,杨慎作词相赠:"却羡多情沙上鸟,双飞双宿沙洲。今宵明月为谁留?团团清影好,偏照别离愁。"黄娥不胜悲凄,一连写下四首《罗江怨·闺情》诗,其中一首道:"空庭月影斜,东方既白,金鸡惊散枕边蝶。长亭十里,阳关三叠,相思相见何年月?泪流襟边血,愁穿心上结,鸳鸯被冷雕鞍热。"字字含泪,令人断肠。

自此,夫妻一川一滇,相聚无期。杨慎一直以为自己还会东山再起,为朝廷效命,怎料嘉靖帝在位期间的六次大赦,杨慎均不在其列。"已消湖海元龙气,只有沧浪渔夫心"。生平抱负,都黯然消散在岁月中。"千里有家归未得,可怜长作滇南人"。古稀之年、多病之身,仍不容于朝,杨慎悲愤地说:"读书有今日,何不早躬耕!"

关山重重,隔不断的是牵挂;岁月迢迢,冲不淡的是相思。无数个日夜,你在滇,我在川,各自都抒写下一篇篇情深意长的诗文,以诉衷肠。就这样,从四川到云南,从云南到四川,日复一日,年复一年,路遥情长,只凭鸿雁。

如果可以从人生不幸之中寻找到一点慰藉的话,也许就是两个人给我们留下的两地书了。在远方,杨慎一边"纵酒自放",一边潜心著述;在家里,黄娥一边持家教子,一边化血成诗。个中滋味,不忍细品。比如诗作《寄外》:"懒把音书寄日边,别离经岁又经年。郎君自是无归计,何处春山不杜鹃。"还有散曲《南商调·黄莺儿·苦雨》:"积雨酿轻寒,看繁花树残,泥途满眼登临倦。云山几盘,江流几湾,天涯极目空肠断。寄书难,无情征雁,飞不到滇南。"这一诗一曲都是黄娥的代表作,流传甚广,令人感伤。明代文豪王世贞点评说,杨慎唱和的词均不及夫人黄氏。戏曲名家徐渭将己作与黄娥之作比较,也甘拜下风。为黄娥诗集撰序的著名文人徐青藤点评:"杨夫人才情甚富,不让易安、淑真。旨趣闲雅,风致翩翩,填词用韵,天然合律。"方维庸读黄娥诗作后,赞誉其诗句"不纤不庸,格志气逸"。

寒来暑往，花开花谢，谪戍云南整整三十五年，七十二岁的杨慎最终含恨病逝于西南边陲。半生别离，青丝变成白发，再聚首时竟是阴阳相隔。黄娥强忍悲恸，亲自写下凄怆哀婉的祭夫文。又过了八年，明穆宗继位，下诏赦免"大礼议"事件中所有受牵连的官员，杨慎被恢复名誉，追封光禄少卿。两年后，七十二岁的黄娥溘然病逝，终与丈夫牵手相依。

秦良玉

史上唯一封侯立传的红颜将军

提起秦良玉，熟知历史的人都会对她肃然起敬。这实在是一位了不起的女英雄，其文韬武略、报国之志足以令天下男儿汗颜。

秦良玉是巴蜀苗家姑娘，字贞素，生于明朝万历二年（1574年）。其父秦葵乃明朝贡生，饱读诗书，精通武术，在当地是一方名士，他育有三男一女，秦良玉居于第三，上有哥哥邦屏、邦翰，下有弟弟民屏。他对儿女一视同仁，教育他们文读诗书典籍，武学兵剑骑射。秦良玉自幼禀赋超群，文武所学皆胜兄弟，不仅骑射击刺过人，而且熟读兵史，精于谋略，显露出非凡的文化和军事才能。看到女儿如此优秀，秦葵逢人便夸奖道："惜不冠耳，汝兄弟皆不及也。"秦良玉听到父亲的表扬并不骄傲，暗暗立下远大志向，并豪迈地回答："使儿掌兵柄，夫人城、娘子军不足道也。"

秦良玉成人后，嫁与石柱土司马千乘为妻。马千乘祖籍陕西抚风，世袭官职任石柱宣抚使，他不仅武功高强，而且胸有诗书，举止优雅。由于石柱地处偏远，民风彪悍，时有叛乱兴起。秦良玉婚后有了用武之地，她协助丈夫精心练兵，参与军事。她和丈夫的手下有一支数千人的精锐部队，士兵使用白木削成的"矛端有钩，矛末有环"的一种独特长矛，号称"白杆兵"。军队在秦良玉的训练下，机动灵活，骁勇善战。"驭下严峻，每行军发令，戎伍肃然，为远近惮。"马千乘看到妻子如此习文善武，对她十分爱慕敬重。

作为杰出女将军，秦良玉卸裙钗，易冠带，南征北战，功绩赫赫，永载明史。她的事迹主要体现在两个方面：一是平叛；二是抗清。

先说平叛。明神宗万历二十七年（1599年），播州地区（今贵州遵义）的土司杨应龙造反。由于事起陡然，叛军连陷重庆、泸州等战略要地，进围成都，蜀中大震。作为地方土司，马千乘以三千"白杆兵"从征，跟随四川总督李化龙讨伐叛军。为解国难，秦良玉又统精卒五百人，自备军粮马匹，扼守险地。为此，李化龙大为叹异，命人打造一面银牌赠予时年二十六岁的秦良玉，上镌"女中丈夫"四个大字，以示表彰。次年正月初二，由于连连克捷，明军上下松懈，置酒高会，庆祝新春佳节。洞晓古今兵法的秦良玉足智多谋，她预料贼军会乘夜偷营，诫嘱丈夫马千乘命令"白杆军"严禁饮酒，持矛裹甲，连夜分守险隘。半夜时分，贼军果然发动袭击。醉梦中的明朝官军四下奔逃。早有准备的"白杆兵"发起反突袭，连破七寨，直抵叛军老巢。杨应龙骇然无奈，慌乱中自缢身死。此次平乱，马千乘夫妇率领的"白杆兵"战功卓著，被朝廷列为"川南路第一有功之军"。秦良玉初次参加战斗，就显示出了卓越的军事才华，除受到重奖外，"女将军"的英名也由此远播四方。

还有平定奢崇明叛乱。明金对阵时，永宁土司奢崇明借奉诏援辽的名义，率数万人马与其女婿樊龙里应外合占据了重庆，并发兵围攻成都，大有关门做皇帝的意思。由于同为"土司"乡亲，奢崇明派人携大笔珍宝来与秦良玉"通好"。秦良玉二话不说，立斩来使。她派遣秦邦屏溯流西上，抵至重庆南坪关，扼制叛兵归路。趁天黑敌军无备，"白杆兵"突袭驻于长江和嘉陵江上的叛乱水军，尽焚其舟。同时，秦良玉分兵把守忠州，驰报夔州官军密防瞿塘天险，阻遏叛军沿江东下。正是由于这位女中丈夫的调度有方，奢崇明叛军终于难成气候，出战即败。

再说抗清。努尔哈赤建立后金后，开始发动对明朝的进攻，明军连年溃败，几乎闻警即逃。明廷在全国范围内调兵遣将。这时候，因马千乘受诬陷去世，出任石柱土司多年的秦良玉以大义为重，不记家仇，积极应征，立派其兄秦邦屏与其弟秦民屏率数千精兵先行，她自己筹马集粮，保障后勤供应。为此，明廷授秦良玉三品官服。沈阳之战中，秦氏兄弟率"白杆兵"杀敌无数，终于让一直战无不胜的八旗军遭遇挫折。但由于敌我兵力悬殊，秦邦屏力战死于阵中，秦民屏浴血突围而出，两千多白杆兵战死。但正是由此开始，秦良玉手下的"白杆兵"威震辽东。秦良玉又自统三千精兵，直抵山海关布防，控扼满兵入关咽喉。兵部尚书张鹤鸣为此专门上奏朝廷，追赠死难的秦邦屏都督金事，立祠祭祀。不久，明廷又诏加秦良玉二品官服，封诰褒奖。

明思宗崇祯三年（1630年），皇太极绕道长城喜峰口入侵，攻陷遵化后，进抵北京城外，连克四城，明廷大震。秦良玉得到十万火急的勤王诏书之后，即刻率兵赴难。当时，闻诏而至的各路勤王官军共二十万有余，但都畏惧满兵的狠武，无人带头出战。秦良玉的"白杆兵"虽然仅有数千人,但作战勇猛,经浴血冲杀,最终迫使皇太极连弃滦州、永平、迁安、遵化四城,撤围而去。崇祯帝大加感慨,特意召见秦良玉,优诏褒美,并赋诗四首以彰其功:其一:"学就西川八阵图,鸳鸯袖里握兵符。由来巾帼甘心受,何必将军是丈夫。"其二:"蜀锦征袍自裁成,桃花马上请长缨。世间多少奇男子,谁肯沙场万里行!"其三:"露宿风餐誓不辞,饮将鲜血代胭脂。凯歌马上清平曲,不是昭君出塞时。"其四:"凭将箕帚作鳌弧。一派欢声动地呼。试看他年麟阁上,丹青先画美人图。"

清军入关,崇祯自缢,大明王朝彻底崩塌。但山长水远,秦良玉本人又年逾古稀,不可能再有较大作为。多年后,颠沛流离的南明永历帝派人加秦良玉太子太傅,授"四川招讨使"。久卧病床的一代女豪,闻之遽然而起,拜伏受诏。可惜的是,几日之后,七十五岁的秦良玉在检阅过"白杆兵"后,刚刚下马,身体一歪,抱恨而终。

戎马一生的秦良玉,白杆枪舞大江南北,英雄气贯长城内外。生逢明末徒留恨,却让须眉尽汗颜。她如一道闪电,撕裂了男权社会墨黑的夜空,她让我们永远不能忘记,那是一束耀眼的女性的光芒。

柳如是

比青山更妩媚的气节烈女

前辈史学四大家之一的陈寅恪,在几乎双目失明的状态下,耗时十余年,写下一部八十多万字的人物传记,这就是《柳如是别传》。柳如是何许人,竟然能让治学严谨的一代国学大师如此青睐以至于倾心作传?

柳如是的确非平常女子,她是被后人冠为"秦淮八艳"之首的著名歌妓。柳如是乃浙江嘉兴人,本名杨爱,字影怜,自己借辛词"我见青山多妩媚,料青山见我应如是"而改号如是。她身量娇小,相貌美丽,音舞精通,书画娴熟,尤其文才第一。她一生著述甚多,流传下来的诗集有《戊寅草》《柳如是诗》《红豆村庄杂录》《梅花集句》《东山酬唱集》等,此外还有三十一篇文藻清丽的尺牍和不少风格独特的书法、绘画作品。传世画作《月堤烟柳图》收藏于北京故宫博物院。后世评论家认为她的尺牍"艳过六朝,情深班蔡";她的画"娴熟简约,清丽有致";她的书法"铁腕怀银钩,曾将妙踪收"。陈寅恪读过她的诗词后,亦有"瞠目结舌"之感,对柳如是的"清词丽句"十分敬佩。且举一例:《春日我闻室作,呈牧翁》:"裁红晕碧泪漫漫,南国春来正薄寒。此去柳花如梦里,向来烟月是愁端。画堂消息何人晓,翠帐容颜独自看。珍重君家兰桂室,东风取次一凭栏。"

柳如是的身世十分凄惨。由于家贫,她自幼就被掠卖离家,入吴江盛泽镇归家院名妓徐佛家为婢,受其熏染,"博览群籍,能诗文,间作白描花卉,秀雅绝伦"。柳如是十四岁时被年逾花甲的退朝宰相强娶为妾,得到专宠。状元出身的退朝宰相非常喜欢这个聪明伶俐的小姑娘,常把她抱于膝上教她这个教她那个。这令宰相家的妻妾们敌意大涨,大骂柳如是淫荡。然而柳如是可不是好欺负的人,性格刚烈的她还口相骂,直到骂得众人都目瞪口呆为止。而宰相怕事情闹大,迫于颜面,又将她卖给青楼。

乱世风尘中的柳如是,才情横溢,性格明快,社会交往很是广泛,最引人注目的是她行为不羁,时常儒服方巾、广袖大衣,招摇过市。她酒量颇丰,与诸文人纵谈时势,诗歌唱和,经常让男人们醉吐狼藉,自己却若无其事。

柳如是美艳绝代,才气逼人,婚姻也是惊世骇俗。她择婿苛刻,许多求婚的名士都被拒之门外。明崇祯十一年(1638年)秋天,十六岁的柳如是化装成一位风度翩翩的公子,独自乘坐小小画舫来到松江,在云间第一桥处,恰巧碰上为知友杨龙友送行的复社领袖陈子龙。

柳如是与陈子龙彼此都慕名已久,虽然是初次相见,却有点似曾相识,于是陈子龙便邀柳如是到松江南园一叙。南园是座幽静的别墅,是复社名士会文的场所。也许是志趣相投,柳如是一进南园就喜欢上了这里的一切。她翻阅陈子龙的诗文手稿,吟诵把玩,爱不释手。天色已晚,两人秉烛对酌,谈诗论文,抚琴弈棋,十分投缘。

一位是满腹经纶的才子,一位是侠骨柔肠的美女,对有关国家和民族的诸多问题的共同见解,使他们大有相见恨晚的感喟。陈子龙投身反清复明救亡事业,无暇顾及儿女之情。分别之际,秋风萧瑟,二人并立第一桥上,各怀离恨别愁,相对黯然无言。陈子龙解下腰间的祖传宝刀赠给柳如是,柳如是当场赠《戊寅草》诗一首:"苍然万木白苹烟,摇落鱼龙有岁年。人似许玄登望怯,客如平子学愁编。空怀神女虚无宅,近有秋风缥缈篇。日暮飘零何处所,翩翩燕翅独超前。"这首诗是柳如是于前一夜三更挑灯和泪写成的,谁知道这竟是他们的诀别诗。

柳如是专门写过一篇《男洛神赋》,可以想象得到她对陈才子的倾慕之情。孰料陈子龙不幸被捕,他宁死不降。清兵押解他去南京,途经云间第一桥时,他提出要停船看桥。陈子龙披枷戴锁独立船头,凝视石桥,九年前互赠宝刀和诗篇的往事历历在目。石桥依旧,而壮志难酬,他趁清兵不注意之际,纵身跃入古浦塘江中自尽,给柳如是留下终身遗恨。

纵使人间悲情多,毕竟苍天不负人。"东林领袖"钱谦益因东林党案被免官回到常熟。柳如是女扮男妆前往拜访。一见面,钱谦益便觉得柳如是似曾相识,但想不起在哪里见过。迟疑间,柳如是轻声吟出一首小诗:"草衣家住断桥东,好句清如湖上风。近日西泠夸柳隐,桃花得气美人中。"斗胆在文坛巨匠面前吟诗颂景,钱谦益不由想起曾在杭州见过的柳姑娘,原来两人曾在杭州草衣道人家相识,柳如是性情明快,钱谦益印象颇深。今日小姑娘主动来访,人生失意、心境黯淡的钱谦益不由怦然心动,忘却了心中的郁闷。次年夏天,年过花甲的钱谦益按照迎娶正妻的方式将二十三岁的柳如是迎娶进门，朝夕相处，谈诗论文，引得文坛侧目，士绅大哗，百姓笑闹。官吏们更是愤怒，认为钱学士大礼迎娶妓女，不仅"亵朝廷之名器，伤士大夫之传统"，而且将众多士绅官吏骗来贺婚，等于承认了这桩婚事的合法性。于是，众人取石捡瓦，愤怒掷打彩船，一时间石块如雨，淹没了鞭炮声。彩船在如雷的击打声中离岸，钱谦益却怡然自得，吮毫濡墨，即兴写下数首《催妆诗》。后来，钱谦益为柳如是在虞山盖了壮观华丽的"绛云楼"和"红豆馆"，金屋藏娇，并借《金刚经》中"如是我闻"句，将精致居室取名为"我闻室"。

柳如是常与人纵论天下，她曾对朋友说："中原鼎沸，正需大英雄出而戡乱御侮，应如谢东山运筹却敌，不可如陶靖节亮节高风。如我身为男子，必当救亡图存，以身报国！"柳如是希望做出一番惊天动地的事业。她的《赠友人》一诗体现了一个女子少有的政治豪情："我闻起舞更叹息，江湖之色皆奔驰。即今天下多纷纷，天子非常待颜驷。丈夫会遇讵易能，长戈大戟非难为。一朝拔起若龙骧，身帅幽并扶风儿。大羽插腰箭在手，功高跃马称精奇。"

南明政权成立后，柳如是支持钱谦益当了福王朱由崧的礼部尚书。次年五月，清军南下，进逼南京。兵临城下时，二三十万南明守军望风而逃，朱由崧也丢下南京自己逃命去了。明朝灭亡的命运已无可挽回，柳如是屡劝其夫钱谦益曰："是宜取义全大节，以副盛名。"按柳如是的意思：你又是高官又是名人又是望族，你可千万不能给敌人干那对不起祖宗和国家的事，咱们应该以身殉国。刀、绳、水三种死法咱们选一样，你殉国我殉夫。钱谦益左思右量后说，那咱们投湖自尽吧。两人来到湖边，钱谦益犹豫半天，将手伸到水里，说了一句很有名的话："水太凉了，我这身子骨恐怕不行。我们改天再来吧！"柳如是"奋身欲沉池水中"，却给钱谦益硬托住了。写到这一情节，我们似乎能看见柳如是那一脸悲切、无奈而圣洁的表情。作为一介女流，在国破家亡面前选择以死报国，如此爱国情怀、民族气节，令人刮目相看。

后来，鼎鼎大名的钱谦益出城降敌，再后来，北去北京履职，做了礼部侍郎兼翰林学士。柳如是决意留在南京。清顺治五年（1648年），钱谦益因黄毓祺案被株连，囚于南京监狱。经柳如是奔走营救，钱谦益方得获释。对此，钱感慨万千，并写过两句诗："恸哭临江无孝子，从行赴难有贤妻。"

钱谦益出狱后，被管制在苏州，寄居拙政园。清圣祖康熙三年（1664年），钱谦益在常熟病故，享年八十二岁。钱谦益去世后，钱氏族人争夺房产，闹得不可开交。柳如是自知钱家已无她的立足之地，悲愤之余悬梁自尽，年仅四十六岁。柳如是死后，族人不让她入葬钱氏祖茔，而将她葬在距钱墓百步之外的荒坡上。

世道总归公允，当年那个不容于世俗族人的妓女之尸，终成了千秋万代的世人永远追念的芳魂。

陈圆圆

倾国倾城的梨园名伶

写陈圆圆,我禁不住使用了倾城倾国这个成语。要我说,真正配得上倾国倾城的赞誉的女子,自古以来,以陈圆圆最为恰切。她以她的美貌倾倒了吴三桂,倾倒了刘宗敏,倾倒了北京城,倾倒了大顺王朝,也倾倒了无数的后世男人。

陈圆圆是秦淮八艳中人生最为曲折的一位,因被时代裹挟,她的命运与时代一起跌宕起伏,她也是秦淮八艳中名气最大、最为后人熟知的一位。

陈圆圆出身于货郎之家,姓邢名沅,字圆圆,因母亲早亡,幼从养母陈氏,故改姓陈,居苏州桃花坞。她自幼冰雪聪明,姿色过人,成年后被贪财的养母卖入苏州梨园。上了戏妆之后,更是美艳绝世,再加上她唱得又好,可谓色甲天下之色,声甲天下之声,因此受尽当时风流名士的追捧。初登歌台,陈圆圆扮演《西厢记》中的红娘,人丽如花,似云出岫,莺声呖呖,六马仰秣,台下看客皆凝神屏气,入迷着魔。陈圆圆"容辞闲雅,额秀颐丰",有名士大家风度,每一登场演出,明艳出众,独冠当时。冒辟疆观看陈圆圆演弋阳腔《红梅记》,为其演技所迷醉,他在《影梅庵忆语》中写道:"是日演弋腔《红梅》,以燕俗之剧,咿呀啁晰之调,乃出之陈姬身口,如云出岫,如珠在盘,令人欲仙欲死"。很快,她便以色美艺绝名倾吴下,无数青年才俊为之魂牵梦绕。最初,陈圆圆曾属意于吴江邹枢,那个时候的她抱有幻想,认为邹枢是其良人,经常借演剧之名,流连不去。江阴有个贡若甫,为陈圆圆所陶醉,曾以重金赎其为妾,然而陈圆圆不为正妻所容。贡若甫的父亲贡修龄见到陈圆圆后,惊为贵人,"纵之去,不责赎金"。

在众多追求者中,明末复社四公子之一、风流潇洒的高富帅冒辟疆脱颖而出,二人有过一段情缘。崇祯十四年(1641年)春,冒辟疆省亲衡岳,途经苏州,经友人引荐,得会陈圆圆,佳人含情,才子动心,遂订后会之期;当年八月,冒辟疆移舟苏州再会圆圆,此时圆圆遭豪家劫夺,幸得虎口脱身，遂有许嫁冒辟疆之意，并冒兵火之险到冒辟疆家拜见冒母。二人感情缱绻，申以盟誓。此后因时局战乱，加上家事牵累，冒辟疆屡失约期。其间圆圆屡次寄书，促其践约，皆不及回复，最终未能与陈圆圆结为伉俪。但他一生都对陈圆圆念念不忘，甚至在怀念亡妾董小宛的文章中，还称陈圆圆"妇人以资质为主，色次之，碌碌双鬟，难其选也。慧心纨质，淡秀天然，平生所见，则独有圆圆尔"。

也许是冒辟疆的错失婚约，改变了陈圆圆一生的命运。

崇祯末年，李自成的农民起义军威震朝廷，崇祯帝日夜不安。田贵妃的父亲田弘遇遣儿子田畹下江南采买美女，以纾解皇帝的忧虑之心，由此陈圆圆被掠入京城。内忧外患中的崇祯皇帝无心女色，陈圆圆便成为田府中的专宠歌女。

田贵妃病逝后，田弘遇日渐失势，为了巩固自己的地位以及在乱世中找到倚靠，他有意结交当时声望甚隆且握有重兵的权坛新秀吴三桂。田弘遇曾盛邀吴三桂赴其家宴，"出群姬调丝竹，皆殊秀。一淡妆者，统诸美而先众音，情艳意娇"。而这位淡妆丽质的歌姬，就是陈圆圆。吴三桂惊诧于陈圆圆的美艳，"不觉其神移心荡也"。田弘遇遂因三桂之请，将圆圆赠送给吴三桂，并置办丰厚的妆奁，将圆圆送至吴府。吴三桂纳陈圆圆为妾后，百般珍爱，竟要携其同行，共赴戎机。后经其督理御营的父亲极力劝说，吴三桂也担心让皇上知晓，只好忍痛割爱，奔赴山海关时，将陈圆圆留在京城府中。

李自成打进北京后，吴三桂的父亲投降了起义军，陈圆圆被李自成之部下大将刘宗敏所掠。吴三桂原本欲投降起义军，闻听陈圆圆被夺，冲冠一怒，愤而降清，打开山海关大门，率四万明兵出门迎降。这就是吴梅村在《圆圆曲》中所曰："恸哭六军俱缟素，冲冠一怒为红颜。"

李自成战败后，将吴父及吴家家中三十八口全部杀死，然后仓皇逃离北京，尽弃所掠辎重、妇女于道。吴三桂带着杀父夺妻之仇，昼夜追杀到山西。此时吴三桂的部将在京城搜寻到陈圆圆，飞骑传送。在随后的日子里，身负国贼之名的吴三桂以陈圆圆作为精神支柱，自山西、渡黄河、入潼关、克西安、进蜀川、定云南、驱永历，风尘仆仆，东征西伐，为清廷统一中国立下了汗马功劳。

吴三桂独占云南之后，阴怀异志，穷奢极欲，歌舞征逐。构建园林安阜园，"采买吴伶之年十五者，共四十人为一队"，"园囿声伎之盛，僭侈逾禁中"。其间吴三桂想将陈圆圆扶为正室，但她却以出身卑微数次婉拒。后来，陈圆圆因年老色衰，加之与吴三桂另娶的正妻相处不谐，且吴三桂另有宠姬数人，于是日渐失宠。陈圆圆不争不闹，独居别院。

陈圆圆原本打算度过一个平静的晚年，想不到吴三桂又弄出事来。吴三桂在云南宣布独立，康熙果断出兵云南，结果吴三桂以卵击石，土崩瓦解，吴家被满门抄斩。而陈圆圆却躲过了这一劫。这里有两种说法。

一种说法是，陈圆圆对局势的认识比较清醒，她料定吴三桂宣布独立定无好的结果，为了保住吴氏的根脉，在大势已去的关键时刻，她使出浑身解数，在全军上下造出吴启华被"缢杀"的假象，瞒天过海，由于行事隐秘，康熙也被瞒过了。接着她带着吴三桂的灵柩，与吴启华一起藏身搭茅洞，后来迁至贵州黔东南州岑巩县水尾镇。为吴氏家族找到安身之所后，陈圆圆进一步做出了长远的安排，拟定了后十八代的发展战略，意在"十八好汉转杰"，策略是要激励后代卧薪尝胆，奋发有为，到朝廷为官，建立功勋，等待时机，扭转乾坤，振兴吴家祖业。

另一种说法是，在平西王府陪伴吴三桂三十余年的陈圆圆，一生随波逐流的陈圆圆，在吴三桂举事独立之前，暗自离家，隐姓埋名，在五华山华国寺落发为尼，长斋绣佛。一代红装从此豪华落尽，归于寂寞。又不知过了多少年，陈圆圆安详而去，浓墨般的一生悄然落幕。

李香君

"羞杀须眉汉子"的一个娘子

李香君出身于苏州官宦人家,本姓吴,由于其父参与东林党活动,遭到朝廷治罪,家道败落,小香君八岁时被卖到秦淮河畔的媚香楼,跟随养母李贞丽生活,遂由吴姓改为李姓。李贞丽是芳名鼎鼎的青楼名妓,为人仗义豪爽,知书达理,她待李香君如亲生女儿,特地花钱找来老师教李香君读书习艺。李香君天生聪慧,仅几年工夫,琴棋书画、诗词歌赋无一不精,尤其擅长南曲,歌声甜润婉转,一首《琵琶记》迷醉秦淮两岸。由于养母李贞丽极善交际,又重风雅,前来媚香楼的客人大多是文人雅士和正直忠耿的官员。李香君遵循养母的教诲,迎来送往,泥中自洁,一时名动秦淮,得雅号"香扇坠"。

崇祯十二年(1639年)的秋天,年仅二十一岁但已名闻天下的大才子侯方域,从商丘来到南京参加乡试。经画家朋友杨龙友引见,他慕名来到媚香楼,一睹李香君的风采。那一年,李香君正当十六岁的花季妙龄。一个是风流倜傥的翩翩少年,一个是蕙质兰心的青楼玉女,两人一见倾心,互生爱慕。

按照当时的风尚习俗,侯方域若要专享李香君,需要举行声势浩大的梳拢仪式,邀请一批名流,举办高端酒宴,还要再给青楼支付一笔可观的礼金。出来赶考的侯方域,本来没带太多细软,结识李香君之后,又出手阔绰,很快囊中羞涩。正在他犯难之时,杨龙友雪中送炭,给予他大力资助。有这笔资金相助,侯方域顺利表达了对李香君的一片执意深情,并将自己祖传的一柄相当珍贵的象牙骨白绢宫扇,送给她作为定情之物,从此便留住在媚香楼中,两人恩爱有加,自不必说。

很快,侯方域和李香君知道了杨龙友出资的真相。原来那是阮大铖送给侯方域的一个人情。阮大铖是何人物?此举是何动因?阮大铖是文坛、政坛双栖名人,多年在朝中为官,与宦官魏忠贤狼狈为奸,搅得朝中乌烟瘴气。魏忠贤被诛杀后,阮大铖作为逆贼同僚被削籍免官,退到南京闲居。失势的阮大铖并不甘心就此埋没,他在南京广交江湖人士,暗中谋划,伺机东山再起。侯方域的莫逆之交陈贞慧、吴应箕等人都是江南义士,洞知阮大铖的不轨之心,与之势不两立。阮大铖得知侯方域在南京城正缺钱用,为拉拢侯方域,缓和与陈贞慧等人的关系,他马上打通关节,设法让杨龙友将钱送上。才识过人的李香君很快识破了阮大铖的这一伎俩,她坚决拒绝了阮大铖的金钱诱惑,并要求侯方域立即与之断绝关系,划清界限。李香君变卖了首饰,又东挪西借,筹钱还债。那些钱又经杨龙友之手退给了阮大铖。大感脸面丢尽从而恼羞成怒的阮大铖从此便怀恨在心,伺机报复。

时局很快发生了变化。李自成攻破北京,崇祯皇帝上吊自尽,病入膏肓的大明王朝即刻崩塌。福王朱由崧仓皇南渡,在南京匆匆地成立了南明政权。佞臣马士英成了执政大臣,随即启用阮大铖为兵部侍郎,阮大铖继而又升为兵部尚书,出现在政治舞台的前沿。大权重握,阮大铖马上着手清除异己,陈贞慧、吴应箕等转眼被捕下狱。侯方域得知消息后,无奈离开南京,渡江北上。临行前李香君送行至桃叶渡,带泪的双手,挥不去缠绵的离愁,伤感的《琵琶》,唱不尽美丽的爱情。后来侯方域投奔到正督师扬州的史可法麾下。他与南京的李香君频频书信往来,倾诉相思,畅谈抱负。

自心上人走后,李香君洗尽铅华,闭门谢客,天天凝视着那把绢扇,倾心等待眷念之人。李香君曾写《与侯公子》:"桃花褪艳,血痕岂化胭脂。豆蔻香销,手泽尚含兰麝。妾之志固如玉玦,未卜公子之志,能似金钿否也?"表达她与心爱之人离别后的思念和感伤,也表达出她的坚定信念和凛然正气,信笺字字含悲,读之怆然。

侯方域不在南京,阮大铖便想方设法报复李香君。他鼓动南明宠臣田仰迎娶李香君为侍妾。刚烈的李香君坚拒不从,趁田仰人多势众一逼再逼的当口,烈性的她干脆从媚香楼上跳了下去。鲜血染红了衣襟,也染红了怀中定情之物白绢扇。见李香君如此决绝,强行迎亲的人只好灰溜溜离去。画家杨龙友闻讯赶到,深为李香君的贞烈品性叹服,他见扇子鲜血点点,便就着血迹,画出了朵朵桃花,并题名桃花扇。后来,大戏剧家孔尚任借此写成名作《桃花扇》,成为中国戏剧史上的经典,李香君的事迹从此闻名于后世。

然而阮大铖并不想就此放过李香君。不久,他打着皇上圣谕的幌子,将李香君征入宫中充当歌姬，此邪恶毒计谁也无法抗拒，她一个青楼女子，哪里敢违抗圣旨！李香君深知宫门似海，不知何时才能见到日夜思念的侯公子，带着无限眷恋和遗憾进了宫，怀里还揣着那把桃花血扇。

不久，清兵一路南下逼近金陵，南明小朝廷望风而逃，李香君得机随着宫人趁夜色逃出。当时街上一片混乱，清兵烧杀抢掠，难民四处逃窜。当李香君终于找到媚香楼时，那里已成一片火海。这时李香君又遇到当年教曲的师傅苏昆生，二人便随着逃难的人群一同奔往苏州。苏州局势还算比较平静，李香君找到了两年前迁居苏州的昔日好友卞玉京，并暂时留住在虎丘的一处清净居所。

南明灭亡后，侯方域专门南下，经过多方打听找到李香君，并将她接回商丘。因怕节外生枝，李香君隐瞒了秦淮身份。她与侯方域鱼水情深，同公婆相处和睦，同侯方域的原配夫人也相处融洽，且以姐妹相称，这样的平安、舒适的日子持续了八年。

本已平静的日子，却不曾想在侯方域离开家的时候突生变故。尽管李香君小心翼翼，她一直担心的身份还是暴露了。商丘侯家是何等门第啊！侯方域的祖父侯执蒲是明朝的太常卿，父亲侯恂做过户部尚书。正统门第观念极重的官宦侯家毫不念情地将李香君赶出门。她被安置在离家十几里远的侯家柴草园，那里是前不着村后不着店的偏僻之所，而此时李香君已怀孕，婆婆和夫人同情她，派了个丫头去服侍。侯方域回到家后将她接回，可时间不长，她又被赶到离家几公里之外的侯家庄园。李香君虽备受歧视，但对侯家却不离不弃，她终日郁郁寡欢，日久生病，最后患上肺痨，三十岁便香消玉殒，孤独死于园中。在痛苦与内疚中，侯方域为李香君立碑撰联：卿含恨而死，夫惭愧终生。

最后，谨录林语堂先生的《为香君题诗》作为结束语："香君一个娘子，血染桃花扇子，气义照耀千古，羞杀须眉汉子。香君一个娘子，性格是个蛮子，悬在斋中壁上，教我知所管制。如今天下男子，谁复是个蛮子，大家朝秦暮楚，成个什么样子。当今这个天下，都是骗子贩子，我思古代美人，不至出甚乱子。"

董小宛

人世间冰清玉洁的解语花

  董小宛，原名董白，出身于苏州城内的苏绣世家。"董家绣庄"一直生意兴隆，已有两百多年的历史。十三岁那年，董小宛的父亲病故，母亲料理完父亲的后事，便带着她在半塘河边隐居了起来，绣庄的事则全部委托伙计去打理和掌管。崇祯九年（1636年），明末乱象已迫近苏州，人们惶惶不安。因为伙计从中作梗，绣庄倒闭，而且还欠了一大笔债务。母亲又气又急，一病不起，生活的重担突然之间压到了十五岁的董白身上。庞大的债务能拖则拖，母亲的医药费用却迫在眉睫。从小随母亲隐居世外的董白已养成一副孤高自傲的性格，哪里肯低三下四地向人借贷。一急之下，她使出下策，答应了别人的引荐，来到南京秦淮河畔的画舫中卖艺，改名为小宛。

  在秦淮八艳中，她是性格最为娴静疏淡的一个。虽然流落风尘，董小宛却始终志向高洁，向往诗书中的境界，思慕潇洒高旷的文士风度。名公巨卿、豪绅商贾为其姿色明争暗斗，但董小宛鄙视权贵，一笑了之。这种不媚流俗的做派使董小宛闻名江南。

  田弘遇下江南寻芳猎艳期间，清雅绝尘的董小宛东躲西藏，不期患了重病。就在这时，她遇见前来探访的复社才子冒辟疆。冒辟疆容貌俊美，风流倜傥，是闻名遐迩的"美少年"。小宛三年前曾对冒辟疆一见倾心，她又是个痴情的女子，于是她将长期珍藏的感情倾泻而出，主动表白，大胆追求，坚贞如一。有一首诗最能体现出董小宛对爱情的一往情深和不顾一切。《与冒辟疆》："事急投君险遭凶，此生难期与君逢。肠虽已断情未断，生不相从死相从。红颜自古嗟薄命，青史谁人鉴曲衷。拼得一命酬知己，追伍波臣作鬼雄。"经过苦苦追求，才高自负的冒公子终于下定决心接受董小宛，很快俊男靓女佳偶天成。

  冒辟疆带着小宛回苏州赎身，不料又遇上了麻烦。因董小宛在半塘名气太大，不论出多少银子，鸨母都不想放走这棵摇钱树。就在他们一筹莫展之际，钱谦益偕同柳如是来游苏州。柳如是和董小宛是秦淮姐妹，钱谦益也曾与董小宛有过颇深的交情，他如今虽然免官闲居，但在江南一带名望甚高，经他出面调解，董小宛赎身之事迎刃而解。

嫁与冒辟疆后，董小宛恭敬顺从，与冒家上下相处得非常和谐。宁静的家庭生活刚刚过了一年，李自成攻占北京，清兵入关南下，天下大乱，兵匪肆虐，冒家险遭荼毒，他们一路南逃，家产丢得一干二净。战乱过后，冒家辗转回到劫后的家园，缺米少柴，日子变得十分艰难，多亏董小宛精打细算，才勉强维持着全家的生活。就在这节骨眼上，冒辟疆却病倒了，下痢兼疟疾，把他折磨得不成人形。疟疾发作时寒热交作，再加上下痢腹痛，冒辟疆几乎没有一刻能得安宁。为照顾他，董小宛把一张破草席摊在床榻边作为自己的卧床，只要丈夫一有响动，她便马上起身察看。恶寒发颤时，她把丈夫紧紧抱在怀里；发热烦躁时，她又为他揭被擦澡；腹痛则为他揉摩；下痢就为他端盆解带，从没有厌倦神色。经过五个多月的折腾，冒辟疆的病情终于好转，而董小宛已经骨瘦如柴，仿佛也曾大病了一场。日子刚刚安稳，冒辟疆又病了两次：一次是胃病下血，水米不进，董小宛在酷暑中熬药煎汤，紧伴枕边伺候了六十个昼夜；第二次是背上生疽，疼痛难忍，不能仰卧，董小宛就夜夜抱着丈夫，让他靠在自己身上安寝，自己则坐着睡了整整一百个晚上。

董小宛在冒家做了九年的贤妻良妇，用自己的勤苦、机敏、善良、智慧，不但扛住了重重困难和压力，而且把琐碎的日常生活经营得浪漫美丽，饶有情致。闲暇时，小宛与辟疆常坐在画苑书房中，泼墨挥毫，赏花品茗，评论山水，鉴别金石。她仿钟繇帖，学曹娥碑，每天写几千字，既不错字，也不漏字。她的小楷温婉秀美，曾代替冒辟疆给亲戚朋友书写小楷扇面。她的绘画纤细精巧，能够画小丛寒树，笔墨楚楚动人。董小宛的画作传世不多，无锡市博物馆现收藏有她十五岁时画的《彩蝶图》，虽稍显稚嫩，却也是难得的佳作。董小宛爱诗，"尤好熟读《楚辞》、少陵（杜甫）、义山（李商隐）、王建、花蕊夫人、王珪三家宫词，等身之书，周迴左右，午夜衾枕间，犹拥数十家唐诗而卧"。董小宛也写诗，但"小有吟咏，多不自存"。董小宛喜欢研究食谱，制作糖点，做得一手美味佳肴。当年的冒大才子可谓享了口福。今天在如皋，人们还能品尝到董小宛的食谱上的经典美味，比如和"东坡肉"相映成趣的"董肉"，酥松香甜、入口即化的"董糖"等，这都是她当年的慧心巧制，至今不衰。董小宛最喜欢赏月。夏夜纳凉,她与两个孩子背诵唐人咏月及流萤、纨扇诗。为领略月色之美,她常随着月亮的升沉移动几榻。半夜回到室内,她仍要推开窗户,让月光徘徊于枕簟之间。她曾对冒辟疆说:"夜之时逸,月之气静,碧海青天,霜缟冰静,比起赤日红尘,两者有仙凡之别。人生攘攘,至夜不休。有的人在月亮出来以前,已呼呼大睡,没有福气消受桂华露影。我和你一年四季当中,都爱领略这皎洁月色,仙路禅关也就在静中打通。"就是这样,她在自然平实的日常生活中领略精微雅致的文化趣味,品味超脱和清澄的诗意人生。董小宛还喜欢菊花。有个朋友送她几盆名为"剪桃红"的菊花,花繁而厚,叶碧如染,浓条婀娜。到了晚上,董小宛经常高烧绿烛,用白色屏风围起三面,放一张小椅子在花间,调整好菊花,让菊影呈参横妙丽之态,然后身入花间,使人在菊中,菊与人都在影中,此情此景,淡秀如画。董小宛在生命的最后时刻,还叫冒辟疆把"剪桃红"搬到床前给她看枝叶是否茂盛,可有虫害。

从名妓到贤妾,董小宛一路坎坷,一路血泪。尤其在战乱流离中,冒家经历了艰辛的逃难生活,董小宛竭尽心力地照顾一家老小。他们曾在嘉兴海盐水绘阁住过一段时日,面对南北湖畔鸡笼山上的暮春的凄凉景致,董小宛感叹江河破碎,一家流离,泪葬残花。据说《红楼梦》中的林黛玉葬花即改编自小宛葬花。文人与名妓,自古多是逢场作戏,纵有痴情者,圆满结局的也不多。冒辟疆说自己一生的清福都在和小宛共同生活的九年中享尽,爱情暂且不说,这话起码透出了一个有良知的男人发自心底的感恩。艰难的生活中,长期勤苦,饮食难饱,董小宛的身体本已虚弱,又加上接连三次照料丈夫的病痛,最终积劳成疾,由于体质已极度亏虚,冒家多方请来名医诊治,终难奏效。顺治八年(1651年)正月,年仅二十七岁的董小宛闭上了疲惫的眼睛。她将此生都付与了痴情认定的知己,为爱而死,无怨无悔。在冒家的一片哀哭声中,董小宛香魂一缕,随风而去,她走得那样安详、美丽。

董小宛生前曾赋《孤山伤逝》一首,似是对生前身后的描摹:"孤山回首已无家,不作人间解语花。处士美人同一哭,悔将水雪误生涯。"

马湘兰

信是人间第一芳

明神宗万历三十二年（1604年），七十岁的大文学家王稚登悲痛不已，提笔连赋十一首挽诗，以悼念一位特殊的朋友。其中有一首写道："歌舞当年第一流，姓名赢得满青楼。多情未了身先死，化作芙蓉也并头。"这个让古稀老人动情追思的特殊朋友，就是大名鼎鼎的秦淮名妓马湘兰。

在秦淮八艳中，马湘兰出道最早，属于前辈级的人物。她是土生土长的金陵人，自幼不幸沦落风尘，但姿貌平平的马湘兰，却硬是在美人如云的秦淮河畔杀出一条生路，最终成为千古流芳的一代名妓。

马湘兰的过人之处，首先就是令人刮目相看的才艺。她是典型的才女，懂诗文，工书画，通音律，擅歌舞，能自编自导戏剧，她带领教坊戏班，能演出西厢记全本，史料记载，"随其学技者，备得真传"。马湘兰最具代表性的才艺是绘画，毫不夸张地说，她在中国美术史上占有重要的席位。她生活中钟情于兰花，院子里植满兰花，还将所居小楼起名为"幽兰馆"。她将本真生活与绘画艺术融为一体，凭着对兰花清雅高洁的气韵的深深体悟，将兰花的姿态和气韵展现在书画艺术上，技法炉火纯青，境界独孤高远，令许多大画家都叹为观止，自愧不如。当年曹雪芹的祖父曹寅，曾接连三次为《马湘兰画兰长卷》题诗，这记载在曹寅的《栋亭集》里。北京故宫博物院现存有马湘兰的兰画册页，日本国家博物馆收藏有她的一幅《墨兰图》。

如此爱兰痴兰的马湘兰，自然气质脱俗，很有贵妇气派，但她性情平易，从不自傲，可谓有兰之清雅，无兰之孤高。她喜交朋友，人脉广泛，谈吐又好，与人交谈时，音如莺啼，神态娇媚，每能引人入胜，让听者如沐春风。因为性格上为人旷达、豪爽重义，生活阔绰的马湘兰经常扶危济困、助人为乐，颇有仁侠之风。就这样，口碑不胫而走，她在秦淮河畔渐渐崭露头角。幽兰馆再也难以幽静，门前整日宾客如织，慕名求访者络绎不绝。

马湘兰二十四岁那年,一位怀才不遇的落魄青年走进了幽兰馆,从此也走进了小楼主人的爱情世界,这就是与马湘兰恩恩怨怨牵扯一生的江南才子王稚登。

王稚登,苏州人氏,明末文学家、书法家。相传王稚登幼年早慧,四岁能作对,六岁善写擘窠大字,十岁能吟诗作赋,长大后更是才华横溢,诗文秀逸清新、不事雕琢,书法肇始自然、平淡天成。文徵明逝世后,继续主掌吴门文坛三十余年。那一年,满腹才学的王稚登因在京城仕途失意,离京南归,整日流连于金陵的酒楼花巷之间,打发无聊与寂寞。闻听马湘兰芳名,便来到幽兰馆专程拜访。

两人吟酒对诗、赏兰论画,话题所及,无一处不共鸣。不知不觉间,芳华正好的马湘兰怦然心动,这个人生低谷中的落魄官员,竟让她顿生相见恨晚之感。幽兰馆里才气逼人的女主人,自然也让神情萎靡的王稚登为之一振,人生知己莫过于此!

于是,王稚登成了幽兰馆的常客。

虽然马湘兰已经名噪金陵,但面对王稚登,风尘女子的自卑感总也挥之不去。表面上两个人彼此欣赏、互相倾慕,但内心里王稚登会不会另怀心思,轻看自己?比如把她看成一个水性杨花的女子?于是,聪明的马湘兰特意画了一幅孤兰图送与王稚登。画作十分简单,构思新颖奇特,只有悬崖绝壁一枝兰,仅以一抹斜叶,托着一朵兰花。这是她最拿手的一叶兰,最能体现出兰花清幽空灵的气韵,借以表达自己虽然身在烟花之地,但是品格却如同兰花一般高洁,非凡夫俗子所能一睹芳泽。王稚登是何等聪明的人,他当然明白马湘兰诗画中的情义,然而他却顾虑重重。他觉得自己年近四十,依然无位无职,前途茫茫,生怕亏待马湘兰,再说,自己壮志未酬,不知何时还要赴汤蹈火,拼搏一番,如此一来,便很难给马湘兰带来庇护和幸福。他深知湘兰是个明敏多情的痴情女人,自己稍有不慎就可能伤害甚至毁灭她,不如早早就不做什么承诺,交往起来还能轻松些。因此,王稚登故作糊涂,装作不解诗中情怀,随意地收了画,客气地表示谢意。马湘兰只以为他是不愿意接受自己,暗自伤心不已。但她又无法忘却王稚登,于是两人仍像好朋友一样密切交往,再也没谈过嫁娶之事。

没过多久,京都大学士赵志皋举荐王稚登参加编修国史的工作,王稚登以为幸运降临，意气风发地准备登舟北上，去奔前程，心里还盘算着：等到在京城有所发展后，再回来接马湘兰同享此生幸福。得知心上人终有前程，马湘兰却满心惆怅，此次一别不知何日再相会？马湘兰心情复杂地为他设宴饯行。王稚登稍稍透露了一些将来要与她共荣的心意，但马湘兰因为上次的隐伤，没敢接口把事情挑明，只是暗暗在心中种下了希望。辞行席上，马湘兰以妻之心百般叮嘱，依依不舍，难忍别情，玉泪点点，还特意赋诗一首《仲春道中送别》相赠："酒香衣袂许追随，何事东风送客悲？溪路飞花偏细细，津亭垂柳故依依；征帆俱与行人远，失侣心随落日迟。满目流光君自归，莫教春色有差池。"

送走王稚登后，马湘兰悄悄地闭门谢客，以期静待王郎仕途得意而归，从此脱离这迎张送李的青楼生涯。等待是世间最难挨的一件事，百无聊赖之际，马湘兰也曾想借酒消愁，举杯却慨然而叹："自君之出矣，不共举琼卮；酒是消愁物，能消几个时？"情出肺腑，让人心疼。不知王稚登读到时，该有什么感觉？

"芙蓉露冷月微微，小院风清鸿雁飞。闻道玉门千万里，秋深何处寄寒衣。"春去秋来，寒意渐浓，迟迟不见王郎的音讯，马湘兰却在幽兰馆中牵挂着他的冷暖。这边马湘兰熬着思念之苦，那边王稚登同样难过。他受人排挤，虽然参加了编史工作，却尽派给他一些打杂的差事，他忍气吞声，日子很不好过，美好理想早就荡然无存。忍气吞声熬到年末，他再也坚持不下去，索性卷起铺盖走人，再次回到江南。虽然他想见朝思暮想的心上人，但又觉得实在无颜见江东父老，无奈之下只好将家搬到苏州，断了相守终身的念头。

出人头地也好，籍籍无名也好，这些对马湘兰来说都不重要。她只要能陪在王稚登身边就好，女人的一往情深常常坚如磐石。获知王稚登失意而归后，她不计烦琐，不嫌贵贱，经常赶往苏州，看望抚慰，畅叙情思。相知太深，相爱太苦，那种特殊感情，非夫妻胜似夫妻，非兄妹更如兄妹，是朋友却又超越友情！

正如兰之幽香弥长，马湘兰对待爱情也是从一而终。她的众多姐妹苦口婆心相劝，要她另择良人，以免耽误一生，但她常常一笑而过，非王稚登不嫁。虽然两人始终没有婚娶，但一直交情甚笃，这份情感在不知不觉中过了三十余年。马湘兰除了到苏州做客外，剩下的就是落寞和凄怅，她有一首诗便能概括:"时时对萧竹,夜夜集诗篇。深闺无个事,终日望归船。"就这样,她把单相思进行到底,终生不悔,为王稚登付出了一生真情。

王稚登七十寿诞时,马湘兰抱病赶到姑苏,为他举办了隆重的祝寿宴会。宴会上,她重亮歌喉,高歌一曲,听得王稚登老泪纵横。在后来的记述文字中,王稚登有过这样的描述:"四座填满,歌舞达旦。残脂剩粉,香溢锦帆,自夫差以来所未有。吴儿啧啧夸盛事,倾动一时。"

自姑苏返回金陵后,马湘兰已经心力交瘁。不久的一个午后,已有预感的马湘兰,仔细地沐浴更衣,然后端坐在幽兰馆的客厅中,悄悄地走完了她最后的人生。临终前,她命仆人在她座椅四周摆满了含幽吐芳的兰花。

马湘兰的一生,恰如自己最钟爱的幽兰,遗世独立,暗自吐芳。她的一首《咏兰诗》正是她人品、性情的真实写照:"空谷幽兰独自香,任凭蝶妒与蜂狂。兰心似水全无俗,信是人间第一芳。"

贺双卿

负绝世才秉绝代姿的农民诗人

贺双卿是以农民诗人形象进入我的视野的。身为田家妇,直用田家语,诉说田家事,抒写田家愁。古代农人稼穑生活的辛苦紧张、封建时代下层社会妇女的苦难悲酸、伤感命运却又止礼不争的人生无奈,浸透了诗人的一歌一咏。

因为农家妇女的特殊身份,贺双卿的作品让我们在浩瀚如烟的古代诗卷中,读出了一种独特的艺术魅力,那就是原汁原味的泥土气息。文学史上描写农家生活、反映农民苦况的诗文并不稀少,但作者大多是农民疾苦的旁观者、同情者、鼓与呼者,他们常常是在恻隐之心被触动的时候,俯下身子完成一种人文关怀。于是,我们读到的只是表象,比如把酒话桑麻的闲适,比如朱门酒肉臭的慨叹,比如丰年留客足鸡豚的向往,即使写生活之苦、人生之痛,比如农夫心内如汤煮,公子王孙把扇摇,细品起来也总与真实的生活有着一层隔膜,与悲惨世界中的艰辛粗粝与痛苦挣扎相比,不过是些诗化的闲愁暗恨。而贺双卿,她在非刻意的日常的表达中,把农民的贫穷痛苦表达得那样真实、深刻、感人!大词家黄燮清评曰:"双卿词如小儿女,哝哝絮絮,诉说家常,见见闻闻,思思想想,曲曲写来,头头是道。作者不以为词,而阅者亦忘其为词。而情真语质,直接三百篇之旨,岂非天籁?岂非奇才?乃其所遇之穷,为古才媛所未有,每诵一过,不知涕之何从也。"

清代陈廷焯在《白雨斋词话》中,谈及贺双卿的作品《凤凰台上忆吹箫(送韩西)》时,从叠词使用的角度,称赞贺双卿堪与李清照比肩,"其情哀,其词苦。用双字至二十余叠,亦可谓广大神通矣。易安见之,亦当避席",由此贺双卿又有"清代易安"之冠。且读诗文如下:

寸寸微云,丝丝残照,有无明灭难消。正断魂魂断,闪闪摇摇。望望山山水水,人去去、隐隐迢迢。从今后,酸酸楚楚,只似今宵。

青遥。问天不应,看小小双卿,袅袅无聊。更见谁谁见,谁痛花娇？谁望欢欢喜喜，偷素粉，写写描描？谁还管，生生死死，夜夜朝朝？

作为诗人，贺双卿的成长经历几乎是一个传奇。她本是江苏丹阳贫寒的农家女子，以此出身，若能识文断字已属不易，哪里有赋诗填词的资格？恰恰"其舅为塾师，书馆与之邻，默听悉暗记，以女红易诗词诵习之"。勤于旁听、善于暗记、聪于易物，少年早慧的贺双卿就是这样拼得一番寒彻骨，自学成才，换来了诗词写作的花香盈怀。

婚姻影响着人的一生，对于女人尤其如此。贺双卿十八岁时，父亲去世，叔父做主，以三石谷子的聘礼，将她嫁到金坛绡山村周家，从此，贺双卿便踏上了一条血泪之路。

夫家不仅家境极为贫寒，而且毫无礼仪。年长贺双卿十余岁的丈夫周大旺是位大字不识的佃户樵民，庸俗不堪，生性粗暴，且嗜赌成性；婆婆杨氏更是刁泼蛮恶，不讲情理。因为原本身体孱弱，贺双卿在娘家时就很少从事重体力活，而在以农立命的百姓家里，识文断字却不胜农活的她，婚后自然不受赏识，甚至被看成另类。在暴夫恶婆的家庭里，柔弱的贺双卿承担着繁重的农事活与烦琐的家务活，"纤手生服、指诉隐隐，时见血痕"。慑于婆婆和丈夫的淫威，读书知"礼"的她唯有忍气吞声。在体力与精神的双重折磨下，贺双卿又患上了严重的疟疾。劳动的艰苦、疾病的煎熬、婚姻的不幸、精神的折磨、心灵的凄楚，满腹愁情无人解，一腔悲怨向谁诉？生活磨损着她的花颜玉容，却磨损不去她的诗文才情。于是，她开始写诗，借以发泄胸中的郁闷。没钱买笔墨，就用粉书；没钱买纸张，就写于叶片上。叶易败，粉易脱，写了就丢，丢了还写，不在乎保存，也无法在乎，她只求遍体鳞伤的心灵能在诗词歌赋的憩园里得到片刻的休整。

这样的生活，日积月累，不是贺双卿这般柔弱的肩膀所能承受的，但她又谨遵妇德，默默承受，不做抗争。婚后仅仅两年，一代才女贺双卿便香消玉殒，如同田埂上一朵初绽的野花早早地凋谢而去，那年，她才二十二岁。

作为一个贫苦农民，贺双卿究竟写下了多少首诗？又是谁把贺双卿和她的诗词介绍给人们的呢？这里必须提到一个名叫史震林的人。

史震林是乾隆丁巳进士，贺双卿的金坛同乡，"载异书，携美人，登名山，遍采歌咏以为一代风雅"的风流才子。虽然世代务农，但父辈却是远近闻名的文人。史震林自幼聪慧，学习刻苦，学问道德、诗词文章、书法绘画俱佳，青年时代已才名远播。可是，他仕途不顺，几番落第。在绡山耦耕书院避暑读书期间，史震林建议敞开书院大门，广纳天下贤才。这年四月，史震林邀约朋友回乡游玩，偶见一婀娜女子手执畚箕外出倒脏物，他顿生疑问：一村之人，怎不认识？再看垃圾中的树叶上隐约写有一首首诗词，史震林便愈加惊奇：何来如此才貌双全的奇女子？经打听，他很快知道，这原来是一个家境贫困、忍辱负重、命运悲惨的小农妇，后又多次寻读到贺双卿的诗词，对她越发敬佩、同情至极。于是史震林主动探访贺双卿，写诗作词以示问候。孤独的贺双卿突遇知音，也欣然诗词唱和，但她熟读班超，知礼守节，往往发乎情而止乎礼，从不逾矩。史震林曾多次要帮贺双卿摆脱困境，都被婉言谢绝。贺双卿表示："田舍郎虽俗，乃能宛转相怜，何忍厌之，此生不愿识书生面矣！"

作为清代文坛名家，史震林写有《西青散记》《华阳散稿》《游仙诗草》等，可谓著述颇丰，但他对中国文学史最重要的贡献，却是发现并真实记录了农民诗人贺双卿。在《西青散记》中，他以贺双卿所吟诗词为主线，串起了一个个精彩动人的故事，真实记录了一代佳人的才高、色美、情幽、境苦、德贞以及凄惨悲凉的命运，从而使这位清代杰出女诗人没有被历史烟尘湮没，让后代的人们永远珍惜中国诗词苑里那一枝散发着山野泥土气息而独领艺术风骚的奇葩。

今天怀念贺双卿，在欣赏她于人生困境中迸发出来的绝世才华之外，美貌似乎并不重要。但是作为一个女人，其绝代姿容的确令人不忍忽略。出嫁之前，她的美丽已传遍乡野，"山中无有知其才者，第啧啧艳其容"。《西青散记》写道："双卿浣衣汲水娟然坐石，见之者称之神女。""双卿容止愈婉而整，目神清发射数十步，光彩欲流。"当年，史震林曾仰天长叹："才与貌至双卿而绝，贫与病至双卿而绝，天妒红颜，孰能奈何！"那番痛心疾首，怎一个情字了得？！

红颜虽美，奈何是薄命。昙花一现的凄美人生，留给人们的，却是弥足珍贵的诗词华章！有人将贺双卿流传于世的作品辑为《雪压轩词》，虽然只有寥寥十四首，但我们依然能读出这位农民诗人苦难的短暂人生和非凡的艺术才华。在笔者看来，即使在整部中国诗歌史上，贺双卿也应因其独特的存在享有重要一席。行文至此，唯有读一读她的作品，才是对芳魂最好的告慰：

  赠史震林

  终日思君泪空流，长安日远，一夜梦魂几度游。堪笑辛苦词客，也学村男村女，晨昏焚香三叩首。求上苍保佑，天边人功名就，早谐鸾俦。应忘却天涯憔悴，他生未卜，此生已休！

孝 庄

迷雾重重的前清政要

清圣祖康熙二十六年（1687年）十一月，康熙亲率满朝文武徒步至天坛，为重病中的祖母祈福。在诵读祝文时，康熙涕泪横流："忆自弱龄，早失怙恃，趋承祖母膝下，三十余年，鞠养教诲，以至有成。设无祖母太皇太后，断不能有今日成立，罔极之恩，毕生难报……"这位让康熙满怀敬重、不惜以减己寿而延其寿的祖母，就是大名鼎鼎的孝庄文皇后。

历史上的孝庄，名字叫博尔济吉特·布木布泰，是科尔沁蒙古贝勒寨桑的二女儿，一位草原上长大的绝色贵族美女。科尔沁蒙古归附后金政权后，寨桑采取嫁女联姻的手段巩固政治联盟，十三岁的布木布泰，就这样嫁与皇太极为侧福晋，受封后按不同时期分别称庄妃、孝庄后、皇太后等，先后辅佐皇太极、顺治、康熙三位皇帝，是稳固前清政治、奠定大清基业的女强人，历史功勋不容忽视。

尽管清史中没有她参与政治的半点记载，但关于她作为前清政治要人甚至政治核心的评价，几乎是异口同声。绝代风华已成为永远的回忆，但她身后留下的太多的未解之谜却无法烟消云散。无论在官方还是在民间，孝庄一直都是被关注、谈论的热点人物，她的生前身后事让人们念念不忘，久久猜疑。

本文围绕孝庄留给我们的三大谜团，和读者一起分享这位杰出女性不平凡的人生。

一是劝降洪承畴。松锦之战失败后，时任兵部尚书、蓟辽总督的洪承畴因叛将献城被俘，押于盛京。皇太极深知洪承畴乃一代英杰，爱才心切，意欲留用，动员包括名士范文程在内的多方力量前去劝降，但均未奏效。这个铮铮铁汉粒米不食、滴水不饮，并对皇太极骂不绝口，唯求速死。一日，忽有一股奇香扑鼻而来，这让久困囚牢的洪承畴精神为之一振，微微张开双眼，洪承畴发现面前竟站着一位貌若天仙的满洲贵妇，但见她身材窈窕、云鬓高耸，移步处杨柳依依，对视间桃花隐隐，洪承畴顿时不知所措。妇人动情地说："听说洪将军有年过花甲的老母，你若走了，谁来孝敬她?听说洪将军闺房中有结发的妻子,偏房中有娇美的爱妾,你舍得让她们独守空闺吗?"洪承畴听后酸楚万分,一言不发。接着,妇人从随身带来的竹篮中取出一把玉壶、两只酒盅,斟满后说:"洪将军已决心一死,我不敢让洪将军坏了名节,这是送行酒,请将军饮下。"洪承畴沉默良久,一口喝了下去,谁知这不是酒,而是特意熬制的人参汤。妇人以手按住洪承畴的双肩,柔声说道:"洪将军已数日未进饮食,身子虚弱,再多饮几杯吧!"如遭电击的洪承畴,内心一股暖意涌起,他突然发现,活下去是多么重要,于是,倔强的英雄紧紧握住了美丽妇人的玉手。

这个以温情的细节将洪承畴从死亡边缘拉回来的妇人,正是皇太极宫中的当红妃子庄妃。一碗人参汤不可能让一代名臣归顺异族,但一条美人计却在古今中外屡试不爽。至于堂堂大清的皇妃怎么能随便委身他人,这和历史上满蒙部族在对待两性关系上的观念、风俗不无关系。在那些充满生机与活力的部族中,如果一位女性能够把一个英雄收服过来的话,不但不会受到族人的鄙视,相反,她会像英雄一样受到大家的爱戴与尊敬。

据记载,先是范文成功降洪承畴,发现洪承畴连衣服上沾了尘土都很在意,后来皇太极亲自去劝降,将自己的貂皮衣服给他穿上,洪承畴深受感动,最后投降了。相对来说,另一种野史的说法更可信。据说洪承畴被俘后,绝食九日,只求速死。皇太极见劝降无效,又爱惜他是一个人才,就将他放了。但在洪承畴入关途中,遇见了一个家中的仆人,这位仆人告诉他:现在明朝上下都以为他已战死,如果他活着回去,而"所统三军俱没,地方俱失",明朝会对败军之将施以严惩。朝廷定会问罪,到时死的就不是他一个人了,他的家族都将受到牵连。洪承畴进退两难,犹豫再三,决定返回盛京,归降皇太极。

究竟是不是孝庄劝降了洪承畴,她和洪承畴究竟有没有暧昧关系,都无确切答案。

二是下嫁多尔衮。孝庄下嫁这个事只是历史上的一个传说,其实并没有史料根据。话要从太宗崇德八年(1643年)说起。是年,戎马一生的皇太极突然驾崩,因为生前没有指定皇位继承人,激烈的王位争夺战迅即在长子豪格与弟弟多尔衮之间展开。按照世袭惯例,子承父业理所当然,可按照能力威望,弟继兄位势在必行。最后,在亲王和大臣会议上,多尔衮拒绝了拥护者对自己的推举,提出由年仅六岁的皇太极的九子福临继位,此建议获得各方认可,从而避免了在明王朝灭亡前夕的重要时刻,清王朝内部的自相残杀。几个月后,多尔衮抓住时机,一举灭掉明朝,并将幼帝福临迎到北京,清朝从此入主中原,同时多尔衮以摄政王身份总揽朝纲。再说孝庄太后。她利用自己的政治智慧培育顺治帝福临,教他兢兢业业治国理政,可是不久之后顺治摆脱帝位羁绊,爱大清江山更爱董鄂妃,让孝庄大为失望。后来董鄂妃因为感染天花香消玉殒,顺治也深受打击逐芳而去,把大清帝国交给了年仅八岁的玄烨。孝庄太后无奈把全部的心思和精力都用到了培养孙子玄烨的身上,终为大清培养出了强悍有为的康熙大帝。

清世祖顺治七年(1650年),三十九岁的多尔衮在塞外打猎时突然病发不治,灵柩回京时,顺治亲率诸王、大臣出城恭迎,并以皇帝规格安葬。次年又追封多尔衮为诚敬义皇帝。但很快有人告发多尔衮生前曾谋篡帝位,诸王纷纷响应,群起攻击。于是,刚刚亲政的顺治下令将多尔衮削去爵位,撤出宗庙,没收家产,平毁陵墓,使多尔衮一夜之间从巅峰跌入谷底。直到一百多年后,乾隆才为多尔衮平反昭雪,他称赞多尔衮"抚定疆陲,一切创制规模皆所经画,寻即迎世祖车驾入都,定国开基,成一统之业,厥功最著"。

从多尔衮一生特别是死后即遭清算的史实看,若太后下嫁,谁又敢在多尔衮尸骨未寒的时候出来陷害于他?野史传闻孝庄下嫁,主要依据是顺治在位期间,曾经以"皇父"尊称多尔衮,似有嫁娶事实。其实多尔衮的称号有一个演变的过程。清人关以后,清世祖顺治元年(1644年),多尔衮被册封为"叔父摄政王";清世祖顺治二年(1645年),礼部采纳御史进谏,改封多尔衮"皇叔父摄政王";清世祖顺治五年(1648年),经大臣集体讨论,再次改封多尔衮为"皇父摄政王"。至于年仅六岁的福临怎么能出人意料地继承皇太极留下的宝座,那只能说孝庄作为政治人物韬略非凡,能乱中取胜。毕竟,这是一个左右朝政达半个世纪之久的非同寻常的女人。

太后下嫁没有任何记载,至于叔嫂之间有没有私情,那只能说是谜中之谜了。

三是长眠昭西陵。

清圣祖康熙二十七年(1688年),七十五岁高龄的孝庄太后与世长辞，临终前特意嘱咐康熙："太宗文皇帝梓宫安奉已久，不可为我轻动，况我心恋汝皇父及汝，不忍远去，务于孝陵近地择吉安厝，则我心无憾矣。"康熙一向对自己的老祖母尊崇有加，自然不敢违背，就没有安排合葬，而将她生前所居住的慈宁宫拆迁移建到孝陵附近，改称"暂安奉殿"，停柩其中。直到三十八年后，即雍正三年（1725年），孝庄太后的陵位才由曾孙胤禛安置在了清东陵风水墙外的地宫内。因为孝庄的陵在皇太极昭陵的西面，所以叫"昭西陵"。

孝庄太后之所以不愿意去盛京，原因主要有三个：一个是皇太极死得早，孝庄太后与其夫妻情感终归有些模糊，再说那边还有孝端皇后，自己不去也罢。再则，孝庄大半辈子是在北京城度过的，顺治和康熙两个人在她生命当中的重要性不言而喻，与朝夕相处的子孙分开，情感上实难割舍。最后一个就是为百姓考虑，盛京路途遥远，葬于盛京势必劳民伤财，还是算了。总的来说，这是一个经过深思熟虑的决策，合情合理。

有人拿这个事作为孝庄下嫁多尔衮、羞见皇太极的佐证，似乎也不属无稽之谈。无论如何，当年这一不同寻常的举动，为后世留下了一个问号，至今无解。喜欢探究真相的我们会感觉到，历史原来如此魅力无穷！

陈端生

才华绝代身名埋没的钱塘作家

国学大师陈寅恪先生在晚年时曾深入研究过一部籍籍无名的文学作品，并写出近八十页的长篇论文竭力推崇这部作品的文学价值，称其为"叙事言情七言排律之长篇巨制"，艺术成就不在杜甫的七言排律之下，甚而可以和希腊、印度著名史诗媲美。年近古稀的郭沫若惊讶于陈寅恪"高度的评价"，他"怀着补课的心情"通读这部作品，"感受到在十几岁时阅读《水浒传》和《红楼梦》时的着迷"，进而赞为"杰出的作品"，把它和《红楼梦》相提并论，称作"南缘北梦"。这部文学作品就是清代钱塘女作家陈端生的《再生缘》。

《再生缘》描写的是元代女子孟丽君与恋人皇甫少华有情人终成眷属的故事。后经多种民间戏曲演绎，女扮男装、状元及第、被封驸马、官至宰相的孟丽君，在中国可谓家喻户晓。

陈端生出身于浙江钱塘的一个官宦人家。祖父陈兆仑在朝为官，同时也是一位思想开明的文学家，曾写《才女论》一文，把女性的文化修养提到了有用的地位。父亲陈玉敦是乾隆时的举人，曾任山东登州府同知、云南临安府同知。母亲汪氏亦为知书达理的大家闺秀，极有文学修养。陈端生自幼在浓厚的文化氛围中耳濡目染，加上她聪颖好学，从小就擅长诗文，文采斐然。更值得一提的是，因为母亲来自远离传统文化的云南边陲，思想较少受拘束，而江南一带经济繁华，商贸氛围浓厚，世风也比较开明，所以陈端生在宽松的环境里长大，思想比较自由，她后来审视社会就少有传统约束，能够畅其所想，大胆提出对封建传统叛逆的观念。陈寅恪先生在他的《论〈再生缘〉》中说："端生此等自由及自尊即独立之思想，在当日及其后百余年间，俱足惊世骇俗，自为一般人所非议。"

陈端生的祖父长期在京城做官，后来父亲也供职京城，陈端生随全家在北京生活。十八岁开始，待字闺中、生活闲适的她集中精力撰写七言排律诗《再生缘》。她写得非常勤奋，常常挑灯夜战，数月时间就写完前八卷。陈端生说她在天气寒冷的冬天依然惦记着写作："仲冬天气已严寒，猎猎西风万木残。短昼不堪勤绣作，仍为相续《再生缘》。"又说："书中虽是清和月，世上须知岁暮天。临窗爱趁朝阳暖，握管愁当夜气寒。"她之所以那么努力地写作，完全是被按捺不住的写作冲动驱使。写作冲动来的时候，作家自己想挡也挡不住，像是有神助似的。古今中外的名著大概都是这种冲动的产物，光靠后天勤奋努力是不行的。当时的写作过程非常愉悦，陈端生描述道："姊妹联床听夜雨，椿萱分韵课诗篇。隔墙红杏飞晴雪，映榻高槐覆晚烟。午绣倦来犹整线，春茶试罢更添泉。"

次年八月，父亲调任山东登州府，全家都跟随前往。登州府治所在就是今天的山东蓬莱，"地临东海潮来近，人在蓬山快欲仙。空中楼阁千层现，岛外帆樯数点悬"。美丽的自然风光、动人的神话传说、优越的官府生活，让陈端生感到生活无比舒适与惬意。她的创作也如至高潮期，七个月时间，她就完成了第九卷到第十六卷的创作。

陈寅恪先生推测陈端生勤奋写作可能和她母亲身体不好有关。她的写作是没有功利性的，当时的读者只有母亲和妹妹。正如她所说的："芸窗纸笔知多贵，秘室词章得久遗。不愿付刊经俗眼，惟将存稿见闺仪。"她想赶在母亲离开人世前将书写完。在第十六卷写完不久，母亲便病故了。

陈端生姐妹对母亲是十分依赖的，她们不仅在生活上靠母亲的呵护照顾，更重要的是姐俩的才华也全赖母亲的督课之功，更何况她们在文学艺术上的知音就是母亲。人生在世，最沉重的打击莫过于失去知音般的母亲，可能是心情极度悲痛，陈端生暂时搁笔停止了创作。

第二年，父亲离任，二十岁的陈端生随家人返回杭州老家。不久，她敬慕的祖父也去世了，家中的不幸与变故使她无心继续写作。三年后，陈端生嫁与祖父好友范璨之子范菼为妻。范璨是雍正年间的进士，曾任湖北巡抚、安徽巡抚、资政大夫、工部侍郎等高官。陈端生的婚姻也算是门当户对，夫妻之间情投意合，幸福美满。陈端生在幸福美满中吟道："幸赖翁妇怜弱质，更忻夫婿是儒冠。挑灯伴读茶声沸，刻竹催诗笑语联。锦瑟喜同心好合，明珠早向掌中悬。"

沉浸在幸福婚姻中的陈端生日子如春水荡漾，夫唱妇随，生儿育女，没有再动笔写作。

丈夫范菼尚未中举，考取功名自然是家族赋予的大事。陈端生说："亨衢顺境殊安乐，利锁名缰却挂牵。"乾隆四十五年（1780年），顺天乡试中发生了一场当时影响颇大的科场舞弊案，范菼竟然也牵连其中。乾隆下诏重罚七个案犯。主犯陈七判绞监候，包括范菼在内的其他六人则被发配到新疆伊犁服役。陈端生痛苦地吟道："一曲惊弦弦顿绝，半轮破镜镜难圆。失群孤雁斜阳外，羁旅愁人绝塞边。从此心伤魂杳渺，年来肠断意犹煎。未酬夫子情难已，强扰双儿志自坚。日坐愁城凝血泪，神飞万里阻风烟。"

夫君流放那年，陈端生二十九岁。丈夫一去十年，其间他们再也没有见过面。

那边范菼服役新疆，这边陈端生名声渐起，《再生缘》前十六卷的手抄本刚在社会上流传开去，便风靡一时，"惟是此书知者久，浙江一省遍相传"。母亲去世十二年、丈夫被流放四年后，陈端生开始续写《再生缘》。这十二年的停笔，正像她说的"悠悠十二年来事，尽在明堂一醉间"。"明堂一醉"是指郦明堂（孟丽君）的性别引起宫中怀疑，被灌醉了酒，正要脱靴查验其是否小脚，惊险之际，故事却停了，而且一停就是十二年。这十二年的时间空白，填满了女作家的悲欢离合、辛酸凄苦。都云作者懒，谁解其中味？所以陈端生忍不住地长吁短叹。

虽是续写，此时的写作心境和生活环境都已经大变，正如她自己说的，"仆本愁人愁不已，殊非是，拈毫弄墨旧如心"。《再生缘》共二十卷，她写完第十七卷后，未料父亲病故、爱女夭折，诸多的痛楚和悲凄使陈端生身心憔悴，一病不起。嘉庆元年（1796年）冬，丈夫范菼大赦回来，来不及感受"夜阑更秉烛，相对如梦寐"的悲喜交集，在病痛的折磨中，四十六岁的陈端生带着绝世才华撒手人寰，给读者留下了一部神龙无尾的弹词著作。约三十年后，后面的三卷由另一女作家梁德绳续稿完成。

《再生缘》之所以受世人关注，第一是因为主人公孟丽君的传奇故事，她用特殊的方式颠覆了传统的性别观念和女性社会身份观念。而且这样的观念突破是由女性作家完成的，这更为作品的社会意义和思想价值添加了一层特殊色彩，有学者专门从现代女性主义的视角对其进行深入研究。第二是因为故事的叙事方式非常特别。故事情节安排紧凑，环环相扣，高潮迭起，悬念不断，跟相对缓慢和松散的中国传统小说迥然不同。

  杭州西子湖畔，自古风流佳地，人文底蕴丰厚。柳浪闻莺公园斜对面，有一处名为"勾山樵舍"的旧式院落。当年，文章宗匠陈兆仑择此筑宅，并以自号勾山命名，孙女陈端生就生长在这里。与陈端生声名寂寂一般，这个小院以石砌高墙为屏障与市声隔开，颇是僻静。1961年，郭沫若先生专访"勾山樵舍"，留下"莺归余柳浪，雁过胜松风。樵舍勾山在，伊人不可逢"的叹惋，表达了对钱塘女作家深深的怀念与敬仰。

吴 藻

前生名士今生美人

　　封建礼教下的女子，大凡摆脱平庸者，多是为追求爱情而不顾一切，这往往能够得到世人谅解；也有不忍公婆丈夫欺压蹂躏奋起抗争者，一般能够得到世人支持；也有不爱红装爱武装保家卫国的巾帼英雄，当然能够得到世人赞赏；也有公然藐视礼教呼唤独立和自由的女子，却很难得到世人理解。但时间越久，当年那些不为世人理解的女子之可贵越容易让人为之动情。

　　于此，清代女诗人吴藻是一个意义非同寻常的存在。她左手女儿彩笔，右手名士青毫。时而春花秋月，满是儿女情调；时而汪洋恣肆，一派壮士胸襟。她的诗词作品和她的真实生活都浸透了"双性"风格特质。

　　最有代表性的事件是，女扮男装的吴藻，觥筹交错间和青楼女子玩起了眉目传情的游戏。据说，有位歌妓还喜欢上了吴藻，而吴藻也不道破，还赠了她一首情诗："一样扫眉才，偏我清狂，要消受玉人心许。正漠漠烟波五湖春，待买个红船，载卿同去。"一首清丽之词竟让歌妓春心萌动。她哪里知道，眼前这个骨骼清瘦的男人原本是个大才女，她又怎知，"待买个红船，载卿同去"，不过是这个幻想成为名士的才女的向往。

　　也许这样的事情只有吴藻能做得出。她相信东晋王恭关于成为名士的三个条件：常无事、痛饮酒、熟读《离骚》。可她做到这些后却依然不能成为名士。于是在杂剧《饮酒读骚图》中，吴藻塑造了不爱红装、面对饮酒读骚自画像豪饮痛哭的谢絮才。她借谢絮才之口，说出了心中的错位："百炼钢成绕指柔，男儿壮志女儿愁。今朝并入伤心曲，一洗人间粉黛愁。我谢絮才，生长闺门，性耽书史，自惭巾帼，不爱铅华。""自惭巾帼"四个字，道出了无奈。

　　吴藻出身于富甲一方的商贾之家，又是家里的独生女。她的父亲虽然不通文墨，但思想开明，敬仰学问，希望女儿能博学多才，修身养性。于是遍请名师教授吴藻琴棋书画、诗词歌赋。吴家又和当时浙西词派的中坚人物厉鹗毗邻而居，这使得聪颖机敏的吴藻自幼便得到了良好教育，等到及笄之年，已是出类拔萃的小才女。少女时代的她曾经填过一首《如梦令》："燕子未随春去，飞入绣帘深处，软语话多时，莫是要和侬住？延伫，延伫，含笑回他不许。"可见才情实在过人。

年龄渐长，吴藻不但出落得花容月貌，而且饱学多才，诗词才艺远近无人匹敌。吴藻在拥有过人才华的同时，也拥有了曲高和寡的寂寞。她的词作中经常流露出无可奈何的惆怅："小令翻香词太絮，句句愁人，句句愁人处。"诗词创作上无人唱和，婚姻大事上也难觅如意郎君。才女的眼里自然容不得庸俗男儿。到了婚嫁年龄，众多求婚者都不能令她心动。如此一来，即便家境优越，容貌清丽，高傲的吴藻也只能待字闺中。

爱情最终也没有以吴藻渴望和憧憬的形式叩门。二十二岁那年，架不住父母的软磨硬劝，吴藻很不情愿地嫁给了同城一位姓黄的年轻商人。黄家是有名的丝绸富商，与吴家也算是门当户对。唯一遗憾的是，黄公子只擅经商，不通文墨。但他特别仰慕妻子吴藻的才情，对她百般宠爱，诸事顺从，甚至特意为她布置了一间整洁宽敞的书房，供她读书作词。按常人眼光，吴藻的婚姻也算美满。但对吴藻来说，她需要的不是富足闲适的太太生活，而是一个可以与她进行心灵对话的知音，无人与共，情感孤寂，那是人生最大的悲哀。

有一首《祝英台近·曲栏近》最能代表吴藻婚后的心境："曲栏低，深院锁。人晚倦梳裹。恨海茫茫，已觉此身堕。那堪多事青灯，黄昏才到，更添上影儿一个。最无那，纵然着意怜卿，卿不解怜我。怎又书窗，依依伴行坐。算来驱去原难，避时尚易，索掩却，绣帷推卧。"

其实吴藻有点冤枉了丈夫。他虽然不懂得诗词歌赋，但他懂得这是高雅之事。更何况他还认定妻子非一般女子，不能用常规礼节来约束她，而是鼓励她多与诗词朋友交往。今天想来，婚后的吴藻真是幸运。在丈夫的支持下，她慢慢走出自己的小天地，结识了一些骚客雅士。

当时的江南，社会风气开化，女子学诗蔚然成风。性灵派掌门袁枚首开招收女弟子先河，随园女弟子成为中国历史上女性创作的群体奇观。当时吴藻家乡有个名叫陈文述的学者，也学袁枚招收女弟子，吴藻便借机投其门下。通过陈文述，吴藻结交了一批与自己志同道合的才子才女。文人性情无拘，自然少不了诗词唱和，觥筹交错，品丝竹管弦之乐，赏曲水流觞之欢。在这样的圈子里，吴藻如鱼得水，闲愁余恨渐渐消散，整个人变得开朗活泼。她的诗词影响迅速扩大，在当地引起极大轰动，被誉为"当朝柳永"。

然而吴藻的内心深处依然苦闷。毕竟她没有找到真正的爱情，只是一味沉浸在自己的幻想中。世俗的社会里永远不缺流言蜚语。身为女性的吴藻常常与男士一起远行郊游，出画舫，入茶楼，进酒肆，自然引起了闲人的口舌。这种痛苦更让吴藻对生活充满压抑之感，渐渐地，她开始对自己的女性身份产生不甘。吴藻索性卸去金钗红裙，换上儒巾长袍，更加肆意地从事社会交往活动，甚至像男人一样进青楼妓院寻欢作乐。

丈夫给了吴藻充分的自由空间，使得吴藻越发无所顾忌。她甚至用慷慨悲昂的笔锋直抒胸中不平，同自己的性别决裂："生本青莲界，自翻来、几重愁案，替谁交代。愿掬银河三千丈，一洗女儿故态。收拾起、断脂零黛。莫学兰台愁秋语，但大言、打破乾坤隘。拔长剑，倚天外。人间不少莺花海，尽饶它、旗亭画壁，双鬟低拜。酒散歌阑仍撒手，万事总归无奈。问昔日、劫灰安在？识得无无真道理，便神仙、也被虚空碍。尘世事，复何怪？"对世事的不平和对性别的不平在这首词里两相激荡。

吟诗作词、放浪形骸的时光匆匆，不觉十余年过去。人生常有转折，未料丈夫因一场急病突然离世。吴藻起初并未觉出有多大悲痛。可慢慢地，有种莫名的孤独感日益强烈起来，悄悄改变着她的生活。那个羡慕仰慕自己的丈夫，那个关爱溺爱自己的丈夫，那个宽容纵容自己的丈夫，哪里去了？虽然他不会作诗填词，但他却一直坚定不移地站在自己身后。习惯锦衣玉食、远离世俗红尘的吴藻，突然独自面对生活的时候，才发现丈夫的存在是多么重要，才理解丈夫默默地付出了多少。世界上有很多东西，往往失去了才知道珍惜。于是，她的词作中开始出现了丈夫的身影："门外水粼粼，春色三分已二分。旧雨不来同听雨，黄昏，剪烛西窗少个人。小病自温存，薄暮飞来一朵云。若问湖山消领未，琴樽，不上兰舟只待君。"

一切都已错过，留下来的只能是悔恨。只有三十二岁的吴藻，开始收敛起性情，告别尘世喧嚣，反思自己的生活。她感觉似乎走到了生命的深秋，接下来的日子，都应该归于平静。于是，她自我封闭，矢志守节，独身移居到人迹稀疏的南湖僻静处，筑"香南雪北庐"，赏花阅草，青灯黄卷，拒绝外界任何打扰。幽居中，她将自己的词作一一整理出来，编成了

《花帘词》和《香南雪北词》两本集子,分别收录她三十岁之前和之后的诗词作品。

此后,吴藻虽文名远播天下,却仍然静静地守着南湖,看花开花落、云卷云舒。清同治元年(1862年),六十三岁的才女走完了非同寻常的生命旅程,皈依禅宗以终。三十一年的幽居生活是这样过来的:

> 一卷离骚一卷经,十年心事十年灯,芭蕉叶上几秋声!
> 欲哭不成还强笑,讳愁无奈学忘情,误人犹是说聪明。

沈　寿

十指春风一代绣圣

中国是刺绣的故乡，各类地方名绣多达几十种。作为中国第一绣的苏绣，已有两千多年历史，三国时吴主孙权之赵夫人，擅长刺绣，时人赞为"针绝"；被选送入宫的薛灵芸，更是妙于针工，在曹魏宫中获号"针神"；宋代刺绣已具相当规模，在苏州就出现了绣衣坊、绣花弄、滚绣坊、绣线巷等生产集中的坊巷。明清以来，江浙一带商品经济萌芽，手工作坊遍地开花，苏州丝织业一度繁荣兴旺，刺绣之乡苏州孕育了一代艺术大师沈寿，从此苏绣名扬天下，饮誉中外。

心灵手巧的沈寿，清同治十三年（1874年）出生于苏州吴县一个儒商家庭，父亲曾做过官，也开过古董店经营字画玉器。沈寿七岁弄针，八岁独自刺绣，十五岁绣艺已誉满苏州。二十岁那年，她与才华横溢的书画家余觉结为夫妻。两人一个绘画，一个刺绣，每日在家中一起读书、研究刺绣针法。正是在丈夫的引导和启发下，沈寿开始探索以书画的境界和质感来追求刺绣技艺突破的方法。

沈寿原来有一个江南女子秀丽的名字——云芝，"寿"字的来历有一段故事。慈禧太后七十寿诞那年，朝廷下令各地要为老佛爷准备寿礼。赴京赶考的余觉，刚好用这个机会，精心挑选了沈云芝绣的几幅佛像，想方设法带进紫禁城敬献。慈禧老佛爷观赏各地进贡的寿礼，最终目光停留在那几幅光彩夺目的刺绣上，许久都没有离开。仔细端详后，慈禧甚是喜欢，对从苏州来的礼物大加赞赏，赞其是"绝世神品"，赐"寿"字给沈云芝，命沈寿绣品为"宫廷绣"。至此，江南绣娘沈云芝改名沈寿，苏绣成为国绣。

不仅如此，后来慈禧还下令成立了女子绣工科，专门任命沈寿为总教习，从此沈寿的绣名迅速闻名天下，沈寿成为我国历史上第一个朝廷绣品女官。

沈寿在刺绣中以油画、照片和自然界的物体为对象，吸收西洋油画的用光、用色和明暗关系的手法，以针代笔，以线带色，首创了"仿真绣"。

"仿真绣"用中国传统的刺绣针法和绣线来表现西方艺术，为典型的中西方相结合的艺术表现形式，它的传神、写实、逼真是其他刺绣不能比拟的，在中国刺绣史上具有划时代的意义。2007年3月，仿真绣被列入江苏省第一批非物质文化遗产名录，2008年6月，被列入第一批国家级非物质文化遗产扩展项目名录。

荣耀的背后，常常是非同寻常的代价。一个旧时代的女子，虽然凭借自身技艺名垂青史，但她所承受的压力与苦难却是鲜为人知的。

事情与两个男人有关，一个是她的丈夫余觉，另一个是主张"实业救国"的著名实业家张謇。

先说余觉。余觉原是沈家的邻居，倾慕沈寿才貌，为娶沈寿发奋读书，后来如愿中举。沈寿的"绣圣"桂冠也有余觉的功劳。他经常陪同沈寿研究刺绣，从构图设计、意境表现等艺术层面出谋划策。由于刺绣需要久坐，加上自幼用功，沈寿的身体一向不好，据说沈寿曾为了赶制绣品操劳过度而不幸滑胎，从此落下了病根。日复一日，沈寿也形成了清心寡欲的性格，本来相亲相爱的夫妻关系也慢慢产生了微妙的变化，余觉为了传宗接代连纳两妾，更使沈寿伤心欲绝。

再说张謇。张謇是南通才子，晚清状元，实业家、教育家，主张实业救国，可以说他是沈寿生命中的贵人。如果不遇张謇，沈寿也许就不会创造出中国刺绣史上的传奇。两人的缘分始于1910年清政府在南京举办的南洋劝业会，当时张謇就一幅存疑绣品请教之前未曾谋面的沈寿，未料绣品刚一展开，沈寿即果断鉴为真品，遂给张謇留下深刻的印象。

南京别后，张謇的脑海里再也抹不去江南才女沈寿的情影。从情感上说，张謇虽然妻妾成群，但似乎没有一个是他的高山流水，如今沈寿来了；从事业上说，张謇要弘扬中国刺绣艺术，以实业报国，需要一个通晓绣艺的人助一臂之力，如今沈寿来了。于是张謇在家乡南通着手创办了中国第一所纺织专业学校，聘请沈寿出任女工传习所所长。

1911年，意大利都灵开世博会，三十七岁的沈寿将仿真绣作品《意大利皇后爱丽娜像》作为国礼赠送给意大利，这件作品是沈绣第一次牵手国礼。博览会上，这件将西洋画法、光影手法与中国传统绣法融为一体的国礼作品，一举夺魁，荣获最高荣誉奖，轰动意大利。意大利皇后赞誉沈寿是"世界第一美术家"，对其作品爱不释手，并亲自致函清政府，称赞中国苏州刺绣巧夺天工，酬谢两万元意币不说，还颁赠了嵌有皇家徽章的钻石金表一块。消息传出后，各国报纸竞相登载，沈寿因此享誉海外，开我国传统刺绣艺术一代新风，也成为中国第一位走出国门的女艺术家。1915 年，沈寿的刺绣作品《耶稣像》走进了美国旧金山，再次走上了世博会。这幅《耶稣像》是沈寿抱病赶绣的，采用了上百种精心染就的丝线，人物肤色肌理的质感犹如天成，再加上绝妙的"滚针"技法，这幅作品最终技惊四座，艺冠五洲，摘得世界金奖桂冠。

人到中年，沈寿不幸罹患胃癌，身体每况愈下，张謇四处寻访名医为其救治。生命垂危的沈寿，想到一生绝艺将随之而去，不免黯然垂泪。张謇猜中她的心事，提议她编写一本绣谱，将绣艺绝活留存下来。于是，在沈寿临终前一个月，一个花甲之年的状元握笔榻前，一个气若游丝的绣娘娓娓叙说，张謇和沈寿完成了一次流芳百世的合作，为我国刺绣艺术留下了一部传世之作《雪宧绣谱》，这是中国刺绣史上第一部最完整、最全面、最实用的工具书。

《雪宧绣谱》的成书过程，时间短暂但艰辛异常。作品融进了两个人生知己的真情、激情和恩情。你述我记，朝伴夕陪，对沈寿原有的暗恋与倾慕在张謇内心与日俱深。他曾以《谦亭杨柳》一诗直抒胸臆："记取谦亭摄影时，柳枝宛转绾杨枝；不因著眼帘波影，东鲽西鹣那得知。"再有："杨枝丝短柳枝长，旋绾旋开亦可伤；要合一池烟水气，长长短短覆鸳鸯。"才情满腹的沈寿岂能不知张謇的一片深情？多少年来，丈夫余觉薄情远离，沈寿深感事业和情感孤无所依。幸有张謇鼎力支持，自己才能在人生之路上春风盈怀，在艺术之路上越走越宽，知遇之恩怎能忘记？但毕竟身为有夫之妇，品端志洁的沈寿强抑心绪，自梳青发绣出张謇手迹"谦亭"，含蓄地表达内心深处的情感纠结，并含泪和诗以致婉谢。一为《咏柳》："垂柳生柔荑，高高复低低。本心自有主，不随风东西。"一为《咏鸳鸯》："人言鸳鸯必双宿，我视鸳鸯尝独立；鸳鸯未必一爷娘，一娘未必同一壳。"张謇洞悉沈寿的苦心，此后再不提半个情字，只是默默殷勤陪伴在病榻前，直至沈寿撒手而去。

1921 年 6 月 8 日，年仅四十八岁的沈寿在南京病逝。老泪纵横的张謇伤精英之难得，痛奇才之早逝，撰挽联如下："真美术专家，称寿于艺，寿不称于名，才士数奇，如是如是；亦学诗女弟，视余犹父，余得视犹子，夫人为恸，丧予丧予！"临终前，沈寿将她毕生大部分绣作都留给了神交九年的张謇，而且做出了一个早已思虑成熟的决定：葬在南通，不入余家。按沈寿的遗愿，张謇将其安葬在能望见长江和苏南土地的马鞍山南麓，并亲书墓碑：世界美术家吴县沈女士之墓阙。之后，张謇离群索居，闭门谢客，一口气写出四十八首《忆惜诗》，缅怀那个与自己相互欣赏、相互倾慕、相互关怀、相互理解、相互支持的人生知音。

洪宣娇

扑朔迷离的太平之花

洪宣娇是个如雷贯耳的名字,她和太平天国一样,早已成为一段历史的醒目标记。

那段历史的背景脉络是:鸦片战争之后,清廷的腐败无能日益凸显,被迫割地、被迫赔款、被迫开放通商口岸,你方唱罢我登场,九州大地成为列强肆虐的舞台。老百姓身上的负担越来越重,民不聊生,怨声四起。于是,民间反清组织拜上帝会悄悄兴起,发展迅速,到1851年,教徒已达数万人之众。落第秀才洪秀全在广西金田村揭竿而起,竖起太平军大旗,建立太平天国,剑指腐败的清廷,中国历史上最大规模的农民战争由此推开波澜。此举顺应天下民心,太平军迅猛扩张,风卷残云般横扫清军八旗与绿营,不到三年时间,便建立了与清王朝隔江对峙的天国基业。

关于洪宣娇的故事,版本众多,内容迥异,却都绘声绘色,引人入胜。中国文人向来多是杜撰高手,经常把真实的故事搞得面目全非。当我们认真探究某个历史人物的命运的时候,必须学会去除干扰,让文学艺术远远走开。

由此,我们便可以直接走进广西桂平一个名叫紫荆山的乡村。本文的主人公洪宣娇就是这里的土著村姑。她父亲叫王权政,丈夫叫萧朝贵,也就是太平天国的西王。于是我们知道了洪宣娇本来的姓氏其实是"王"。当时萧朝贵和杨秀清都是一方势力的首领,为彼此联合相互认了干亲,杨秀清认萧朝贵的老婆王宣娇为妹子,王宣娇改名为杨宣娇。后来洪秀全等人揭竿而起,杨宣娇炮制洪秀全神话有功,被拉为洪秀全的亲妹妹,她又从杨宣娇变成了洪宣娇。

如果洪宣娇不改姓杨、姓洪,她也肯定不能继续叫"王宣娇",因为太平天国有苛刻的避讳制度,凡与尊者相同的姓必须改换,比如为避讳天王等诸王的王字,所有王姓皆改黄姓,洪宣娇的父亲就改姓为黄,洪宣娇若嫁给其他人,大约只能叫"黄宣娇"了。

二十世纪二十年代,史学家简又文回译了一本英语版《太平天国起义记》，这是太平天国后期领导骨干、洪秀全的堂弟洪仁玕1853年时在香港口述给瑞典人韩山文的太平军掌故，其中提到"男学冯云山，女学杨云娇"，并说明"杨云娇"就是萧朝贵的妻子。1932年，萧一山先生在英国伦敦找到1857年太平天国出版的《天父诗》，里面收录了一首"天父下凡教导先娇姑"的诗。尽管在可靠史料中无一处直接写出"洪宣娇"三个字，但这个"先娇姑"和杨云娇都是洪宣娇无疑。至于云娇、先娇与宣娇之别，有说是为了避讳太平天国领袖冯云山的名字，有说是音译讹传，还有说是对已故者的尊重，众说纷纭。

洪宣娇本是广西山乡的一个农家女子，一场腥风血雨把她推向了历史的前台。话要从洪宣娇的一个梦说起。1843年，冯云山深入广西山乡传教，发展拜上帝会会员。1847年，洪秀全到达广西紫荆山时，自称在十年前有梦相托，让他代表上帝拯救百姓。洪宣娇了解到她与洪秀全本是表兄妹关系，富有心机的她突然声称，在十年前也曾做过一个梦，一位神秘老人告诉她"十年后有人来此教人敬拜上帝，汝当遵从"，两个梦一拍即合，洪宣娇迅速成为具有重大影响力的核心人物，尤其成为会员中的女性标杆。与此同时，杨秀清、萧朝贵也因为洪宣娇进入了太平天国领导集团，取得天父、天兄代言权。

一个梦奠定了洪宣娇在拜上帝会中的梦幻角色，虽然太平天国没有给予她在这个农民王朝中相应的政治地位，但她错综复杂的关系网络，为太平天国领导集团内部提供了平衡。凭借自己的聪明才智，不甘平庸的洪宣娇要在这场波澜壮阔的风云际会中有所作为。可惜好景不长，洪宣娇很快因"无故逗高张""乱言"等罪名，被接连打压。金田起义之后，先是掌管军政大权的杨秀清对她进行压制，借天父名义，不许她那么张扬，授权萧朝贵等打洪宣娇六十大板，告诫她得到"天妹"的宗教名分已经足够，女人怎能参与政事！丈夫萧朝贵封建夫权思想浓厚，也借天兄名义，把"女学杨宣娇"改为"女学胡九妹"，女性标杆的身份也被剥夺，从此洪宣娇几乎销声匿迹。

在天京陷落时，洪宣娇的儿子萧有和跟着幼天王洪天贵福突围去了湖州，几天后在湖州病死，也并没有提他母亲一个字的下落。对于洪宣娇的下落，传说也纷纭得很。有说她和国舅赖汉英在太平天国灭亡后逃到香港安度晚年的，但赖汉英1853年底就死了，自然不会在1864年带洪宣娇去香港，这恐怕是无稽之谈；有说她在天京陷落时英勇牺牲或自杀的；还有一说是，天京城被攻破之日，洪宣娇乔装成民妇，随着逃难的人群到了上海，而后又辗转随同洋传教士远渡美国，在美国旧金山一带开业行医。但我猜想，她根本没活到天京陷落这一天——前面提到，1857年她已被太平天国官书称为"先娇姑"，也许早在这之前，她已经与世长辞了。

这个姓氏不明、归宿不详的女子，最早以洪宣娇的名字被世人广泛关注，是在太平天国灭亡四十多年后的事情。当时出现了一本内容介于传说附会与小说之间的《太平天国野史》，描写了一位名叫洪宣娇的太平天国女领袖。后来，广东《少年报》连载《洪秀全演义》，作者黄小配把洪宣娇塑造成了一名叱咤风云的女英雄；稍晚，蔡东藩推出《清史演义》，相关章节又把洪宣娇塑造为一个淫荡不羁的狐狸精；再以后，或正或反的各种描述、渲染，几乎都从这两部书里反复翻抄，直到今天。在一些描述中，洪宣娇不仅花容月貌，而且武艺高强，尤其深明大义，足智多谋，为了洪秀全、杨秀清和石达开的安定和谐殚精竭虑，还曾枪杀清军猛将，刀劈西洋大兵。百余年来，好事的中国人还给洪宣娇杜撰了不少情人，比如杨秀清、石达开、林凤祥，等等，没有任何史料佐证的故事野生野长，枝繁叶茂。女英雄也好，狐狸精也罢，无非是为了刺激人们的阅读欲望。真实的洪宣娇，生命昙花一现，早已长眠于黄土之下，哪管得尘世间风雨不歇。

傅善祥

太平天国的"女状元"

太平天国运动给历史留下了一个饶有兴趣的话题：它在思想意义与政治意义上的三大亮点——天朝田亩、资政新篇、开放科举，被后世学界一一否定。以土地问题为中心倡导社会改革的《天朝田亩制度》和最早提出发展资本主义的《资政新篇》，被定性为纸上谈兵的政治纲领，从未落地推行。至于在科举考试中开设"女科"、准予女子应考等进步政策，仅见于野史传说，于正史纯属子虚乌有。

于是，关于傅善祥的故事也成了待解之谜：她究竟是不是中国历史上唯一的女状元？

中国社科院图书馆收藏的《傅氏族谱》中，有这样一副歌咏傅氏历史名人的对联："学士科举列榜首，巾帼鼎甲第一名。"上联指清代秘书院大学士傅以渐，他在顺治年间曾经考取过进士第一名，此人为官清廉节俭，学者敬其为星岩先生；下联指清代太平天国恩赏丞相傅善祥，意思是说，这位金陵傅氏家族的女儿是中国历史上第一位也是唯一一位女状元。

长期以来，作为女状元的傅善祥一直是备受关注的历史名人。她本是南京城里一户书香人家的女儿，容貌秀丽，聪慧过人，喜读经史，自幼得到开明的父母的支持。可惜命运多舛。八岁那年，父母亲相继去世，家道迅速衰落。十三岁那年，她的哥哥将她送给遵照父命指腹为婚的李家。十八岁那年，小她六岁的丈夫患麻疹去世，傅善祥青春成寡。婆婆担心傅善祥难耐寂寞、行出不轨，败坏李家门风，便盘算把她卖入妓院换取银两。设若不出意外，南京城又将多出一个才华横溢的青楼名妓。

命运是一件很不可思议的东西，它并不掌握在自己的手里。尤其在社会动荡的大背景下，一个人为时代裹挟，命如不系之舟。1853年，洪秀全的太平军一路北上，浩浩荡荡杀进了南京城，改南京为天京。人生尴尬的傅善祥，毅然投奔了太平军。

两年多波澜壮阔的战争之后，太平天国与清王朝一南一北，隔江对峙。洪秀全以为，推翻清廷已经指日可待，便开始着手治理国家。曾经四次科举未第、深有科举情结的洪秀全，颁布诏书，开科取士，选拔贤才，并破例增加女科，允许女子参加考试，参与朝政。此破冰之举，令天下震惊，应试女子达二百多人。才华横溢的傅善祥，文章如锦，字字珠玑，脱颖而出，尤其是"三皇不足为皇，五帝不足为帝，惟我皇帝，乃真皇帝"的观点，令东王杨秀清虎颜大悦。"但见街头巷尾中，众口连呼傅状元。"不久，傅善祥被安排到东王府任"女侍史"，负责东王文件起草以及文献整理。因为傅善祥精明能干，又升任"簿书"，帮助批阅文件、书札，她成为东王杨秀清政务上的有力助手。天王洪秀全也对傅善祥欣赏有加，1854年3月破格任命傅善祥为"恩赏丞相"，位列州司座次，隶属天王府六部，主要职责仍旧是辅佐东王处理政务。

傅善祥以其特殊的身份，为太平天国的前期稳定与发展做出了贡献。一时间，女状元傅善祥成为天京炙手可热的人物，当时曾有"武有洪宣娇，文有傅善祥"之说。

傅善祥，这个太平天国的女状元又是什么结局？说法大概有五种之多。

其一，最为流行的说法是，身为东王府官位赫赫的女簿书，在韦昌辉血洗东王府的那天夜里，傅善祥未能幸免，死于北王屠刀之下。

其二，傅善祥在东王府恃才倨傲，恃宠而骄，曾讥讽天国文书文辞狗屁不通，骂诸首领猪狗不如。东王不悦，即以违禁吸食黄烟为罪，将傅善祥囚于狱中。傅善祥亲笔作书与东王，备极哀怜。大意是因批阅文件，夜倦吸了黄烟，如能释放，再图报效。东王怜之，遂释其罪。此后傅善祥得间逃去，东王派人四处寻找而不得，傅善祥下落不明。

其三，美貌多情的傅善祥有幸逃脱了天京事变这场劫难，但没有忘记东王的恩情。在洪秀全诛杀韦昌辉的事件中主动参战，组织东王府的残余人马与翼王石达开联合攻打北王府，为杨秀清复仇。后下落不明。

其四，天京事变中被北王韦昌辉下狱，后获洪宣娇营救，嫁于太平天国慕王谭绍光。后来谭绍光在苏州被手下加害的消息传到天京后，傅善祥忧郁而死。

其五，傅善祥与在东王府里从事文牍工作的何震川渐生了爱意，两人在太平天国运动失败后，双双隐姓埋名，住在上海的小里弄里，直至终老。何震川是广西柳府人，洪秀全在金田村起事时的檄文就是出自他的手笔。

一个著名才女的五种结局，既是命运的尴尬，也是历史的魅力。

秋 瑾

最好的同志秋女侠

谈起秋瑾,习惯地想到鲁迅先生的小说《药》,作品主角的名字叫夏瑜,跟秋瑾恰好暗合。革命先驱者在流血牺牲,愚昧麻木的群众却拿蘸血馒头治病。思想深刻的鲁迅先生不是随便下笔的,他在借此纪念推翻清朝政权、推翻数千年封建统治的第一批革命先驱者之一、他的绍兴同乡秋瑾。

秋瑾英姿飒爽,气宇轩昂,性格洒脱。她洒脱不羁的性情跟她宽松自由的成长环境有关。她祖籍浙江绍兴,生于福建闽侯。祖父、父亲皆为举人、官宦,母亲萧氏长于文学,思想开明,极富才情。秋瑾从小得到了良好的文学熏陶。"幼与兄妹同读于家塾,天资颖慧,过目成诵,为先君所钟爱。偶成小诗,清丽可颂。"习文更兼习武,秋瑾又跟擅长武艺的亲戚学习武术,拳法、棍术、剑术无一不能。陈去病曾在《鉴湖女侠秋瑾传》中赞道:"读书通大义,娴于词令,工诗文词,著作甚美。又好剑侠传,习骑马,善饮酒,慕朱家郭解之为人,明媚倜傥,俨然花木兰、秦良玉之伦也。"

思想独立、不拘旧制的秋瑾,没能躲过旧式婚姻。1894 年,父亲秋寿南转任湖南,结识了当地富商王黻臣,并把秋瑾许配给其子王廷钧为妻。在秋瑾后来的评价中,王廷钧是一个"无信义、无情谊、嫖赌、虚言、损人利己、凌侮亲戚、夜郎自大、铜臭纨绔之恶习丑态"集于一身的人。不和谐的婚姻终没有拦住秋瑾求知求新的步伐,她读书看报、广交名流、了解时事,眼界大开。秋瑾曾与唐群英、葛健豪情同手足,被誉为"潇湘三女杰";曾与谭嗣同的妻子李闰、桐城派著名学者吴汝纶的侄女吴芝瑛等往来密切。在新思想的冲击下,秋瑾开始"悲中国教育之不兴,国民之不振"。她表示"女子当有学问,求自立,不当事事仰给男子。今日志士昌言革命,吾谓革命当自家庭始"。于是,不顾丈夫王廷钧的反对,1904 年 7 月,秋瑾东渡日本。后来为立志革命,又恐株连家庭,秋瑾毅然和家庭诀别,断绝关系。

秋瑾真正成为革命者，是在走出国门之后。留学东京期间，秋瑾刚烈独立的性格、过人的社交才华，很快就赢得了广泛拥护，鲁迅、陶成章、黄兴、宋教仁、陈天华等留学生中的志士仁人都成为其挚友。1904年，秋瑾加入光复会；1905年，加入同盟会，并担任浙江分会会长；创办《白话报》，以提倡女权为己任，呼吁"女学不兴，种族不强；女权不振，国势必弱"。她以故居城外的鉴湖为名，自号鉴湖女侠，发表文章，抨击封建制度丑恶，宣传女权思想。湖南人陈范因为《苏报》案逃亡到日本，他带着两个妾，秋瑾就看不惯，千方百计帮助这两个妾独立，其中有一个后来参加革命。

那时候，中国女人都还在沉睡，秋瑾第一个醒来了，从她开始，中国有了真正意义上的女权运动。

1906年，因抗议日本政府颁布取缔留学生规则，秋瑾愤而回国，在上海创办中国公学。那年，十六岁的少年胡适成为这里的学生。1907年1月，以"开通风气，提倡女学，联感情，结团体，并为他日创设中国妇人协会之基础为宗旨"的《中国女报》创刊，秋瑾撰写发刊词，提倡女权，宣传革命。

因母丧回到绍兴的秋瑾应邀主持大通学堂校务。她并未教书，而是以学堂为据点，联络会党，准备起义。她秘密编制了光复军制，并起草了檄文、告示。1907年夏，时刻准备牺牲的秋瑾最终等来了她生命中最后的悲壮。6月26日，徐锡麟安庆起义失败；五天后，失败的消息传到绍兴；又三天后，清军包围大通学堂，秋瑾被捕。

英雄倒下了，然而英雄留下的一百五十多首诗词作品，句句铿锵有力，字字掷地有声，英才之气沛然，光芒永远不灭。少女时代的秋瑾曾写："柳荫深处啭黄鹂，芳草萋萋绿满堤。笑指谁家楼阁好，珠帘斜卷海棠枝。"诗作开阔明媚。甲午海战失败后，时年十七岁的秋瑾曾写："海气苍茫刁斗多，微闻绣幕动吴歌。绿蛾蹙损因家国，系表名流竟若何？"在婚姻的不幸中，秋瑾曾写："咏絮辞何敏，清才扫俗氛。可怜谢道韫，不嫁鲍参军！""本是瑶台第一枝，谪来尘世具芳姿。如何不遇林和靖？漂泊天涯更水涯。"寓居北京时，秋瑾曾写："小住京华，早又是，中秋佳节。为篱下，黄花开遍，秋容如拭。四面歌残终破楚，八年风味徒思浙。苦将侬，强派作蛾眉，殊未屑！身不得，男儿列；心却比，男儿烈！算平生肝胆，因人常热，俗夫胸襟谁识我？英雄末路当磨折。莽红尘，何处觅知音，青衫湿！"东渡日本时，秋瑾曾写："漫云女子不英雄，万里乘风独向东。如许伤心家国事，那堪客里度春风？"留日学习期间，秋瑾曾写："危局如斯敢惜身？愿将生命作牺牲。""拼将十万头颅血，须把乾坤力挽回。"回国遇到革命党人被捕时，秋瑾曾写："不惜千金买宝刀，貂裘换酒也堪豪。一腔热血勤珍重，洒去犹能化碧涛。"就义前五日，秋瑾再写："痛同胞之醉梦犹昏，悲祖国之陆沉谁挽！日暮穷途，徒下新亭之泪；残山剩水，谁招志士之魂？不须三尺孤坟，中国已无干净土；好持一杯鲁酒，他年共唱摆仑歌。虽死犹生，牺牲尽我责任；即此永别，风潮取彼头颅。壮志犹虚，雄心未渝，中原回首肠堪断！"

秋瑾遇难后，她的生前好友吕碧城、吴芝瑛设法将其遗体偷出来掩埋。1908年，吴芝瑛将其遗骨迁葬杭州西湖西泠桥畔。1909年秋，因朝廷逼令迁墓，其子王源德将秋瑾墓迁至湘潭昭山。1912年，经湘、浙两省商定，在长沙建秋瑾烈士祠，在杭州原墓地复葬遗骨。孙中山先生曾专程拜谒西泠桥畔的秋瑾墓，留下题词"鉴湖女侠千古巾帼英雄"，并题挽联："江户矢丹忱，感君首赞同盟会；轩亭洒碧血，愧我今招侠女魂。"临别之际，孙中山先生深情地念道："最好的同志秋女侠！"

"秋风秋雨愁煞人"，这是秋瑾从被捕到牺牲写下的唯一的"供词"。今天读来，那份浓缩的伤感，依然解不透、化不开！